互联网金融理论与实务

韩宗英　编著

清华大学出版社

北京

内 容 简 介

本书是作者多年从事金融工作和互联网教学工作经验的结晶,分为基础篇、技术篇、应用篇三大部分。

本书通过互联网的理论和操作将金融知识、互联网知识、营销知识、金融科技知识融为一体,共有金融与互联网金融、大数据、云计算、区块链技术、人工智能、第三方支付、众筹、区块链+供应链金融、互联网金融营销、互联网金融监管等内容,通过理论和实际操作以及典型案例进行融合、归纳,形成一个比较完整的、理论与实践有机结合的构架体系。

本书配套有电子课件、电子教案、视频案例、习题及习题答案、模拟试卷等资料,并将适时更新。

本书既可作为高职高专院校财经类专业的教材,也可作为金融从业人员的参考书。

图书在版编目(CIP)数据

互联网金融理论与实务/韩宗英编著. —北京:清华大学出版社,2024.3
ISBN 978-7-302-65596-1

Ⅰ. ①互… Ⅱ. ①韩… Ⅲ. ①互联网络—应用—金融—高等职业教育—教材 Ⅳ. ①F830.49

中国国家版本馆 CIP 数据核字(2024)第 045856 号

责任编辑:陈冬梅 桑任松
封面设计:李 坤
责任校对:周剑云
责任印制:沈 露

出版发行:清华大学出版社
  网 址:https://www.tup.com.cn, https://www.wqxuetang.com
  地 址:北京清华大学学研大厦 A 座 邮 编:100084
  社 总 机:010-83470000 邮 购:010-62786544
  投稿与读者服务:010-62776969, c-service@tup.tsinghua.edu.cn
  质量反馈:010-62772015, zhiliang@tup.tsinghua.edu.cn
  课件下载:https://www.tup.com.cn, 010-62791865

印 装 者:三河市君旺印务有限公司
经 销:全国新华书店
开 本:185mm×260mm 印 张:16.25 字 数:393 千字
版 次:2024 年 3 月第 1 版 印 次:2024 年 3 月第 1 次印刷
印 数:1~1200
定 价:49.00 元

产品编号:091588-01

前言

习近平总书记在党的二十大报告中从全面建设社会主义现代化国家、全面推进中华民族伟大复兴的高度，作出"深化金融体制改革"的重要部署，为新时代新征程做好金融工作指明了前进方向。

随着互联网和通信技术的高速发展，互联网金融已经成为当前社会极为热门的话题之一。目前，互联网金融已经渗透到人们衣、食、住、行的方方面面，以至各种包含支付、理财、众筹、消费等功能的互联网金融产品和平台层出不穷。

互联网金融行业的良性可持续发展离不开对互联网金融人才的专业教育，但是，由于互联网金融是融合信息与金融两个学科为一体的新领域，在业态模式、政策法规、监管方法等方面一直处于不断的发展、演变之中，这导致目前已出版的相关专著、教材对互联网金融相关概念的解释和理解无法与现行的政策法规相一致。市场上关于互联网金融的书籍，良莠不齐，深浅不一，或偏于计算机技术，或侧重于案例堆积。碎片化、快餐化的知识不能帮助读者系统地掌握互联网金融的基础知识，不能使读者正确理解国家出台的一系列法律法规和监管政策。

基于此，作者紧跟国家对互联网金融的政策导向与法规，根据几十年的金融教学、实践经验，花费三年时间完成了本书的编写，以期能为培养出更多的应用型互联网金融人才贡献一份力量。

本书将金融知识、互联网知识、营销知识、金融科技知识融为一体，从内容上可以划分为三大部分。

第一部分为基础篇(包括第一、二章)：第一章介绍金融与互联网金融、第二章介绍大数据。这部分是互联网金融的基础知识部分，也是全书的总括，主要对互联网金融的发展路径、核心技术、核心内容以及互联网技术的基础大数据进行了入门介绍。第二部分为技术篇(包括第三至五章)：第三章介绍云计算、第四章介绍区块链技术、第五章介绍人工智能。这部分重点介绍了云计算的工作原理、人工智能在金融领域的应用场景，以及数字货币。第三部分为应用篇(包括第六至七章，及附录内容)：第六章介绍第三方支付、第七章介绍众筹。附录 A 介绍区块链+供应链金融、附录 B 介绍互联网金融营销、附录 C 介绍互联网金融监管。这部分重点介绍了互联网金融在实际工作中的应用场景。

本书的编写考虑到了以下的原则和特点。

1. 内容上强调实用性

本书在内容选取、编写方法上均以财经类金融专业学生的需求为出发点，力求尽可能适应本层次的教学需求。本书综合了大量国内外的最新资料、理论与实践，系统梳理了互联网金融的产生、成长、发展和监管，相比其他书，本书的体系更加完善，尤其在教学案例的引用方面尽可能地采用近年来的案例，力求使本书跟上时代的步伐。

2．结构上体现新颖性

本书的亮点在于突破单纯理论介绍的传统模式，侧重于将理论和实际案例进行融合、归纳，从而形成一个比较完整的、理论与实践相结合的内容体系。为达到理论与实践相结合的目的，本书着重加强了案例教学和技能实训，将学习、探究、实训、拓展相结合。不仅如此，本书还通过一事一例、一事一问和一事一题，使知识更容易被学生掌握。在体例的设计上，本书通过"视野拓展"模块启发学生思考，拓宽学生知识领域；通过"案例透析"模块使学生联系真实案例对所学知识进行检验；通过"教学互动"模块将注意力不集中的学生拉回课堂；在每个疑难知识点后面插入了例子和图片，力求将抽象、生涩的知识进行直观化和形象化处理，以激发学生的学习兴趣，调动其主动学习的积极性。

3．形式上注重生动性

本书每一节都从通俗易懂的引导案例开始，将每一节的内容贯穿成一个清晰的脉络，然后逐步导入金融科技的理论知识。每节都配以相应的例子、新知识和实战演练，同时尽可能采用活泼风趣的语言，力图使阅读不再枯燥乏味。在内容的介绍上使复杂的问题简单化、枯燥的原理形象化、零散的问题系统化。每章末尾都配有综合练习及实战演练，方便学生课后复习。

另外，本次修订还准备了大量练习题供学生课后对所学知识进行巩固和复习。

本书配套有课件、电子教案、视频案例、习题及习题答案、模拟试卷等资料。

作者在编写过程中，参考了大量国内外相关教材、专著和资料，在此，谨向所有参考文献的编著者致敬！金融科技的改革还在不断探索之中，本书中疏漏、不当和错误在所难免，敬请学术界同行和广大读者批评指正，多提出宝贵意见和建议，在此先表示感谢！

编　者

目录

基　础　篇

技　术　篇

应 用 篇

基础篇

第一章
金融与互联网金融

学习目标

知识目标

了解互联网金融的含义；了解互联网金融产生的背景；了解金融运作模式的演变；了解互联网金融的核心技术；了解互联网金融的主要内容；掌握互联网金融的特点。

能力目标

掌握互联网金融的设计模式；理解互联网金融与传统金融的联系和区别；能够分析互联网金融在现代经济中的作用。

第一节　互联网金融的产生

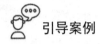

引导案例

金融的变迁

中世纪中期的欧洲，国家之间以及城乡之间的商品交换主要通过定期集市进行。当时的欧洲，货币种类繁多，币质低劣，伪币横行，为了解决这个商业的矛盾，出现了专门以鉴定、估量、兑换货币为业的"钱窗"，称为兑换人。

由于异地买卖携带大宗货币既不方便也不安全，于是商人就把自己要带的巨额货币交给兑换人，兑换人开出凭据，需要时，商人在经商地以凭据兑取他所需的当地货币，这种凭据就是最早的汇票，也是现在的汇兑和支付业务。

兑换人经营汇兑和支付业务，会沉淀一部分资金，因此需要现款的商人，还可以向兑换人借款，由借款人出具期票给兑换人，按期票规定的日期归还，并付给利息。这个期票就是现在的债券，借贷(信贷)业务就这样发展起来了。开始时兑换人坐在一条长板凳上办公，不久，长板凳就成了兑换人的代替名词。兑换人通过经营汇兑、支付及借贷业务获得利润，久而久之就变成了银行家。大约在16世纪中叶，世界上第一家银行——威尼斯银行就是在这样的背景下产生的。

可见，金融服务为满足商业的需要而产生，也促进了商业发展。中世纪以来世界金融中心的变迁经历了从以佛罗伦萨、威尼斯等城市为中心的"北意大利金融"，发展到以阿姆斯特丹为中心的"荷兰金融"，最后到以伦敦为中心的"英国金融"和以纽约华尔街为中心的"美国金融"。这个变迁过程也印证了世界金融中心的形成受世界贸易和生产力发展支配，它是为商业活动服务的。

金融最大的魅力在于可以全方位地实现资源的有效配置。伴随着实体经济的强大、金融需求和民间金融发展的壮大，互联网金融在中国发展得如火如荼。

本节作为"互联网金融理论与实务"的开篇，目的是勾勒出一幅清晰的互联网金融的知识框架，帮助同学们正确理解互联网金融的基本内涵、基本范畴；结合互联网金融运营与管理现状，透过现象看本质，解决如何提高同学们学习效率的问题；为同学们提供学好互联网金融的基本知识的方法和思路，为同学们深入学习互联网金融理论打好基础。

一、金融运作模式的演变

金融本身早已有之，只是在人类历史的不同阶段，由于社会形态的变迁，改变了金融的运作模式，决定了金融的今非昔比。

金融产物都是人类社会在进入某一层次后由人类创造的。

(一)货币的诞生是原始社会金融的起点

原始社会，人们在部落里过着群居生活，由于生产力水平极低，剩余产品和财富很少，所以不需要金融，因为根本不需要考虑剩余产品会不会出现严重浪费的情况。

当生产力发展到一定程度后，社会开始出现私有制，当部分个体积累了大量的剩余产品和财富时，就诞生了原始性质的金融。

老张和老李生活在一个小聚居点，老李是个狩猎手，老张是以种田为生的农民。近些年因为附近迁徙过来一群野猪，老李靠打猎积累了大量猎物。由于这群野猪天天过来糟蹋庄稼，导致农田收成大减，老张快要饿死了。

于是，老张想到向老李借点吃的活命，而老李的猎物根本吃不完，储存久了的就会腐烂掉。所以双方的交易自然而成，老李把自己多余的野猪肉给老张，而老张则承诺待来年丰收后偿还一定数量的粮食给老李。这就是最原始的金融、最原始的借贷关系。各自欢喜，消化了风险。

经历了刀耕火种的原始状态后，人类社会逐渐发展到了农业文明时期。伴随着生产力的提高，剩余产品出现，交易成为可能并逐渐扩大。

由于物物交换已经不能满足供需双方的交易，于是就出现了货币。货币本质上是大家都认可的一种财富记录，通过这种财富记录方式，市场交易就避免了交易主体不一致和主体消费时间不一致的问题。

(二)熟人社会模式——形成区域的信用体系

1. 熟人社会典型的特点是社会信任度较高

由于自然条件和交通技术的限制，群落不可能太大，并且群居的人一般都会有血缘和信仰上的纽带联系，一个熟人社会就这样开始出现。在中国，熟人社会就是乡土社会，而且这个社会持续了相当之久。

在熟人社会里，跨区域的信息和人口是不流动的，人与人之间的关系呈现的是重复博弈的关系，即考虑自身利益的最大化。同时，信息在群落内部传播得很快，从而面子很重要，也就是违约成本很高，社会信任度也会随之较高。

2. 熟人社会金融行为分为显性金融交易和隐性金融制度

显性的金融行为就是借贷，因为借贷双方知根知底，所以信息不对称问题比较小，不需要第三方机构来作中介，借贷都是点对点的。在这种社会模式下，银行和钱庄之类的金融机构难以出现或者难以规模化。

中国的乡土社会，互助礼金风俗本质上是一种隐形的保险制度。在生产力一般的情况下，一个家庭难以承受一些意外的财富支出，这时候互助性礼金的作用就会很明显，当大家都遵循一方有事八方来助的规则时，个体间的非系统性风险就能够相互抵消。

不管是私人借贷，还是风俗习惯，其前提是熟人社会。由于人口流动性比较低，每个个体的历史信息就能积累起来，从而形成熟人圈子的信用体系，进而使圈子的简单的显性金融交易和隐性金融制度得以运行。

(三)陌生人社会模式——专业机构解决信息不对称的问题

随着生产力的进一步发展，尤其是交通运输技术有所突破之后，人口的流动性大大增加，群住呈现区域化趋势。由于跨区域信息扩散和积累机制不能运行，所以熟人社会的信用体系也就失灵了，于是社会进入了陌生人社会。

1. 陌生人社会信息的流动效率相对较低

在陌生人社会，个体信息还不能随着个体的迁移而扩散，所有的隐性金融只能在很小的家族范围或某些有共同标签的圈子中起作用，因此陌生人社会的隐性金融不能满足整个社会的资源配置和风险分担的要求。

2. 陌生人社会中的信息不对称性很强

人口流动导致的信息流无法累积成信用记录，从而导致个人之间由于信任问题无法直接进行交易。在交易主体法人化后，信息的复杂程度超过了个人处理的能力范围，个人也难以直接与法人进行金融交易。

基于以上两种原因，就出现了大型专业中介机构，如银行、保险、券商、会计事务所、律师事务所、担保公司等。他们将所有交易主体综合起来，处理信息、消化风险，从中收取交易佣金或享受超额收益。

(四)准熟人社会模式——金融开始步入了互联网时代

交通技术日益进步，人口流动频率加快，从物理上来看，社会的陌生程度在加大，但是由于信息科技的发展，个体跨时空的交流极其便利，于是在人口流动的同时，信息也伴随流动并在互联网上形成信息积累。在这一社会特征下，物理上的陌生人社会开始进入了准熟人社会。

1. 互联网信息传播超越了时空

信息技术的发展使得每个陌生人很容易通过互联网上的信息积累，使得人们对社交网络的六度空间理论(每两个人的关系一般只需要通过 6 个中间人就可以建立，所以在社交媒体中，人们之间的关系基本都可以组成网络结构)形成相对准确的认识，这样社会个体间的信息不对称的问题就被大大降低了。基于信息积累的信用体系的建立，不同主体之间的交易由于虚拟性变得更加便利。

在互联网时代，信用体系和交易虚拟性最开始颠覆的是一般的商品和服务交易市场，最典型的就是淘宝对实体店的冲击，以及大众点评对餐饮行业的冲击。其根本原因在于交易的信息被记录下来，并跨时空传播，从而解决了交易主体之间由于虚拟性(淘宝)和人口流动(大众点评)带来的信息不对称，无形中将很多单次博弈扩展成了重复博弈，从而形成了稳定的品质承诺体系。

2. 信息是互联网和金融两者的结合点

互联网和金融两者本身都是工具，信息是所有交易的前提和核心。互联网本身起源于信息技术，是信息的一种传播和汇集方式，而金融起源于交易和货币，是财富信息记录和交易体系，如图 1.1 所示。

互联网金融的主体核心还是金融，只是互联网对于信息传播和汇集方式的改变必然会影响到财富信息的记录，从而影响财富交易，进而改变金融的运作模式。

3. 金融是处理信息的技术

事实上，真正的金融技术和种植技术、畜牧业技术、造船技术没有本质的区别，都是人类为了自身利益的考量而发展出来的技术。

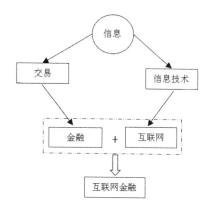

图 1.1　互联网金融形成示意图

签订保单和制造机械是一样的，工厂利用力学原理来生产机械产品，保险公司利用大数定律所昭示的规律通过专业风险测算创造出金融产品。虽然整个过程中保险公司并没有生产出什么实物来，但所有投保人都受益了。

二、我国互联网金融产生的时代背景

任何行业的产生都是顺应时代变化的结果，天时、地利、人和等综合因素的作用缺一不可。互联网产业的高速发展如此，互联网金融的快速崛起也是如此。

互联网金融起源于美国。20 世纪 90 年代，网络银行、网络保险、网络证券、网络理财以及新兴的网络融资等互联网金融模式在美国率先出现并蓬勃发展，对美国的金融体系与金融市场产生了重大而深远的影响。

> 美国没有互联网金融(internet finance)这个专有名词，对应的有电子金融(E finance)、电子银行(E banking)、网络银行(online banking)。

恩格斯曾经说过，"社会上一旦有技术上的需求，这种需求将会比十所大学更能推动科技向前发展"。

金融创新、互联网技术无疑是推动互联网金融向前发展的动力。随着网络技术和移动通信技术的普及，我国的互联网金融迅猛发展，对整个金融生态产生了全方位的影响。

(一)互联网的快速发展为互联网金融提供了技术条件

数据搜索和云计算等的技术发展，为互联网金融的出现与继续前进提供了技术保证。互联网尤其是移动互联网的蓬勃发展，极大地促进了传统金融的转变。在计算机互联网时代，连接受限于时空，而在移动互联网时代，连接随时随地、无所不在。这助力互联网企业进军金融领域，以互联网技术作为基本依托的互联网金融从此走向繁荣。

(二)电子商务的发展为互联网金融提供了社会条件

电子商务是利用计算机技术、网络技术和远程通信技术，实现整个商务活动(买卖)过程中的电子化、数字化和网络化。不受时间和空间的限制，随时随地在网上交易，是电子商务的特点。

1. 电子商务具有更广阔的市场

在网络世界里，一个商家可以面对全球的消费者，而一个消费者可以在全球的任何一家商家购物。电子商务彻底改变了中国人的购物习惯，大量的商品交易行为从网下走到了网上，越来越多的网民养成了在网上购物以及通过网络进行支付结算的习惯。网上购物本身具备的便利性吸引了更多的用户，网上支付人数的增加、网民网上购物习惯的形成成为互联网金融发展的社会保证。

2. 电子商务具有快速的流通和低廉的价格

电子商务减少了商品流通的中间环节，节省了大量的开支，从而大大降低了商品流通和交易的成本。

3. 电子商务更符合时代的要求

移动互联网时代用户群发生了变化，"80后""90后""00后"这些新生代、新用户是伴随着互联网一起成长起来的一代。以"80后"为代表的新生力量全面进入了我国市场经济的平台，渐渐成为中国主流社会的中坚力量，改变了传统的交易主体的行为观念。

网上购物，更能体现个性化的购物过程，更能满足人们越来越追求时尚、讲究个性、注重购物环境的要求。人们也不再是面对面地、看着实实在在的货物、靠纸介质(包括现金)进行买卖交易，而是通过网上琳琅满目的商品信息、完善的物流配送系统和方便安全的资金结算系统进行交易(买卖)。

(三)第一代互联网金融模式的诞生

电子商务的在线支付环节促成了第一代互联网金融模式的诞生。电子商务在交易撮合的基本功能基础上，要形成闭环必须解决两个问题：支付和交付。前者促成了互联网金融，后者推动了快递行业的迅速成长。

1. 电子商务的网上交易

电子商务交易的过程可以分为信息交流，签订商品合同，商品交接、资金结算三个阶段，如图 1.2 所示。

> 电子商务在发展中面临这样一个问题：以淘宝 C2C(consumer to consumer)为例，N 个消费者和 M 个销售者持有不同银行的卡，如果支付都用网上银行进行转账，这不仅麻烦，不同的银行之间还要付费，最重要的是淘宝网无法控制和确保买方已经退货，卖方是否退款。于是阿里巴巴公司成立了支付宝这个第三方支付模式来解决这些问题。

2. 交付实现的保障

支付是交易环节的"最后一公里"，支付和交付的实现要有第三方介入才能保障，第三方支付的产生是电子商务和互联网金融发展到特定阶段的必然产物。支付宝打通了关键的在线支付环节，解决了陌生人之间交易的信任问题，推出担保交易的互联网产品，成为中国最早的互联网金融产品雏形。支付宝与在线订单结合，通过长时间的努力打通了与各大银行的接口，成为跨银行、跨账户结算的通道。支付宝的支付环节如图 1.3 所示。

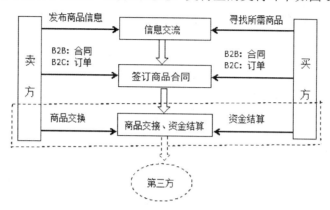

图 1.2　电子商务交易的过程

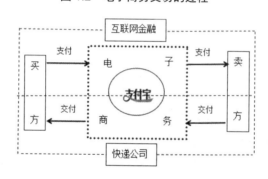

图 1.3　支付宝的支付环节

第三方支付作为一种金融工具标志着电子商务行业的进一步发展，金融行业也因此获得了更大的发展空间。

(四)传统金融业的局限为互联网金融提供了业务空间

互联网金融的出现弥补了传统金融机构服务的空白，提高了社会资金的使用效率。互联网金融将金融通过互联网普及化、大众化，大幅度降低了融资成本，更加贴近百姓和以人为本，更重要的是它推动了金融业务格局和服务理念的变化，完善了整个社会的金融功能。

1. 中小客户对金融服务的需求强烈

传统金融机构以追求自身利益最大化为运营目标，单位业务规模较大的客户能够在实现相同收入的情况下有效降低人力、物业和设备等运营成本和风控成本，利润贡献占比更高，金融机构的各类资源必然会向大客户倾斜，由此导致金融机构对中小客户的产品种类供应不足、服务深度不够。

2. 互联网金融提供了更多融资平台

由于互联网经济的发展以及金融业务需求的广泛性，导致金融机构提供的服务远不能满足现代人的需求，于是互联网企业基于业务的竞争压力和对范围经济的追求，借助于搜索技术、云计算、大数据等新科技，创新出基于传统金融业务之上而又有别于传统金融业务的新模式。

互联网金融的出现不仅扩展了投资渠道，还改变了人们传统的理财方式。以余额宝为代表的支付平台不断增加，人们更倾向于既能用于支付消费，又能用来投资理财的平台，这类"一站式"的账户也极大地激发了人们对于理财产品购买的热情。对于急需资金的中小企业，互联网金融也为其提供了一些融资平台，帮助他们更快更安全地筹集到资金。

三、我国互联网金融的发展

天下大势，浩浩汤汤，顺之者昌，逆之者亡。如果你能很方便很舒适地使用微信、脸书和家人朋友聊天，那你为什么不直接在同样的平台上转账、支付呢？如果你一直用京东网购，那为什么不使用它的"京东白条"辅助购买呢？这些信息被金融科技公司捕捉后，互联网金融公司应势崛起。

📚 案例透析

"三马"卖保险

2013 年 2 月 28 日，保监会(现为国家金融监督管理总局)网站发布批文，批准中国平安、阿里巴巴、腾讯等 9 家公司发起筹建众安在线财产保险股份有限公司，进行专业网络财产保险公司试点。注册资本为 10 亿元，注册地点位于上海。

众安在线财产保险股份有限公司的一大特色是，全国均不设任何分支机构，完全通过互联网进行销售和理赔服务，主攻责任险、保证险两大类险种。目标客户群聚焦于电子商务商家、互联网运营商、互联网消费者等互联网用户。

三马(腾讯马化腾、阿里巴巴马云、平安马明哲)合资成立众安在线财产保险股份有限公司，挺进虚拟财险以及网络贸易的新产品领域，开辟新的保险大战场。与原来的线下购买相比，客户能够通过网络查询、了解、购买各种理财和保险产品，平台能及时根据客户的个性化需求，提供不同的产品组合。使网络理财、保险更加便捷、透明，门槛也更低。

启发思考：分析"三马"联手卖保险的意义有哪些？

(一)互联网金融公司涌现

阿里巴巴、腾讯等互联网大鳄，怀抱大数据、云计算、移动互联等新技术，竖起开放、平等、分享等新思维大旗，纷纷闯入原本壁垒森严的金融界。

2012 年 8 月 29 日，阿里巴巴小额贷款冲击传统信贷模式。2012 年 11 月 27 日，京东杀入电商金融，冀望激活沉淀资金。2012 年 12 月 6 日，苏宁电器成立苏宁小贷公司进入供应链金融领域。2013 年 3 月 7 日，阿里巴巴集团宣布将筹备成立阿里小微金融服务集团，主要业务范畴涉及支付、小贷、保险、担保等领域。一切都表明，互联网金融来势汹汹。

1. 互联网金融电子商务公司

金融牌照是各机构竞相争夺的焦点，一直以来受到严格管控。在经济发展和政府政策倾斜的大环境下，对于一家企业来说，在公司发展壮大的过程中，拥有一张或多张金融牌照是一道护身符。为了拥有更多的市场资源，各家互联网金融电子商务公司正努力向持牌经营靠近，以此"开疆扩土"，拓展金融版图，如图 1.4 所示。截止到 2019 年年底，互联网巨头百度、阿里巴巴、腾讯、京东在金融领域获得的牌照已达 40 张。

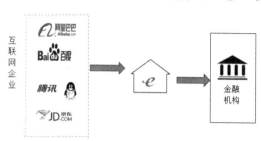

图 1.4　互联网金融电子商务公司

2. 综合型的互联网金融公司

综合型的互联网金融公司几乎可以涵盖一切第三方金融产品、涉及多方金融事务。互联网公司利用互联网平台，发展信贷、投资、理财、征信等一系列的业务，并形成完整的生态链。这个完整的生态链基本包含所有的金融需求——提供多种金融产品和多种金融服务，用户只需要一个账户，在同一个平台上，就能完成所有的金融交易。而且，这些业务不是简单的叠加，而是相互支撑，彼此关联。企业和用户都能从综合性的平台上获得更大的益处，得到更多的方便。典型代表如拉卡拉公司，如图 1.5 所示。

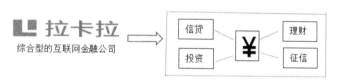

图 1.5　综合型的互联网金融公司

视野拓展

互联网巨头如苹果、亚马逊、微信、脸书等纷纷在坐拥全球亿级量用户及粉丝的基础上，推出了一系列金融服务。阿里巴巴的蚂蚁金融成为全球第三大资金交易市场，1500 亿用户在平台上进行小额投资。亚马逊不但买卖书籍，也提供起了学生贷款的业务……

3. 互联网金融技术类公司

为适应互联网金融市场的发展，随之出现的是一些专门为这些互联网金融公司提供软件开发服务的第三方软件公司。这类公司从职能和本质上不是真正的互联网金融，只是用来辅助和推动互联网金融活动的开展，但它在互联网金融的发展过程中起着至关重要的推进作用。如北京华盛恒辉科技有限公司从事航天、军工、铁路、大数据等软件产品开发以及大数据产品应用领域的研究，如图 1.6 所示。

图 1.6　互联网金融技术类公司

理财软件、信用卡管理工具，具有自动管理、自动匹配、自动投资等一切智能的功能，它们能根据数据分析出不同人的消费习惯，为每个人设计出不同的金融管理方案。

(二)互联网货币产生

当我们需要一种货币来快速换汇，或需要一种硬通货来作为交换媒介的时候，虚拟货币应运而生。尽管比特币等多种虚拟货币并没有取得众多国家合法的货币地位，但是其作为虚拟商品进行合法买卖的权利却是受法律保护的。目前，互联网货币主要是以投资品的形式存在。在未来很长一段时间，法币和互联网货币将长期并存，人们可以在法币和互联网货币之间自由配置资产，规避风险。

更长远看，互联网货币不会法币化，但是法币会互联网货币化。最终，国家将接纳互联网货币。互联网货币(区块链)是历史发展的必然产物，是不可阻挡的趋势，如图 1.7 所示。

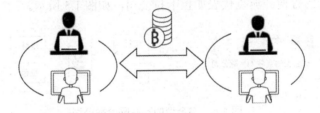

图 1.7　互联网货币

(三)传统金融机构与互联网金融相融合

互联网金融在成功实现自身升级转型的同时，也助力传统金融向新金融转型，充当传统金融转型的助推器。银行、保险、券商等金融机构或自设，或投资互联网平台。从互联网支付、互联网网贷到直销银行、微信银行、宝宝类理财产品，互联网企业和金融机构相互敞开怀抱，拥抱对方，共同探求互联网金融的新格局，最终实现 1+1 大于 2 的多赢效果，如图 1.8 所示。

图 1.8　信息化金融机构

视野拓展

国内互联网银行排名前 5 名：微众银行是腾讯牵头发起设立的银行，也是国内首家互联网银行；网商银行由蚂蚁金服带头创建；苏宁银行由苏宁云商等多家企业共同创建；新网银行由小米、新希望集团、红旗连锁等股东设立；众邦银行由卓尔控股、壹网通科技、奥山投资等公司创建。

四、互联网金融对生活的影响

当我们用手机在超市扫码支付，在公交车上给好友汇款，随时随地缴纳水、电、气费用，当我们把自己的零花钱放入宝宝类产品中的时候，我们就已经随时随地享受了互联网金融的便利。

当我们的车险即将到期却又抽不出时间去缴纳保费，想要炒股又不想出门开户时，就可以通过互联网金融来完成，使我们足不出户就能享受高品质的金融服务。

当我们短期缺少资金又没有时间等待银行贷款审批，当我们有闲余资金却不知道投资哪些项目，当我们有一个想法却没有资金去实现时，互联网金融的投融资模式却可以让我们感受到实实在在的资源配置。

当我们在互联网电子商务中规矩地进行了很多年的交易，想要扩大消费需要资金时，互联网金融公司就会将我们过去若干年在平台中的信用消费或投资数据做一个评估，根据大数据评估结果分析出用户的信誉情况，从而授权给我们一个信用额度，我们在这个信用额度内就可以进行消费或是资金周转。

当我们想要实现资金的安全稳定收益，或想获取高额收益，又不想自己评估风险等级时，互联网金融的理财服务可以为我们提供全方位的理财解决方案，让我们不需要有任何专业知识，也不需要花费任何过多的精力与时间，就能轻轻松松实现资金的流动性与理财收益的合理均衡配置，如图 1.9 所示。

图 1.9 互联网金融对生活的影响

可见，互联网金融潜移默化地影响了我们的生活，使我们产生了对各种互联网金融创新产品的依赖，并且这种依赖会逐步加深。

教学互动

问：互联网金融给我们的生活带来了哪些变化？

答：

(1) 突破了有形的概念，一切都可以在移动互联网上进行，不用跑网点(缴各种费用、

打车、点外卖、看大片等可以足不出户);

　　(2) 突破了时间概念,使用金融产品不再受银行上班时间限制;

　　(3) 突破了行业限制,在互联网上,银行、保险、证券没有严格的界限。

第二节　互联网金融的核心技术

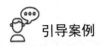引导案例

腾讯金融安全大数据监管平台

　　在国内实践中,腾讯是较早将互联网技术发力于互联网金融业务的先行者之一。在过去几年中,腾讯连续打造了多组监管产品。例如,为用户累计挽回10亿损失的鹰眼反欺诈系统、3个月冻结欺诈资金超过6.5亿的神侦资金流查控系统、使区域伪基站案发率下降70%的麒麟伪基站检测系统、使区域网络诈骗案发率日均下降50%的神荼网址反诈骗系统等。

　　腾讯金融安全大数据监管平台,依托腾讯安全反诈骗实验室的灵鲲金融安全系统搭建而成。灵鲲的设计理念是用于普惠金融领域中诈骗、黑产行径的防治工作。除了腾讯反诈骗实验室所具有的人工智能技术优势以外,微信、QQ等社交平台以及腾讯安全产品等多年沉淀的大数据积累也为平台输送了有力的判断依据,克服了监管者底层数据、算法模型、服务器计算能力不足等痛点。

　　金融业的发展离不开金融科技,大数据、云计算、人工智能、区块链等技术与金融的创新结合。金融科技的革命对全球金融业的发展将产生极其深远的影响,正在极大地促进金融的发展、创新甚至是变革,科技与金融的结合经历了一个漫长的过程。金融科技的发展路径,如图1.10所示。

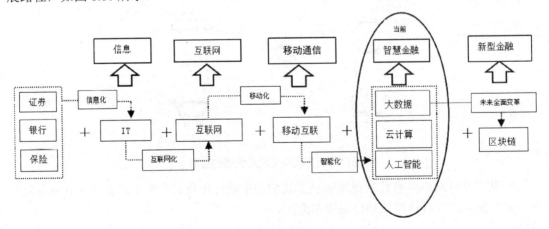

图1.10　科技对金融的变革路径示意图

注:证券类金融业务包含公募基金;技术之间是逐渐叠加关系

　　随着云计算、大数据、人工智能和区块链等新兴技术的探索,科技对于金融的作用被不断强化,创新性的金融解决方案层出不穷,云计算是基础设施,人工智能依托于云计算

和大数据，推动金融科技发展走向智能化时代。区块链推动了模式重构，它的实现离不开数据资源和计算分析能力的支撑。这些新兴技术并非彼此孤立，而是相互关联、相辅相成、相互促进的。金融科技的关键技术，如图1.11所示。

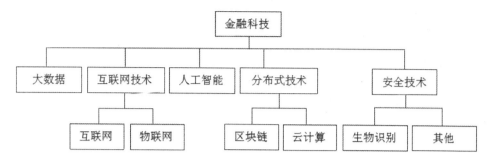

图 1.11　互联网金融的核心技术

一、互联网技术

互联网是连接网络的网络，是任何分离的实体网络之集合，这些网络以一组通用的协议相连，形成逻辑上的单一网络。这种将计算机网络互相连接在一起的方法被称为网络互联。互联网是金融科技的基础，帮助传统金融从线下走向线上。利用互联网或者移动互联网汇集海量的用户和信息，实现金融业务中的资产端、交易端、支付端、资金端的任意组合和互联互通，本质上是对传统金融渠道的变革。通过互联网实现信息共享和业务融合，其中最具代表性的包括网络借贷、网络众筹、互联网的基金销售等。

(一)移动互联网

移动互联网是指互联网的技术、平台、商业模式和应用与移动通信技术结合并实践的活动的总称。它既继承个人计算机端互联网开放协作的特征，又融入了移动通信实时、便携的优势。其本质是互联网大脑神经纤维种类的丰富，让互联网用户更便捷、更不受地域限制就能连接到互联网大脑中。

移动互联网有广义和狭义之分。广义的移动互联网是指用户可以使用手机、笔记本电脑等移动终端通过协议接入互联网。狭义的移动互联网则是指用户使用手机终端，通过无线通信的方式访问采用 WAP(无线应用协议)的网站。移动互联网通过便捷使用方式，提供了科技赋能基础。

智能手机作为移动互联网时代最重要的载体，已深刻改变了生活，为包括金融科技在内的各类新产品及业务提供了巨大的发展空间。移动支付作为移动网领域和金融领域的革命性创新和应用，在促进电子商务及零售市场的发展、满足消费者多样化支付需求方面正发挥着越来越重要的作用。二维码支付、电子银行、直销银行业务等均体现了移动互联网技术在金融服务中的应用。

▐▊▌ 视野拓展

中国互联网发展报告

根据中国互联网络信息中心(CNNIC)发布的第 50 次《中国互联网络发展状况统计报告》显示，截至 2022 年 6 月，我国网民规模为 10.51 亿，手机网民规模为 10.47 亿，50 岁及以上网民群体占比为 25.8%。

智能手机深入生活的各方面，有关技术的应用场景随之不断拓宽，支付、理财、转账等金融业务在移动端进行的频率越来越高。正是移动互联网的应用，使得个人金融业务向移动端倾斜。相应地，金融科技的应用获得了客户基础和场景基础，可以说移动互联网技术是金融科技得以应用于引流、客户迁徙、普惠等流程的重要前提。

(二)物联网

当互联网开始进一步向外延伸，并与世上的很多物品连接，这些物品开始不停地将实时变化的各类数据传回到互联网并与人开始互动的时候，物联网诞生了。

物联网(internet of things，IoT)主要指通过各种设备(比如无线电射频识别、传感器、二维码等)的接口将现实世界的物体连接到互联网上，或者使它们互相连接，以实现信息的传递和处理。简单地说，物联网就是物物相连的互联网。比如家里的所有电子设备、安防设备等都可以连接到智能终端，你在公司看到终端显示家里着火了，就可以马上启动消防装置并报警；快到家了，可以在手机上操作打开空调、微波炉。

> 物联网和互联网用来将所有事物和信息联系起来。为何要联系起来呢？因为将事物和信息联系起来后，数据才有了关联，数据有了关联才能产生更大的价值。例如一辆车的位置数据没有太大价值，但几千辆车的位置数据关联起来，就可以用来判断路面拥堵情况，就可以用于交通调度。

可见，物联网是互联网的延伸，本质还是互联网。只是它的终端不再是计算机，而是嵌入式计算机系统和传感器。物联网的终极效果是万物互联，不仅仅是人机和信息的交互，还有更深入的生物功能识别与读取等。

 教学互动

问：物联网对金融的作用有哪些？

答：物联网最大的作用在于数据的产生，大数据可以帮助商业银行更好地了解、分析客户以及防控风险等。物联网可以通过智能设备的安装，监控具体商品实际的生产过程，让它更加接近企业真实的生产经营数据，从而帮助银行能够更好地对客户进行风险评估、贷后管理，以及抵押品的监控等。

二、分布式技术

分布式与集中式相对应，所谓分布式就是将不同的服务模块部署在多台不同的服务器上，然后通过远程调用协同工作，共同对外提供服务。由于分布式网络中数据的存储和处理都是在本地工作站上进行的，每台计算机都能够存储和处理数据，所以不要求服务器功能十分强大，其价格也就不必过于昂贵，同时允许它们共享网络的数据、资源和服务。对于用户来说，就像是一台计算机在服务一样。分布式技术的典型代表包括云计算和区块链。

(一)云计算

物联网和互联网产生大量的数据，在远程的数据中心里，成千上万台计算机和服务器连接成一片计算机云，这些数据要找一个地方集中存储和处理。

与集中式计算中心相对应，分布式计算是将在不同物理区域的计算资源组织整合起来进行计算，分布式计算提供了很多方法，不过在处理更大规模数据处理和更大规模资源需求时，缺乏弹性，不易管理，对用户没有亲和性。而云计算正是因此而应运而生的。

分布式计算是云计算的实现基础，没有分布式计算的技术，云计算的概念和盈利模式只能是纸上谈兵。云计算是分布式计算面向应用的延伸，其作用就在于将海量数据集中存储和处理，它的特色是资源(计算、存储)的租用。

当然，云计算可以是一个分布式计算系统，也可以是一个集中式的计算中心，只要用户有权限提交计算需求，本质上云计算与本地计算相对应的外在效果相同。

(二)区块链

区块链，就是一个又一个区块组成的链条。每一个区块中保存了一定的信息，它们按照各自产生的时间顺序连接成链条。这个链条被保存在所有的服务器中，只要整个系统中有一台服务器可以工作，整条区块链就是安全的。这些服务器在区块链系统中被称为节点，它们为整个区块链系统提供存储空间和算力支持。

从技术的角度看，区块链是一种与分布式系统有关的技术。分布式是基础，区块链不过是在分布式的基础上做了一些"封装"，区块链技术实际上是分布式账本的一种特定实现。

当然，分布式账本不一定将数据打包成块，块和块之间的连接方式也不一定采用链状的连接方式。

区块链具有两大核心特点：一是去中心化、二是数据难以篡改。

在一个分布有众多节点的系统中，每个节点都具有高度自治的特征。节点之间彼此可以自由连接，形成新的连接单元。任何一个节点都可能成为阶段性的中心，但不具备强制性的中心控制功能。节点与节点之间的影响，会通过网络而形成非线性因果关系。这种开放式、扁平化、平等性的系统现象或结构，我们称之为去中心化。

如果要修改区块链中的信息，必须征得半数以上节点的同意并修改所有节点中的信息，而这些节点通常掌握在不同的主体手中，因此篡改区块链中的信息是一件极其困难的事。

基于这两个特点，区块链所记录的信息更加真实可靠，可以帮助解决人们互不信任的问题。

去中心的特征适合具有核算相关的行业，像银行、证券、数字货币等金融相关的行业；信息不可修改的特性适合身份认证、数据存证、金融等领域。

三、大数据技术

大数据通过对海量数据进行分析从而发现一些隐藏的规律、现象、原理等。人工智能在大数据的基础上更进一步，人工智能不仅会分析数据，还会根据分析结果做出行动。例如无人驾驶、自动医学诊断。

从上古时期的结绳记事、以月之盈亏计算岁月，到后来部落内部以猎物、采摘多寡计算贡献，再到历朝历代的土地农田、人口粮食、马匹军队等各类事项都涉及大量的数据。

这些数据虽然越来越多、越来越大，但是，人们都未曾冠之以"大"字。

随着互联网的快速进化和急速膨胀，人类社会产生了巨大的信息，大数据技术是对数量巨大、来源分散、格式多样的数据进行采集、存储和关联分析，从中发现新知识、创造新价值、提升新能力的新一代信息技术和服务业态。

大数据技术为金融业带来大量数据种类和格式丰富、不同领域的大量数据，而基于大数据的分析能够从中提取有价值的信息，为精确评估、预测以及产品

海量数据上传到云计算平台后，对数据进行深入分析和挖掘，这就是大数据的目的。例如，将几千辆车的位置信息综合起来分析出某条路的拥堵状况；将某个城市几百万人的健康状况综合分析，就可以得出某个工厂周围某种疾病的发病率……这些都是大数据要做的事情。

和模式创新、提高经营效率提供了新手段。例如，要保证用户体验和信息安全，却又疏而不漏，成功筛选出黑名单用户、通话地点频繁更换等重要信息。这些记录数据都要识别、归纳和分析，依靠人是不可能的，只能靠大数据模型去找更重要的变量。

▮▮▮ 视野拓展

大数据、物联网以及云计算三者的关系

大数据、物联网以及云计算是互相关联、共同发展的关系。例如，智能交通：数百万的车辆和摄像头等物联网终端将信息传递给云计算平台，云通过对大数据分析，并使用 AI 图像视频识别技术，由历史数据驱动，准实时地分析车辆行为、预测未来车流趋势，实现智能化的城市交通管理。由此可见，物联网必须要有大数据、云计算、人工智能等技术的支撑，才能更好地发展及服务于人。

大数据是基础，大数据技术的发展，方便我们对海量的数据进行加工处理，挖掘出有价值的信息。大数据为物联网和云计算提供了分析服务和决策依据。

没有对数据的云计算能力，拥有数据再多也无济于事。云计算为大数据提供了可行的计算能力，也为物联网数据的采集和控制提供了条件，正是得益于大数据和云计算的支持，互联网才正在向物联网扩展，并进一步升级至体验更佳、解放生产力的人工智能时代。物联网是大数据中数据资源最主要的来源途径。物联网能够产生带有时间、位置、环境和行为等信息的数据，这类数据往往具有高频、巨量、异构、多样性的特点，同时物联网也为云计算提供了 IaaS(基础设施即服务)层的设备和服务控制。三者之间的关系如图 1.12 所示。

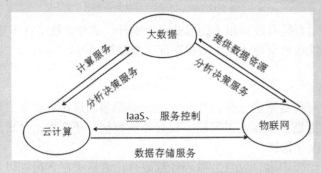

图 1.12　大数据、物联网、云计算三者的关系

四、人工智能技术

人工智能指的是让机器拥有智能，让机器自主地帮助人们完成一些事务。自动驾驶、对话机器人或者一些自动化机械设备都可以称作人工智能领域的产品。目前人工智能在金融领域通过与大数据技术的结合应用，已经覆盖营销、风控、支付、投顾、投研、客服各金融应用场景。

人工智能有两个形影不离的队友：机器学习与深度学习。

1. 机器学习

机器学习是一种实现人工智能的方法。

机器学习最基本的做法，是使用算法来解析数据、学习数据，然后对真实世界中的事件做出决策和预测。与传统的为解决特定任务、硬编码的软件程序不同，机器学习是用大量的数据来"训练"，通过各种算法从数据中学习如何完成任务。

例如，当我们浏览网上商城时，经常会出现商品推荐的信息。这是商城根据你往期的购物记录和冗长的收藏清单，识别出哪些是你真正感兴趣，并且愿意购买的产品。这样的决策模型，可以帮助商城为客户提供建议并鼓励产品消费。

2. 深度学习

深度学习是一种实现机器学习的技术。其动机在于对建立和模拟人脑的神经网络进行分析学习。它模仿人类大脑解读图像、声音和文本等数据的机制。由于深度学习使用了深度神经网络使模型变得更复杂，因而模型能更深入地理解数据。

▌▌ 视野拓展

人工智能和财资金融结合

依托人工智能的深度学习、智能分析和智能决策等核心能力和关键技术，企业财资管理将形成包括结算、融资、票据、投资、风险控制，以及财务公司运营、供应链融资、电商平台、产业交易金融平台等有效结合的整体智能化平台，可以随时随地，并以清晰的视觉化的方式监控企业资金的长短期流入流出、头寸变化、多渠道投融资情况、收益及债务变化等，并提供多维度、多层次的财资经营决策建议。

例如，通过整合企业内部留存信息、外部大数据爬虫信息及第三方渠道信息等，利用大数据行为挖掘、关联规则挖掘等方法，梳理企业与个人、企业与企业、个人与企业、个人与个人之间的关联关系，通过搜索引擎方式查找目标个人或企业，并以图谱形式展现与其关联的个人(股东、高管、董事会、法定代表人)、上下游企业、竞争对手、母子公司等信息。同时将企业的基本信息、现金流情况、过往项目情况等内嵌于企业基本属性中，将个人的基本情况、资产情况、过往履历等内嵌于个人属性中，从而为企业提供清晰准确的客户金融关系画像。

未来，随着商用技术的逐渐成熟，人工智能将在企业画像、支付工厂、现金流预测、智能投顾、智能风控、智能机器人、量化交易、金融图谱等领域实现更多落地的应用。

五、生物识别技术

生物识别技术是通过人类生物特征对身份进行认证的一种技术。人类的生物特征通常具有唯一性、可以测量或可自动识别和验证、遗传性或终身不变等特点。

现有的生物识别类型有指纹识别、虹膜识别、人脸识别、静脉识别。

(一)指纹识别

指纹识别是最古老的生物特征识别，现代指纹识别技术容易被人接受，因为只需要少量指导便可实现轻松采集。此外，指纹特征占据的存储空间较小，设备轻巧，易于和移动设备结合。

(二)虹膜识别

虹膜是一种在眼睛瞳孔内呈织物状的薄膜。每一个虹膜都包含一个独一无二的特征的结构，没有任何两个虹膜是一样的。因此，虹膜和指纹有相同的特性：独一无二，私人专享，且不易随时间而大幅改变。目前，指纹识别只需一个小型模块，虹膜识别需要庞大的分析系统和计算系统附着于摄像头之后，而且识别设备的造价很昂贵。这就注定现阶段的虹膜识别无法运用在手机等小型电子设备上。

(三)人脸识别

人脸识别是基于人的脸部特征信息对身份进行识别的一种生物识别技术，通常也叫作人像识别、面部识别。人脸识别采用摄像技术、扫描技术采集含有人脸的图像或视频流，并自动在图像中检测和跟踪人脸，进而对检测到的人脸进行一系列脸部认证的技术。人脸识别技术将在相当长的一段时间内与多种生物识别技术(指纹、虹膜识别)一起使用，取长补短。

就目前来看，人脸识别系统已广泛应用于金融、司法、军队、公安、边检、政府等众多领域。

(四)静脉识别

静脉识别在金融领域的应用处于一种补充手段的作用，其在金融支付领域的应用已从早期的身份认证走向金融支付，已经进入实用化阶段。

静脉识别具有以下优势。

1. 高度防伪

手指静脉藏匿于身体内部，被复制和盗用的机会非常小。

2. 简洁易用

使用环境影响低，包括手指油污、有灰尘、皮肤干燥等情况都不影响使用。

3. 高度准确

认假率为 0.0000067%；拒真率为 0.01%；注册失败率为 0%。

4. 快速识别

10000 枚手指静脉信息，识别所用的时间少于 1 秒。

第三节　互联网金融的主要内容

 引导案例

互联网巨头的金融梦

凡从事金融业务的机构必须先取得与之对应的金融机构许可证，即金融牌照，金融牌照由中国人民银行、原银保监会(金融监管总局)、证监会等部门分别颁发。在我国需要审批的金融牌照主要包括银行、保险、信托、券商、金融租赁、期货、基金、第三方支付牌照等。对企业来说，拿到一张已属不易，谁要能全部拿到，那可真是纵横天下，无所畏惧！

蚂蚁金服：构建金融生态链

蚂蚁金融作为第三方支付平台，拥有中国人民银行颁发的支付业务牌照。这意味着蚂蚁金融可以提供与支付相关的服务，包括线上支付、手机支付、转账等。这一牌照的获得使得蚂蚁金融成为中国支付行业的重要参与者。

蚂蚁金融还获得了中国证券监督管理委员会颁发的证券业务牌照。这意味着蚂蚁金融可以通过其在线平台提供证券投资咨询、证券交易等服务。这使得蚂蚁金融在证券市场中具备了一定的竞争优势。

此外，蚂蚁金融还拥有原中国银行保险监督管理委员会(即金融管理总局)颁发的保险业务牌照。这使得蚂蚁金融能够提供保险代理、保险销售等服务。牌照的获得为蚂蚁金融进军保险市场提供了必要的法律依据。

除了上述主要牌照，蚂蚁金融还根据不同国家和地区的金融监管要求，获得了一系列其他牌照，包括支付机构牌照、消费金融牌照等。这些牌照的获得使得蚂蚁金融能够拓展其全球业务，进一步加强其在金融科技领域的领先地位。

腾讯：全面布局金融领域。

腾讯金融横跨第三方支付、保险、证券、银行、基金、征信、小额贷等领域，牌照种类丰富。

第三方支付是腾讯布局最早的"互金"板块，目前其手握支付牌照，并拥有财付通、QQ 钱包和微信支付等多个前端支付产品。在小额贷领域，腾讯早在 2013 年便拿到金融牌照，成立了财付通小额贷款公司。通过入股好买财富，腾讯获得了基金销售牌照。腾讯旗下的微众银行则是国内首家开业的互联网银行。腾讯信用是央行批准的八家个人征信试点之一。腾讯在保险业也屯下了重兵，拿到了保险牌照。财产险方面，腾讯有众安在线。寿险方面，腾讯投资入股了英杰华人寿、和泰人寿。而在被认为有可能颠覆保险行业的网络互助领域，腾讯先后投资了水滴互助、轻松筹等公司，再加上保险代理牌照，腾讯的保险布局十分完善。此外，腾讯还打通了用户开展境内外证券交易的通道。

京东：进军所有金融版图。

京东用不到两年时间，迅猛地完成布局，京东金融现已建立七大业务板块，分别是供应链金融、消费金融、众筹、财富管理、支付、保险以及证券等，同时，京东面向用户推出了京东白条、京东众筹、京东理财等。目前已拿下了支付、小额贷、保理、基金销售支付结算等多张金融牌照。在消费金融和供应链金融，京东已经超越了阿里。

一、互联网金融的内涵

金融和互联网这两个行业最本质的特征在于融通，金融是财富的融通，互联网是信息的融通。金融这个古老的行业和互联网这个崭新的行业两者的结合是必然的。

互联网金融是指依托于支付、云计算、社交网络以及搜索引擎等互联网工具，实现资金融通、支付和信息中介等业务的一种新型金融。互联网金融不是互联网和金融业的简单结合，而是在实现安全、移动等网络技术水平上，被用户熟悉并接受后(尤其是对电子商务的接受)，自然而然为适应新的需求而产生的新模式及新业务。它是传统金融行业与互联网精神相结合的新兴领域。

从广义上讲，互联网金融既包括互联网企业利用电子商务、社交网络、云计算、移动支付等互联网技术开展金融业务，也包括传统金融机构利用互联网技术开展金融业务。

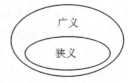

图 1.13　广义与狭义互联网金融

狭义的互联网金融是互联网企业基于网络技术展开的金融服务，如图 1.13 所示。

视野拓展

当前中国的互联网金融格局，主要由传统金融机构和非金融机构组成。传统金融机构主要通过将传统金融业务的互联网化、电商化等方式来实现其互联网金融业务。非金融机构选择利用互联网技术开展第三方支付业务、搭建 P2P 借贷平台、众筹平台等新型模式，从而突破传统金融业务的垄断限制，实现对资金需求方的资金支持。

二、互联网金融的核心要素

互联网金融对实体经济的发展有着不可或缺的作用，其支付、信息处理和资源配置三大支柱功能决定着自身的重要地位。

互联网金融的三大核心要素如图 1.14 所示。

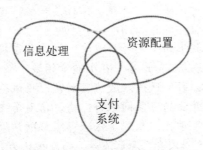

图 1.14　互联网金融的三大核心要素

(一)支付系统

互联网金融的第一大支柱是支付系统。支付系统是金融的基础设施，影响着金融活动的形态。互联网支付方式和支付体系不仅是互联网金融创新的代表，而且也是现代金融交易服务的基础和金融业技术创新的主要载体，是国家金融正常运行不可或缺的基础与平台。国家金融运作依托于支付工具以及整个支付市场和组织体系，并在此基础上实现了金融业的资源配置功能。

在互联网金融模式下，资金供需双方直接交易，不需要经过银行、券商和交易所等金融中介，从而降低了交易成本；各种在线支付方式成为人们日常消费的主要支付方式(网银、第三方支付、移动支付等)大大方便了人们的生活；互联网支付终端也从桌面计算机扩展到移动终端和电视等多种形式的终端上，互联网支付变得无处不在，传统的现金支付已经"退居二线"。

(二)信息处理

互联网金融的第二支柱是信息处理。

1. 社交网络生成的信息是金融交易的基础

个人和机构在社会中有大量利益相关者，这些利益相关者掌握着部分信息，比如财产状况、经营情况、消费习惯、诚信现状等。单个利益相关者的信息可能有限，但如果这些利益相关者都在社交网络上发布各自掌握的信息，那么把它们汇集在一起就能得到信用资质和盈利前景方面的完整信息。例如，淘宝网就是根据社交网络、商户之间的交易形成的海量信息，特别是货物和资金交换的信息，用来显示商户的信用资质。

2. 互联网企业具有信息汇总和处理的能力

互联网金融企业通过搜索引擎对信息组织、排序和检索，可以有针对性地满足用户的信息需求。

(1) 信息处理是金融资源配置和风险管理的基础。大数据的广泛运用，不仅大大提高了风险定价效率和风险管理效率，还有助于解决信息不对称问题，使得人们的诚信程度提高，大大降低了金融交易的成本。

(2) 云计算具有海量信息高速处理能力。社交网络生成和传播的信息，个人没有能力汇总，互联网机构也没有义务披露，但在云计算的保障下，资金供需双方信息通过社交网络揭示和传播，被搜索引擎组织和标准化，最终形成时间连续、动态变化的信息序列。由此可以给出任何资金需求者(机构)的风险定价或动态违约概率，而且成本极低，满足了金融交易的信息基础(充分条件)。

3. 信息处理是金融体系的核心

(1) 传统互联网在提供服务的过程中聚集了大量的数据。传统的消费时代积累的大数据并没有发挥其价值，而在互联网金融时代，云计算和大数据成为精准营销、风险管理及优质客户资源管理的重要工具。

(2) 互联网金融服务能够获取更高的收益。金融信息中，最重要的是资金供需双方的信息，特别是资金需求方的信息(如借款者、发债企业、股票发行企业的财务信息等)。

信息流的切入主要是依靠各类金融机构(如租赁公司、小额贷公司以及消费金融等)的平台进行风控、征信评估等技术分析,在层层筛选的基础上,最终为用户提供安全优质的产品,资金供应方则通过这些渠道与平台建立和保持准确、长久的关系。所以,互联网不再依靠曾经的广告、游戏及电商收费模式,而是依靠大数据和供应链优势为互联网金融服务获利。

> 阿里巴巴公司利用其掌控的电商平台聚集的客户资源,以及大数据收集和分析的功能,实现金融业务所需要的资金与信用支持。互联网在阿里金融形式下摆脱了简单的渠道性作用,更多地发挥了对数据的汇总、整理、分析功能。

(三)资源配置

互联网金融的第三支柱是资源配置。个体之间直接的金融交易是人类最早的金融模式,借助于现代信息技术,这一模式突破了传统的安全边界和商业可行性边界,焕发出新的活力。

互联网金融的资金供需信息直接在网上发布并匹配,交易边界大大拓展,银行、证券公司或交易所等传统金融中介和市场不再是金融交易的必须,资金供应的期限和数量匹配可以由交易双方自行解决。

在供需信息几乎完全对称、交易成本极低的条件下,互联网金融模式形成了充分交易的可能性集合,供需方均有透明、公平的机会。中小企业融资、民间借贷、个人投资渠道等问题更容易解决。在这种资源配置方式下,双方或多方交易可以同时进行,信息充分透明,定价完全竞争(比如拍卖式),因此,效率和社会福利最大化。

> 京东金融通过与上游企业、下游企业之间的合作关系,借助电商平台收集交易数据,利用大数据挖掘在线商户的融资需求,围绕上、下游产业以及内部商户链开展金融业务。相互提供方便快捷的融资渠道。
>
> 京东作为受托人,通过与传统金融机构的合作,如中国银行、建设银行、交通银行、工商银行、华夏银行等,以未来收益的现金流作为担保,为供货商提供金融服务,提高了企业的经营效率,控制了信用风险。

三、互联网金融的特点

互联网金融的出现不仅弥补了以银行为代表的传统金融机构服务的空白,更为关键的是将金融通过互联网进行普及化、大众化。它对金融业的影响不仅仅是将信息技术嫁接到金融服务上,推动金融业务格局和服务理念的变化,更重要的是完善了整个社会的金融功能。

(一)互联网金融大幅度降低了融资成本

借贷之所以需要中介,主要原因是个人之间的信任问题以及法人主体信息的高度复杂性。在互联网时代,由于信息传递的跨时空性,个体间的准熟人关系使个体间的直接借贷成为可能，无论是个体还是法人主体，只要信用记录完整真实，就可以通过互联网平台自行完成信息匹配、定价和交易。资金的供求双方因而避免了传统中介的交易成本和垄断利润。简言之，金融机构可省去开设营业网点的费用，而供需双方可以依靠互联网金融透明的网络平台找到较好的投资产品，减少信息不对称。

(二)互联网金融提高了社会资金的使用效率

由于交易空间的虚拟化，资金需求双方的接触门槛大大降低，参与交易的主体越多，自由撮合使交易成交的可能性越高。

以互联网为平台，以计算机为依托的信息处理模式，业务操作标准化、处理速度化，大大节省了客户时间。如阿里小额信贷，依托的是电商积累的大规模信息数据库，经过数据挖掘和分析，引入了风险分析和资信调查的模型，商户从贷款申请到发放只需要短短几分钟。

(三)互联网金融更加贴近百姓和以人为本

在互联网金融模式下，客户突破了时间和地域的约束，在互联网上可以更加直接地寻找需要的金融资源。此外，相比较于传统金融行业，互联网金融主要是针对小微企业，覆盖了以往金融服务的盲区，对于资源的有效配置和经济的发展具有巨大的意义。

四、互联网金融的种类

从业务本质上来看，互联网金融可以分为五个典型业务模式，如图 1.15 所示。

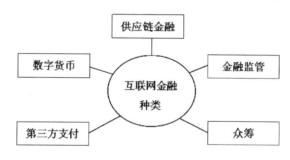

图 1.15　互联网金融的业务模式

1. 第三方支付

第三方支付模式是指具备一定实力和信誉保障的非金融机构，通过和各大银行进行合作，由其作为收、付款人的支付中介平台，从而开展网络支付、预付卡等中国人民银行确定的相关支付业务。买方选购商品后，使用第三方平台提供的账户支付货款，由第三方通知卖家货款到达、进行发货。买方检验物品后，就可以通知第三方支付平台付款给卖家，将款项转至卖家账户。

第三方支付是很多互联网金融产品的基础，余额宝等货币基金产品都是基于第三方支付平台进行的。

视野拓展

第三方支付包括以支付宝、财付通、盛付通为代表的互联网支付企业，也包括快钱、汇付天下为代表的金融型支付企业，如图 1.16 所示。

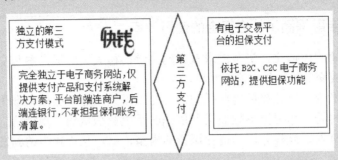

图 1.16　第三方支付的种类

视野拓展

国内领先的第三方支付企业财付通宣布与全球知名的电子支付提供商 Cybersource、Asiapay 达成战略合作，借助其遍布全球数十万的企业客户及完善的支付解决方案，迅速布局全球支付市场，为中国消费者提供便捷而安全的海外购物体验，跨境电子支付成为新的业绩增长点。

2. 众筹

众筹是指个人或小企业通过互联网平台向大众筹集资金并给予一定回报的项目融资方式。

众筹融资作为一种新兴金融形式，目前在美国处于一种不可预测的发展状态，在我国尚没有成为互联网金融模式的主流，由于要面临将自身运营模式与团购、预售等区分开的问题，以及处理消费者权益如何保护问题、产品质量如何控制问题等，因此一直被投资者观望。目前在国内运作比较早的众筹类网站有"众筹网""点名时间"等。

3. 供应链金融

供应链金融是指银行向客户(核心企业)提供融资和其他结算、理财服务，同时向这些客户的供应商提供贷款的便利，或者向其分销商提供预付款代付及存货融资服务。供应链金融是商业银行信贷业务的一个专业领域(银行层面)，也是企业尤其是中小企业的一种融资渠道(企业层面)。

(1) 区块链应用的优势是数据可靠、权利明确、主动履约。传统供应链金融的三大痛点是真伪难辨、确权难办、回款难定。区块链是一种分布式账本技术，具有去中心化、可追溯、非对称加密和智能合约等特征，可保证信息的完整与可靠，能有效解决交易过程中的信任及安全问题。

(2) 供应链金融是提供灵活运用的金融产品和服务的一种融资模式。区块链和供应链金融是银行将核心企业、上下游企业联系在一起，即把资金作为供应链的一个溶剂，增加其流动性，如图 1.17 所示。

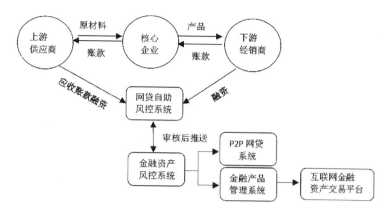

图 1.17　供应链金融模式示意

4. 数字货币

数字货币(digital currency，DC)，是一个相对广义的概念，通俗意义上的电子货币、虚拟货币、加密货币都属于数字货币的一部分。

电子货币一般是指由政府发行并承认的数字形式的法定货币，是实现数字化或电子化的传统货币。比如银行卡、网银。虚拟货币是指非金融性公司发行的，在特定社区或生态圈中才能够作为货币使用的，并不能够直接购买商品或服务的一种虚拟等价物。常见的虚拟货币有优惠券、游戏币、积分、Q 币等。我们这里所讲的数字货币是数字加密货币，它是一种去中心化，使用密码学原理来确保货币安全及控制交易单位创造的交易媒介。

加密货币最大的特点就是去中心化，没有任何监管，而且能够进行真实货币交易，也支持跨境即时交易。如比特币、以太币等都属于加密货币。不同的发行部门在发行不同数字货币中会起到不同的作用，数字货币的货币性，主要体现在其和法定货币或法定数字货币的关系上，也就是体现在与中央银行的清算关系上，但是在货币性强弱和发行机构形态方面没有必然关系。

5. 金融监管

金融监管从原有的关注合规、关注机构、关注资本为核心的风险监管，逐步过渡到对技术的监管，即运用技术提高监管的有效性。在技术视角中，互联网金融的监管可以从以下几个方面着手。

(1) 自动化和简化流程。自动化功能的引入，减少了工作量和所需的资源，从而减少了对人力的依赖，并将人为错误和偏差的风险降至最低。在人工智能和机器学习的帮助下使用的算法可以通过编程简化合规程序，自动高效地搜索新的法规，同时确保监管报告的透明度和一致性。

(2) 风险管理。通过大数据挖掘和高级分析的应用，可以判断违反监管的根本原因，并迅速识别潜在的风险领域、合规问题、欺诈问题以及促进业务增长的机会。例如目前研发使用的"基于人工智能的反欺诈模型"就能够进行场景分析、监管生态系统分析，监测合规工作的动态变化，持续地提高了风险管理和合规的质量。

(3) 提升监管者技术水平。互联网金融监管能够加强现有的监管当局和金融科技企业等市场主体的知识共享和监管交流。监管者通过沟通和交流，可以明晰当前金融科技发展动态中存在的技术应用、主要风险以及未来的发展趋势。

五、互联网金融与传统金融的联系与区别

(一)互联网金融与传统金融的联系

传统金融与互联网金融不是对立关系，它们只有互相学习、互相合作，才能真正地带动经济发展，提供更好的金融服务。

互联网金融是传统金融的有力补充，互联网金融和传统金融两者形成了线上与线下以及服务对象上的互补。

互联网、移动互联网、云计算、大数据等新兴技术与传统金融结合，产生出各类金融业态，"互联网+传统金融"形成了线上与线下新的互联网金融模式，如图1.18所示。

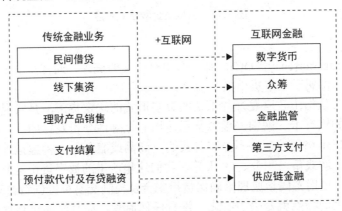

图1.18　"互联网+传统金融"业务产生的金融模式

1. 互联网金融在信息中介职能方面具有优势

投融资的过程和实物交易的过程无异，需要有买家(出钱的投资者)，有卖家(卖股权、债权或其他权益的融资者)，有商品(股权、债权或其他权益)。金融服务中介是投融资过程中第三方承担的角色。

(1) 互联网金融实现了资金供需双方直接对接。相比传统金融，互联网金融在信息中介职能方面减少了中间环节，具有私人投资顾问优势。很多P2P平台能量身定制理财项目，只要输入投资金额、项目周期和期望年化利率，再通过申请就能完成。

(2) 互联网金融对接效率提高。互联网金融通过利用大数据或网络平台，为客户提供及时有效的信息及分析以促成投融资活动。

2. 互联网金融具有支付优势

比投资融资更广泛的金融需求是支付，与传统的第三方支付机构不同，互联网金融能满足用户的支付需求。

第三方支付平台以互联网为支撑，借助各种新兴移动终端，依托日新月异的互联网技术，通过电子化货币这一新方式，直接为小微客户提供专业的端口，开展各种 B2C、C2C 的金融交易，同时运用大数据体系获取与用户相关的信息，进而形成全新的金融服务体系。当前，国内已经出现了一些创新型的第三方支付平台，比如财付通、支付宝等。

视野拓展

阿里巴巴电子商务和支付宝的发展促成了第三方支付的发展，正是有了第三方支付机构的创设和全力支撑，才有了电子商务的发展壮大。互联网支付工具成就了电子商务，同时，电子商务也成就了互联网支付工具。两者相辅相成，相互促进，构造了互联网金融的底层技术基础。

(二)互联网金融与传统金融的区别

互联网金融与传统金融存在一定的区别，如图 1.19 所示。

	传统金融	互联网金融
服务方式	营业网点、专业人员	在线服务
支付清算	现金与电子账户结合	电子支付、无现金
风险管理	专业人员管理	大数据实时监控
资格审查	专业人员管理	大数据、云计算审查

图 1.19 互联网金融与传统金融的区别

1. 互联网金融模式下服务方式发生改变

1) 互联网金融突破时空局限

在传统的金融业务模式下，客户需要到实地网点去办理相关的手续，填写各种资料，手续繁杂，安全性存在一定的问题；金融机构想要开拓新的客户，也需要到线下去推广，很大程度上降低了工作效益。

> 20 世纪 90 年代，股民为完成一笔交易，有时要在证券交易所门前彻夜排队，而互联网金融改变了这一切，如今坐在沙发上，动动鼠标就能完成一笔交易。

互联网金融模式下，金融服务随时随地都能进行，客户办理流程简单、迅速、完善，企业也可以通过平台去宣传产品及活动，实现互联网全流程服务，足不出户，安全方便。

2) 为用户提供个性化的产品和服务

传统金融的资源分配严重不均，通常金融机构关注大中型企业、政府和机构的融资，小微企业、个人消费贷款被排斥在外，而互联网金融产品具有操作简单、门槛低的特点，能够满足这些小微客户的迫切需求，与传统金融形成了互补，能够促进金融资源的有效配置。

2. 互联网支付操作简单节省时间

互联网金融操作方便，手机成了最大的"钱包"。人们把银行卡、信用卡、社保卡、公交卡等都"装"进了智能手机，无论是付款还是转账，都不用找零钱，只需要一部手机就能轻松地解决，给人们的生活带来了极大的方便。

> 目前中国移动支付的普及率在全球位居第一位。中国消费者 2016 年在移动支付平台上的支出总数为 5.5 万亿美元，这一数字比美国(约 1120 亿美元)高出 50 倍。仅从这些数据中可以看出中国移动支付行业创造的功勋战绩。

3. 新型的金融模式极大地降低了运营成本

1) 交易成本源于信息不对称

(1) 传统金融征集信用数据的来源比较狭窄。传统金融信息不对称，标准化、碎片化、静态化是传统金融信息的特征。征集信用数据主要是线下通过人工进行收集、处理、审核信贷记录(贷款和信用卡还款记录)；数据主要是由用户自己提供，所以不但耗费了大量的人力、物力，效率和准确率也较低。

(2) 互联网金融征信数据覆盖面广泛。在云计算的保障下，互联网金融的信息处理和风险评估通过网络进行，利用大数据征信，不仅

> 社交网络、搜索引擎、大数据技术出现后，市场信息不对称程度减弱。个人和企业的日常行为可以被充分地记录、查找和分析，并以此为基础构建风险定价模型，信息处理成本和交易成本大幅度降低；将碎片化信息挖掘、推导、组合，有效地拉近商家和供应商之间的关系；利用大数据技术从中挖掘商机，有效缓解了银企之间信息不对称的难题。

能够利用传统的信贷记录，更能够获取网络金融机构、电商乃至社交软件等第三方的数据。例如，花呗的还款记录、淘宝的消费记录以及共享单车的信用分，可利用风险模型对其进行分析和决策，能够降低成本、提高效率。

2) 技术进步可提升配置效率、降低交易成本

无论是互联网金融还是传统金融，风控是关键。传统金融行业实体网点营业成本不断攀升，相应的业务费用也饱受诟病。互联网金融平台与传统金融机构相比，减少了大量的实体网点和人工服务，从而降低了交易成本。

> 美国银行业曾经测算过单笔金融业务的平均成本，营业点是 1.07 美元，电话银行是 0.54 美元，ATM 是 0.27 美元，而通过互联网的成本仅为 0.1 美元，成本优势显而易见。

课 程 思 政

创新包括理论创新、制度创新、技术创新、文化创新及其他各方面的创新。本章作为本书的开篇，勾勒出了一幅清晰的互联网金融框架，力争帮助同学们提供学好互联网金融

基础知识的方法和思路，从而为同学们深入学习互联网金融知识奠定基础，从而更深刻地理解创新是一个民族进步的灵魂，是一个国家兴旺发达的不竭动力，也是一个政党永葆生机的源泉。

综合练习题

一、概念识记

互联网金融　第三方支付　物联网

二、单选题

1. 互联网金融的核心是(　　)。
    A. 技术创新　　　B. 业务创新　　　　C. 模式创新　　　　D. 金融创新

2. 国内首家互联网银行是(　　)。
    A. 前海微众银行　　　　　　　　　B. 蚂蚁金融银行
    C. 温州民商银行　　　　　　　　　D. 天津金城银行

3. 阿里小贷所开发的新型微贷技术是其解决(　　)融资的关键所在，数据和网络是这套微贷技术的核心。
    A. 大中型企业　　B. 小微企业　　　　C. 私有企业　　　D. 国有企业

4. 互联网技术的进步，尤其是社交网络、搜索引擎、大数据技术出现以后，市场信息不对称程度(　　)，市场的公平性和有效性会较传统金融行业大幅度提高，达到接近完全竞争的理想状态。
    A. 波动　　　　　B. 增加　　　　　　C. 减弱　　　　　D. 稳定

5. 以下说法错误的是(　　)。
    A. 投资：资金充裕的人想让钱生钱　　B. 融资：缺乏资金的人需要钱
    C. 支付：本质上看资金是静止的　　　D. 融资：需要付出成本是用钱买钱

6. 互联网金融的盈利本质就是(　　)。
    A. 投资者有收益　　　　　　　　　B. 机构有中介收益
    C. 成本由被投资者承担　　　　　　D. 成本由投资者承担

7. P2P网络贷款，可以直接绕过银行(金融中介)将资金需求方的贷款需求与投资方的投资需求进行匹配，这说明了互联网金融具有(　　)优势。
    A. 透明度高　　B. 参与广泛　　　　C. 中间成本低　　　D. 信息处理效率高

8. 狭义的网络金融不包括(　　)。
    A. 网上银行　　B. 网上证券　　　　C. 网上支付　　　　D. 金融信息服务业

9. 美国富国银行网上房屋贷款批复业务只需50秒；而美国第一银行更宣称，其网上贷款业务25秒即可办妥，这说明网络金融具有(　　)的特征。
    A. 高效性和经济性　　　　　　　　B. 科技性与共享性
    C. 信息化与虚拟化　　　　　　　　D. 一体化

10. 网络经济的特征不包括(　　)。

    A. 虚拟化、成本低 　　　　　　　　B. 竞争激烈，合作很难

    C. 全天候、全球化 　　　　　　　　D. 强大的创新性

11. 国内互联网金融是在国外互联网金融发展的基础上逐渐被引入中国的，虽然起步较晚，但是发展势头迅猛。我国互联网金融的发展大致也可以分为三个阶段，其中第三阶段是从 2012 年开始，(　　)年是互联网金融得到迅猛发展的一年。

    A. 2012 　　　　　　　　　　　　　B. 2013

    C. 2014 　　　　　　　　　　　　　D. 2015

12. 关于网络银行的优势，下列说法中不正确的是(　　)。

    A. 能有效控制经营成本 　　　　　　B. 拥有更广泛的客户群体

    C. 观念更新的金融竞争策略 　　　　D. 拥有更安全的支付手段

13. 在互联网金融环境中，(　　)作为金融的核心资产，将撼动传统客户关系和抵质押品在金融业务中的地位。

    A. 网络 　　　　B. 数据 　　　　　C. 资金 　　　　　D. 人脉

14. 互联网金融的本质就是(　　)。

    A. 金融创新 　　　B. 金融算法 　　　C. 金融基础设施 　　D. 金融技术

15. 消费金融服务提供商有(　　)。

    A. 互联网消费金融公司 　　　　　　B. 大学生消费者

    C. P2P 平台的借款人 　　　　　　　D. 分期付款货物销售方

16. 以下哪一项不属于互联网消费金融的特点(　　)。

    A. 符合国家整体经济形势导向

    B. 从内涵上已经基本满足了国家内需导向型的经济发展策略

    C. 互联网消费金融是一个最佳的，也是未来市场空间较大的嵌入点

    D. 与年轻人的消费观念不符

17. 以下哪一项不属于消费金融服务提供商支付模式的特点(　　)。

    A. 消费者在进行相应消费时消费金融服务提供商直接向零售商支付

    B. 保证专款专用

    C. 需要消费金融服务提供商拓展更多合作商户

    D. 风险较大

18. 互联网消费金融上游的资金供给方(　　)。

    A. 包括消费金融服务商的股东、消费金融服务商的资产受让方、P2P 网贷平台投资人

    B. 包括消费金融服务商的股东、消费金融服务商的资产出让方、P2P 网贷平台投资人

    C. 包括消费者、消费金融服务商的资产受让方、P2P 网贷平台投资人

    D. 包括消费者、消费金融服务商的资产出让方、P2P 网贷平台投资人

19. 以余额宝为代表的金融服务创新使得更多寻常百姓能够以"标准化、碎片化"的方式获得原来主要面向高端客户的理财服务，余额宝的出现和发展符合发展(　　)的理念。

A. 绿色金融　　　B. 普惠金融　　　　C. 低碳金融　　　D. 互联网金融

20. (　　)不属于网络经济的特征。

A. 虚拟化、成本低　　　　　　　B. 竞争激烈，合作很难

C. 全天候、全球化　　　　　　　D. 强大的创新性

三、多选题

1. 以下说法正确的有(　　)。

A. 金融就是让钱怎么流动起来

B. 金融的盈利运作模式就是想办法让投资者和被投资者连接起来

C. 对于投资者来说，我把钱给出去，我要收益

D. 对于被投资者，我需要用钱，有什么办法能以最低成本拿到钱

2. 互联网金融的优势是(　　)。

A. 透明度高　　　B. 成本低　　　　　C. 效率快　　　D. 无风险

3. 打造互联网金融生态链的核心要素有(　　)。

A. 信息　　　　　B. 资本　　　　　　C. 平台　　　　D. 渠道

4. 普惠金融时代，需要互联网金融可以满足以下需求(　　)。

A. 小额　　　　　　　　　　　　B. 分散

C. 大量的客户支付　　　　　　　D. 理财和投融资需求

5. 金融简单来说就是货币的活动。即(　　)的往来等经济活动。

A. 货币的发行、流通和回笼　　　B. 贷款的发放和收回

C. 存款的存入和提取　　　　　　D. 汇兑

6. 传统意义上的互联网金融包括(　　)。

A. 宝宝类产品　　　　　　　　　B. P2P 平台

C. 电商平台　　　　　　　　　　D. 众筹

7. 互联网金融的主要特征有(　　)。

A. 信息的多维采集　　　　　　　B. 信息的多维运用

C. 去中心化　　　　　　　　　　D. 传统金融的后台化

8. 互联网金融具有(　　)等特点。

A. 参与主体广泛　　　　　　　　B. 经营模式多元

C. 业务模式众多　　　　　　　　D. 是发展变化中的概念

9. 金融的本质是价值流通，(　　)构成了金融体系。

A. 银行　　　　B. 证券　　　　　　C. 保险　　　　D. 信托

10. 以下(　　)属于互联网精神。

A. 开放　　　　　　　B. 平等　　　　　　　C. 协作

D. 快速　　　　　　　E. 分享

11. 网络金融具有(　　)的特征。

A. 高效性和经济性　　　　　　　B. 科技性与共享性

C. 信息化与虚拟化　　　　　　　D. 一体化

12. 下列各项网络经济活动中，属于网络服务的是(　　)。

　　A. 网络招聘　　　　　　　B. 网络旅游　　　　　　　C. 网络金融

　　D. 互联网通信　　　　　　E. 网上支付

13. 网络经济的特征包括(　　)。

　　A. 虚拟化、成本低　　　　　　　　　B. 竞争激烈，合作很难

　　C. 全天候、全球化　　　　　　　　　D. 强大的创新性

14. 未来传统金融与互联网的联系将更加紧密，金融行业发展可深入借助互联网，如(　　)。

　　A. 利用数字技术实现自动投融资需求对接，降低人工成本

　　B. 注重个性化、定制化的金融服务，注重长尾效应

　　C. 提供金融服务的方案更清晰、更透明

　　D. 最大程度简化用户操作

　　E. 降低用户参与资金门槛

15. 在智能手机里可以"装载"(　　)。

　　A. 银行卡　　　　B. 信用卡　　　　C. 社保卡　　　　D. 公交卡

16. 传统金融业务在"互联网+"下具备(　　)等一系列特征。

　　A. 透明度更强　　　　　　　　　　　B. 参与度更高

　　C. 协作性更好　　　　　　　　　　　D. 中间成本更低、操作上更便捷

17. 线下支付的具体表现形式，包括(　　)。

　　A. POS 机刷卡支付　　　　　　　　　B. 拉卡拉等自助终端支付

　　C. 预付卡支付　　　　　　　　　　　D. 手机近端支付以及网点支付

18. 互联网金融具有(　　)等特点。

　　A. 参与主体广泛　　　　　　　　　　B. 经营模式多元

　　C. 业务模式众多　　　　　　　　　　D. 是发展变化中的概念

19. 互联网金融借助于互联网技术，实现了(　　)等功能的新兴金融服务模式。

　　A. 支付结算　　　　B. 信用创造　　　　C. 资源配置　　　　D. 信息处理

20. 对互联网的作用，可从以下(　　)等角度理解和再认识。

　　A. 提供低成本、高效率的解决方案

　　B. 使数据变成触手可及的在线资源，成为数据资产

　　C. 发挥显著的技术和组织优势

　　D. 促进整个社会和参与人更加注重契约精神，逐渐形成一种去中心化、自治性强的秩序

四、判断题

1. 电子货币的本质是价值信息工具，它已经不再是商品，但却代表着商品；已经不再具有价值，但却代表着价值。　　　　　　　　　　　　　　　　　　　　　　　(　　)

2. 互联网金融是指以依托于支付、云计算、社交网络以及搜索引擎等互联网工具，实现资金融通、支付和信息中介等业务的一种新兴金融。　　　　　　　　　　　(　　)

3. 电子货币的突出问题是发行权和归属权不明的问题。　　　　（　　）

4. 由于电子货币的流动性更大，电子货币使货币的交易需求、预防性需求和货币的投机性需求进一步分离。　　　　（　　）

5. 从用户需求的角度出发，互联网金融和传统金融其实没什么差别，都是为了满足用户的三大基本金融需求：投资、融资、支付。　　　　（　　）

6. 存款、保险也是投资的一种。　　　　（　　）

7. 从广义上讲，具备互联网精神的金融业态统称为互联网金融。　　　　（　　）

8. 电商金融与传统金融的区别不仅仅在于金融业务所采用的媒介不同，更重要的在于金融参与者深谙互联网"开放、平等、协作、分享"的精髓。　　　　（　　）

9. 随着互联网的发展，基于互联网的价值互动增多，传统金融机构难以完全覆盖。

　　　　（　　）

10. 由于二维码应用的广泛性，那么单一使用二维码来做交易验证，不懂安全的人扫来源不明的二维码很容易受骗而执行恶意程序。　　　　（　　）

11. 互联网金融的发展导致了金融业务综合化发展趋势不断加强，推动传统的"分业经营、分业监管"制度向"全能经营、分业监管"制度的转换。　　　　（　　）

12. 金融的本质是资金融通、服务于实体经济。互联网促使金融回归本质。　　（　　）

13. 随着互联网的发展，基于互联网的价值互动增多，传统金融机构难以完全覆盖。

　　　　（　　）

14. 在线数据是互联网金融发展的重要基础，互联网金融的发展应建立在数据安全的基础上。　　　　（　　）

15. 2011 年 4 月，国内首家众筹网站"点名时间"成立。　　　　（　　）

16. 互联网货币是指采用一系列经过加密的数字，在全球网络上传输的可以脱离银行实体而进行的数字化交易媒介物，表现为数字货币、在线货币、电子钱包、电子信用卡等形式。　　　　（　　）

17. 通过小微企业借款和白条资产等的证券化实现了标准化资产输出，这其实是一个很大的进步，标志着互联网金融可以从只做渠道进入资产的生成这个阶段。　　　　（　　）

18. 电商企业、第三方支付公司充分利用大数据的技术手段，有效利用各类信用数据库，积累有效的个人信用评价机制，比央行征信体系更加有效。　　　　（　　）

19. 互联网金融生态的蓬勃发展、信息技术的快速变革与商业模式的不断创新，给传统银行业带来机遇的同时，也对银行自身的经营理念和模式、信息处理能力提出了前所未有的挑战。　　　　（　　）

20. 去中心的特征不适合具有核算相关的行业。　　　　（　　）

五、简答题

1. 互联网金融的特点有哪些？

2. 互联网金融与传统金融的联系和区别有哪些？

六、实战演练

通过图 1.20 分析互联网金融的优势是什么？

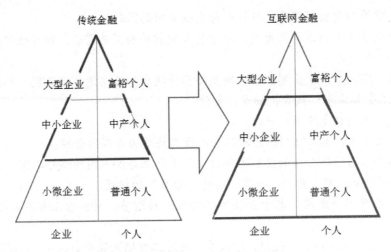

图 1.20　传统金融与互联网金融比较

第二章
大数据

学习目标

知识目标

了解大数据与数据的区别；掌握大数据的特征；掌握大数据含义及层次。

能力目标

掌握大数据风控的应用场景；会用大数据金融风控模型分析问题。

第一节　大数据的含义及层次

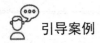

引导案例

《纸牌屋》的营销传奇

《纸牌屋》的制作方，即美国的 Netflix 公司，是一家在线影片租赁提供商，在全球拥有 3300 万订阅用户，它比谁都清楚大家喜欢看什么样的电影和电视。有研究表明，每天的高峰时段网络下载量都是出自 Netflix 的流媒体服务，每天用户在 Netflix 上产生 3000 万多个行为(如暂停、回放或者快进时，都会产生一个行为)。Netflix 的订阅用户每天还会给出 400 万个评分、300 万次搜索请求、询问剧集播放时间和设备等。Netflix 通过对这些数据的挖掘、分析，了解到用户很喜欢 David Fincher(《社交网络》和《七宗罪》的导演)，也知道 Kevin Spacey 主演的片子表现都不错，还知道英剧版的《纸牌屋》很受欢迎，三者的交集告诉 Netflix 值得在这件事上赌一把，因此它投资了一亿美元请来导演 Fincher、主演 Kevin Spacey 并买下英剧版权，首次进军原创剧集就一炮而红，在美国及 40 多个国家成为最热门的在线剧集。Netflix 将大数据本身的威力演化为一款产品，迅速打动了亿万用户，将大数据的应用做到了极致。

一、大数据及大数据技术

(一)大数据含义

麦肯锡全球研究所曾给出过大数据的定义：大数据指一种规模大到在获取、存储、管理、分析方面大大超出了传统数据库软件工具能力范围的数据集合。

1. 数据是大数据的基础

如果把数据比作地球上的水，个人的数据就好像一颗小水珠；企业的数据根据规模的大小，可以算作水坑、池塘、湖泊，在湖泊之外，这些水能够汇聚成海洋。大数据海洋里面的水(数据)，多到数不清楚，里面的物产、资源(大数据产生的价值)也丰富到无以复加。大数据就是把超多数据信息汇集到一起，然后在里面"钓大鱼"。已有的大量数据，以及尚未被发现、记录的数据，共同构成了大数据时代的发展基础。

2. 大数据是一个相对的、抽象的概念

(1) 大数据就是很"大"的"数据"。大数据从字面上看，就是很"大"的"数据"。那么有多大呢？

纵观当今的社会，数据无处不在，不但有历史数据，还有社交媒体生成的新数据，来自应用(Web)的单击流数据、物联网(IoT)传感器数据等。多年前，百度首页导航每天需要提供的数据超过 1.5PB(1PB=1024TB)，这些数据如果打印出来将超过 5 千亿张 A4 纸。

(2) 大数据不仅仅是很"大"的"数据"。把大数据定义为"大数据就是大规模的数据"，

这个说法并不准确。大规模只是指数据的量而言。数据量大，并不代表着数据一定有被深度学习算法利用的价值。例如，地球绕太阳运转的过程中，每秒记录一次地球相对太阳的运动速度、位置，就会得到大量数据。可是如果只有这一种数据，那么就没有太多可以挖掘的价值。

3. 大数据与互联网联系紧密

互联网(物联网)产生大量数据，可用于实时监控、分析、流程优化和预测性维护等，其中蕴含的巨大价值需要大数据技术的挖掘以及应用。大数据让互联网(物联网)上源源不断的数据拥有了价值，让整个社会对互联网有了新的认知。

(二)大数据技术

你每天跑步带个手环收集的是数据，网上这么多网页也是数据，数据本身没有什么用处，但数据里面包含一个很重要的东西，叫作信息。通过数据采集(并传输)、数据存储、数据管理、数据检索(并分析)、数据挖掘(并展现)等，我们可以发现很多有用的或有意思的规律和结论。

比如，北京公交一卡通每天产生 4000 万条刷卡记录，分析这些刷卡记录，可以清晰地了解北京市民的出行规律，从而有效改善城市交通。但这 4000 万条刷卡数据，不是想用就能用的，需要通过"存储""计算""智能"来对数据进行加工和支撑，从而实现数据的增值。

而在这里，最关键的问题不在于数据技术本身，而在于是否实现两个标准：第一，这4000 万条记录，是否足够多，足够有价值；第二，是否找到适合数据技术的业务应用。大数据技术主要围绕数据价值化这个核心来展开，涉及数据收集、数据传输(整理)、数据存储、数据处理(分析)、数据检索、数据挖掘多个步骤，如图 2.1 所示。

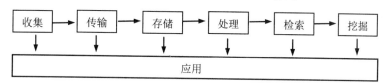

图 2.1 数据价值化的步骤

1. 数据收集

数据收集也叫数据采集，数据收集有以下两种方式。

(1) 抓取(爬取)。搜索引擎把网上的所有的信息都下载到它的数据中心，这样用户才能搜出来。当用户去搜索的时候，结果会是一个列表，这个列表在搜索引擎公司的数据中心，当用户点击链接时，显示出来的网站却不在搜索引擎公司的数据中心。

比如，新浪有个新闻网，用百度搜出来后，用户不点击的时候，网页在百度数据中心，用户一点击，显示出来的网页就在新浪的数据中心了。

(2) 推送。有很多终端可以帮用户收集数据。比如小米手环，每天将用户的跑步数据、心跳数据、睡眠数据都上传到了数据中心。

2. 数据传输

数据传输一般会通过队列的方式进行，因为数据量实在是太大了，数据必须经过处理才会有用。但系统处理不过来，因此只好将数据排好队，慢慢处理。

3. 数据存储

数据就是金钱，掌握了数据就相当于掌握了财富。网站之所以知道用户想买什么，就是因为它有用户的历史交易数据，这个信息十分宝贵，所以需要存储下来。

例如，每年公司都会进行体检，这些信息都会存储在医院的档案库，而医院通过大数据分析，就会提醒体检者身体的变化，以及需要预防的方向。

全球信息存储能力大约每 3 年翻一倍，信息存储能力的增加为人们利用大数据提供了近乎无限的想象空间

4. 数据处理和分析

用户存储的数据是原始数据，然而这些数据十分杂乱，还不能称为信息。信息会包含很多规律，因而需要清洗和过滤，从而得到一些高质量的数据。对于高质量的数据，就可以对其进行分析、分类，发现数据之间的相互关系，将规律总结出来将其应用于实践。

数据分析技术是大数据技术体系的核心环节之一，数据分析需要根据不同的数据类型采用不同的分析技术，目前主要的数据分析方式包括统计学分析方式和机器学习方式。

> 例如，在股票市场可以根据历史走势、交易数据、市场指数甚至监控新闻或舆论消息来挖掘出可能导致股价波动的模式，从而预测未来股价的走势，做出相应的交易行为(买入、卖出或持有)。

海量数据上传到云计算平台后，自然而然地就需要对数据进行深入分析，这就是大数据的目的。

5. 数据检索

检索就是搜索，所谓外事不决问谷歌，内事不决问百度。内外两大搜索引擎都是将分析后的数据放入搜索引擎，因此人们可以通过搜索寻找信息。大数据往往混合了来自多个数据源的多维度信息，它可以取代传统意义上的抽样调查。

例如，让用户看视频的时候弹出广告，广告中的产品正好是用户想买的东西；让用户听音乐时，另外推荐一些用户非常想听的其他音乐。

6. 数据挖掘

数据仅仅被搜索出来已经不能满足人们的需求，人们还希望从信息中挖掘出相互的关系。比如当搜索某个公司股票的时候，该公司的高管也应该被挖掘出来。如果仅通过搜索就看好这个公司的股票，显然不太靠谱。但是如果搜索出这个公司的高管发布了一个对公司不利的声明，那么用户就会重新考虑要不要购买该股票。所以，通过各种算法挖掘数据中的关系，形成知识库，十分重要。

7. 大数据应用

所谓的大数据应用就是利用大数据技术手段在各行各业中展开应用。它的作用在于对数量巨大、来源分散、格式多样的数据进行采集、存储和关联分析，可从中发现新知识、创造新价值、提升新能力。大数据贵在应用，当大量的数据和大数据技术完美结合后可解

决改善收集、存储、计算和分析等问题。

(三)大数据与数据的区别

数据很大程度上是指数字，比如客户量、业务量、营业收入额、利润额等，都是一个个数字或者可以进行编码的简单文本。这些数据分析起来相对简单，过去传统的数据解决方案(如数据库或商业智能技术)就能轻松应对；大数据则不单纯指数字，还包括文本、图片、音频、视频等多种格式，其内容十分丰富。

对于旧石器时代的原始人类来说，山洞的一幅壁画就足以记录他们现存的知识库，壁画就是那个时期的大数据。后来记录的数据多了，承载数据的媒介由竹签发展到纸张，一堆纸、一房间的书券大数据。当今社会，数据已经大到要用庞大的计算机群去存储。所以说大数据本身是一个相对的、抽象的概念。

二、大数据的特征

大数据具有海量的数据规模、快速的数据流转、多样的数据类型、价值密度低以及数据质量等五大特征。上面这五个特征，也就是人们常说的大数据的5V特征，即数量(volume)、种类(variety)、价值(value)、速度(velocity)、质量(veracity)。

1. 数量

数量即庞大数据体量。大数据要足够大，一开始这个大数据并不大，后来随着信息化的到来，信息才会越来越多。

纵观当今的社会，数据无处不在，不但有历史数据，还有社交媒体生成的新数据，来自应用(Web)的单击流数据、物联网(IoT)传感器数据等。数据量比以往任何时候都多，生成数据的速度也越来越快，数据格式更是多种多样：豆瓣的电影评分、大众点评的美食推荐、抖音视频的自动发布、淘宝的广告推广、世界杯、各个国家的利率计算……

目前全球每天创造2.3万亿GB的数据，如此大量的数据如果高效率地把它们搜集整理出来，那么将具有重大的意义。对企业和个人来说，大数据掌握越全面，所能涉及的业务也会越丰富、越安全。

一个佛罗里达州的警察例行巡逻，抓到一辆超速货车，取证、拍照、开罚单，并且把相关的信息录入相应的执法系统，形成一条数据。这条数据传到帕兰提尔的系统后，触发了警报。操作人员敲了几下键盘，超速货车司机的相关信息以一种很酷炫的方式展示在屏幕上，包括中情局海外部门的情报资料、航空公司的机票信息、银行的操作记录和监控录像、某公共场所的监控录像、租车公司的监控录像。这些信息综合起来提示，这位货车司机极有可能近期在迪士尼乐园制造恐怖袭击。于是提请相关执法单位尽快介入。

信用评级就是基于这样的逻辑设立的，由于搜集到的数据量足够大(比如个人的收入状况、消费水平、资产情况等)，因此银行等金融机构可以根据申请人的信息，判断其是否还得起贷款，或发出的信用卡应给多少额度。

2. 种类

种类是指数据的形式是多种多样的，包括数字(如价格、交易数据、体重、人数)、文本(如邮件、网页)、图像、音频、视频、位置信息(如经纬度、海拔)等。

数据源多样化是指数据的来源多、格式多，在生活中搜索引擎的信息来源、社交网络信息来源、通话记录等都是大数据信息的来源。

尤其是在金融领域，企业对大数据掌握越全面，所能涉及的业务也会越丰富；数据维度越丰富，对用户的画像就会越清楚，也就更能清楚地了解到用户到底喜欢什么，企业也就能够对此做出有针对性的营销。

当然，任何互联网金融企业不能依据单一的海量数据解决风控问题，如同传统金融风控中强调的"交叉验证"的原则一样，互联网金融企业应当通过多样化的数据采用多种策略，交叉验证风险模型。

3. 价值

价值是随着近年来大数据使用场景的递增以及在计算机的存储能力和运算能力大幅提高的背景下发展起来的。

大数据方便人们对海量的数据进行加工处理，方便人们挖掘出有价值的信息，开辟新的价值领域。新的价值领域会打造一系列生态体系，而生态体系又会孕育出大量不同的商业模式，而这个过程也会伴随着大量的创新。

物联网是大数据主要的数据来源。随着物联网技术的发展，物联网设备一方面会产生大量的数据，比如收集传感器信息、实时捕获图像等；另一方面也需要大量的数据支持，比如实现搜索、展现信息发展趋势。

> 2014年，美国波士顿警方在爆炸案现场调取了10TB(1TB=1024GB)的监控数据(包括移动基站的通信记录、附近商店、加油站、报摊的监控录像以及志愿者提供的影像资料)，最终找到了嫌疑犯的一张照片。

所以大数据技术的发展会利用并促进物联网技术的发展，方便人们获取和使用信息。

大数据最大的价值不是事后分析，而是预测和推荐。例如，电商的"精准推荐"已成为大数据改变零售业的核心功能。

📚 案例透析

零售企业沃尔玛

总部位于美国阿肯色州的世界著名零售企业沃尔玛拥有世界上最大的数据库系统。为了能够准确了解顾客在其门店的购买习惯，沃尔玛对其顾客的购物行为进行了购物篮分析，想知道顾客经常一起购买的商品有哪些。沃尔玛数据库里集中了其各门店的详细原始交易数据。在这些原始交易数据的基础上，沃尔玛利用数据挖掘工具对这些数据进行分析和挖掘。一个意外的发现是："跟尿布一起购买最多的商品竟是啤酒！"

这是数据挖掘技术对历史数据进行分析的结果，反映了数据内在的规律。那么这个结果符合现实情况吗？是否是一个有用的知识？是否有利用价值？于是，沃尔玛派出市场调查人员和分析师对这一数据挖掘结果进行调查分析。大量实际调查和分析揭示了一个隐藏在"尿布与啤酒"背后的美国人的一种消费行为倾向：在美国，一些年轻的父亲下班后经常要到超市去买婴儿用的尿布，而他们中有30%～40%的人同时也为自己买一些啤酒。产生这一现象的原因是：美国的太太们常叮嘱她们的丈夫下班后为小孩买尿布，而丈夫们在买尿布后又随手带回了他们喜欢的啤酒。

既然尿布与啤酒在一起被购买的机会会增多，于是沃尔玛就在多个门店将尿布与啤酒并排摆放在一起，结果是尿布与啤酒的销售量大大增长。

启发思考：是什么让沃尔玛发现了尿布和啤酒之间的关系？

4. 速度

速度是指互联网设备数量的增长为人们带来更快的数据处理速度。从数据的生成到消耗，时间很短。数据的变化速率，还有处理过程，越来越快。例如变化速率，从以前的按天变化，变成现在的按毫秒变化。

2020 年，全世界有 500 亿个网络终端，蜂窝网络连接超过 110 亿台设备。如此广泛的网络连接导致人们对于数据流的获取和分析速度越来越快，纽交所的系统每个交易日就可捕获 1TB 的交易数据；金山云每日仅来自小米用户上传的数据就多达 500 TB 以上；现代汽车上有超过 100 个传感器用来实时检测燃料水平、胎压等。人们对于数据分析速度越来越严苛的要求，也反过来推动了硬件技术的不断发展。

《超脑特工》剧中的主人公是一名有特殊天赋的探员，他的大脑中植入了一枚堪比超级计算机的微芯片，令其能在有效距离之内接收或控制所有电磁频谱。他成为世界上第一个能够用大脑直连互联网、Wi-Fi 信号、电话通信和卫星数据的人类，仅凭大脑就能入侵世界上任何数据中心或者获取关键情报，在最短的时间内从遍及世界的电子网络中获取所需的信息。

这部剧可以说是数据流分析速度的极致体现。主人公在剧中具有"网络渲染"的能力，他在脑中整合巨量的数据，融合事实和推理形成一面"虚拟证据墙"。脑中的芯片帮助他在几秒钟内破解任何悬疑案件，找出事实的真相。

在现实生活中，对大数据高速特性的应用在投资领域多有涉及，如通过基于海量新闻数据抓取而开发的"新闻选股"系统，或者对于社交网络上各类信息的搜集整理而形成的"舆情选股"系统等，其速度和效率是券商分析师无法与之比拟的。

5. 质量

数据的质量指的是数据的准确性和数据的可信赖度。狭义的数据质量是指保证数据内容的准确性。每个行业对大数据质量的标准不一，但一般来说，广义的数据质量还包括准确性、规范性、及时性和认可度。

众所周知，数据是企业数字化转型的核心要素，大数据建设的目标是为了融合组织数据，增加组织的洞察力和竞争力，实现业务创新和产业升级。而数据能发挥价值的大小依赖于其数据的质量高低。如果没有良好的数据质量，大数据将会对决策产生误导，甚至产生有害的结果。

在金融服务行业，遗漏价格、错误的市值、交易违规、客户业绩重述以及不正确的监管申报都可能导致严厉的处罚、客户流失和金融灾难。

美国商业零售业每年仅因标价错误就损失 25 亿美元；数据错误造成工业界的经济损失约占 GDP 的 6%；引起的医疗事故导致 98000 名患者丧生；在电信产业上，数据错误经常导致故障排除的延误、多余设备租用和服务费收取错误，损害了企业信誉甚至会因此失去很多用户；在数仓建设上，50% 的数据仓库因数据质量而被取消或延迟……

可见，提高数据质量是为了巩固大数据建设成果，因此，高质量的数据是企业业务能力的基础。

三、大数据的类型

大数据分三种类型，一种叫结构化数据，另一种叫非结构化数据，还有一种叫半结构化数据。金融数据的类型也与此相同。

(一)结构化数据

结构就是模式。结构化数据，是指可以用预先定义的数据模型表述，或者可以存入关系数据库的数据。简单地说就是有固定格式和有限长度的数据。例如各种表格中的内容都是结构化数据。

对于企业而言，来自企业内部信息系统中产生的运营数据，大多是标准化、结构化的(若继续细化，企业内部信息系统又可分两类，一类是基干类系统，用来提高人事、财会处理、接发订单等日常业务的效率；另一类是信息类系统，用于支持经营战略、开展市场分析、开拓客户等)。传统的商业智能系统中所用到的数据基本上属于该部分。

> 一个班级所有人的年龄、一个超市所有商品的价格，这些都是结构化数据。

结构化数据的形成本身来自统计，所以，结构化数据的优点在于便于统计和处理。由于数据是结构化的，数据分析可以遵循一定现有规律，例如通过简单的线性相关，数据分析可以大致预测下个月的营业收入额。

统计不能代表全部信息，会存在一定程度的损耗，并带来误导。这也是为什么有些时候明明看似得出了合理的结论，却不能有效改进我们的业务。比如，某位信用卡客户月均刷卡 8 次，平均每次刷卡金额 800 元，平均每年打 4 次客服电话，从未有过投诉，按照传统的数据分析，该客户是一位满意度较高流失风险较低的客户。但如果看到该客户的微博，得到的真实情况是：工资卡和信用卡不在同一家银行，还款不方便，几次打客服电话没接通。客户多次在微博上抱怨，则该客户流失风险较高。

(二)非结构化数据

非结构化一般指无法结构化的数据，也就是说不定长、无固定格式的数据。例如网页，有时候非常长，有时候几句话就没了。例如图片、文件、新闻、演示文稿、公司记录、文档文本、社交网络、音频、视频等数据。在互联网领域里，非结构化数据的占比已经超过整个数据量的 80%。

就像煤矿一样，大数据中的价值含量、挖掘成本比数量更为重要。非结构化数据就像是有杂质的煤矿，涵盖的范围比较广泛，这些数据专业度要求更高，更难让计算机理解，无法直接使用，还需要进行脱敏、提纯、结构化，才能变成可以被直接运用于商业层面的有价值的信息。

我们生活中的大部分沟通方式产生的数据都属于非结构化数据。据估计，当今世界 80% 的数据为非结构化数据，而这个数字还在持续增长。而人工智能、机器学习、语义分析、图像识别等技术方向需要大量的非结构化数据来开展工作，包括数据库系统也在不断向非结构化延伸。

对于企业来说，非结构化数据也变得越来越重要。企业会继续收集和分析存储在数据仓库或传统关系数据库里的结构化数据，对存储在音频、图像、音乐、文本、视频里的非数据化数据的关注也会越来越多。

非结构化数据的产生往往伴随着社交网络、移动计算和传感器等新的渠道和技术的不断涌现和应用。如，呼叫详细记录、设备和传感器信息、GPS 和地理定位映射数据、通过管理文件传输协议传送的海量图像文件、Web 文本和点击流数据、科学信息、电子邮件等。由于来源不同，类型不同的数据透视的是同一个事物的不同的方面。以消费者客户为例，消费记录信息能透视客户的消费能力、消费频率、消费兴趣点等；渠道信息能透视客户的渠道偏好；消费支付信息能透视客户的支付渠道情况。客户是否在社交网站上分享消费情况，消费前后是否在搜索引擎上搜索过相关的关键词等，这些信息(或数据)从不同的方面表达了客户的消费过程的方方面面。

(三)半结构化数据

对于半结构化数据来说，首先，它的数据是有结构的，但有可能因为描述不标准或者描述有伸缩性不能模式化。其次，半结构化数据由于没有模式的限定，数据可以自由地流入系统，还可以自由地更新，这更便于客观地描述事物。

半结构化数据的整合在数据整合中是最为复杂的。例如，每个员工的简历大不相同，不像基本信息那样一致，有的员工的简历很简单，比如只包括教育情况；有的员工的简历却很复杂，比如包括工作情况、婚姻情况、出入境情况、户口迁移情况、政治面貌、技术技能等。还有可能有一些我们没有预料的信息。通常我们要完整地存储员工的简历并不是很容易的，因为我们不会希望系统中的表格结构在系统的运行期间进行变更。

半结构化数据模型通常是对现有简历中的信息进行粗略的统计整理，总结出简历中信息所有的类别，同时考虑系统真正关心的信息。对每一类别建立一个子表，比如建立教育情况子表、工作情况子表、政治面貌子表等，并在主表中加入一个备注字段，将其他系统不关心的信息和开始没有考虑到的信息保存在备注中。这样查询统计比较方便。但是半结构化数据模型不能适应数据的扩展，不能对扩展的信息进行检索，对项目设计阶段没有考虑到的又是系统关心的信息存储，不能很好地处理。

四、大数据在金融领域的应用

随着大数据不断在金融业的深入应用，其将为传统金融机构、金融科技公司带来更多的创新点和想象空间。金融机构可借助于新兴的大数据技术广泛收集各种渠道信息并对其进行分析应用与风险管理，运用大数据进行精准营销与获客，通过大数据模型为客户提供金融信用，进而辅助各项业务决策。

(一)大数据可以为金融机构提供客户全方位信息

大数据在金融领域的应用主要包括客户画像和精准引流。客户画像分为个人客户画像和企业客户画像。个人画像包括人口统计学特征、消费能力数据、兴趣数据、风险偏好等。企业客户画像包括企业的生产、流通、运营、财务、销售和客户数据、相关产业链上下游等数据。进行客户画像可以根据不同的产品及服务需求将客户群进行细分，在营销时实现广告推送、产品介绍的精准定向，更大概率引流成功。

(二)使金融机构更了解客户

营销的根据在于对用户信息的了解程度，信息越多对用户进行精准营销的程度就越高。在不同阶段与用户进行合理的对话，提升用户的价值，可最大限度地增强客户黏性，减少客户流失。大数据技术的应用，让用户的信息更加全面，通过描绘用户画像，可对其进行侦查，做到精准营销。

(三)提高了数据的应用管理水平

1. 提高了数据的管理能力

金融行业所面对的数据是庞大而繁杂的，并且企业在运营过程中要不断对数据信息进行交换，不断充实自己的数据库，这就对数据的及时处理和全面分析提出了挑战。

2. 增强了数据挖掘能力

大数据分析的应用，可以将无关的数据剔除，减少工作量提高工作效率，并且可使对客户的信息挖掘更加全面。

3. 提高了执行力的精准性和效率

大数据分析只能作为促进营销的一种手段，更重要的是要将其和实际相结合，将数据分析的结果转化为有效的金融营销策略和行动，制定出具体的具有差异化的营销策略并对其实施，为金融行业提高经济效益。

(四)为大数据风控的发展夯实了基础

当今，大量的电商数据、信贷数据、社交数据、生活服务类数据正在快速积聚。第三方数据交易市场也在蓬勃发展，这些数据包含了大量的信息，通过对数据的分析处理不难发现数据的关联性和规律性。

1. 在风控方面有的放矢

金融机构和金融服务平台通过大数据可以挖掘客户的交易和消费信息，掌握客户的消费习惯，并准确预测客户行为。

2. 增强市场风险的把控能力

通过大数据可以清晰地看出客户的需求和市场的透明度，这样金融机构就可以做到合理的资源分配，从而减少风险。

第二节　大数据风控体系

 引导案例

美国的社会安全号

在美国，每个人都有一个"社会安全号"SSN(Social Security Number)。这个安全号把

一个美国人一生几乎所有的信用记录串在一起，个人的银行账号、税号、信用卡号、社会医疗保障号等都与之挂钩。自20世纪30年代美国成立社会安全管理局后，联邦政府下令，所有合法公民和居民必须持有有效社会安全号，该号由国家社会安全管理局统一赋予，只要把某个人的社会安全号输入全国联网的计算机，任何人均可查到自己的背景资料，既包括年龄、性别、出生日期等这些自然状况，也包括教育背景，工作经历，与税务、保险、银行打交道时的信用状况，有无犯罪记录等。如果一个人有过不良纳税记录，那么这一记录将永远伴随着他，当他去求职、买保险、买汽车、开公司……几乎无论他做什么，无论他到哪个州，这一污点都无法抹去，他将因此而四处碰壁。

这些数据从哪儿来？

对消费者信用评估和提供个人信用服务的中介机构，在美国叫信用局，或叫消费信用报告机构。它们专门从事个人信用资料的收集、加工整理、量化分析、制作和售后服务，形成了个人信用产品的一条龙服务。信用局把众多的机构的数据并网，同时让这些征信机构共享。

美国的个人信用服务机构实行的是自由的市场运作模式，这些机构都是由私人部门设立的。

整个美国有1000多家当地或地区的信用局为消费者服务。但这些信用局中的绝大多数或者附属于Equifax、Experian和Trans Union三家最主要的征信局，或者与这三家征信局保持业务上的联系。而这三家征信局都建有覆盖全美国的数据库，包含有超过1.7亿消费者的信用记录，从而在事实上形成了三家征信局三足鼎立的局面。这也构成了美国信用局制度的核心。

信用局收集消费者个人信用信息的工作方式是主动的，不需要向被记录者打招呼。而且，大多数授信机构都会将消费者的不良记录主动提供给信用局，使失信消费者的信用记录增加负面信息，今后无法成功地申请其他信用工具。

信用局主要通过三个渠道获取消费者的信息，一是经常从银行、信用卡公司、公用事业公司和零售商等渠道了解消费者付款记录的最新信息；二是同雇主接触，了解消费者职业或岗位变化情况；三是从政府的公开政务信息中获取被调查消费者的特定信息。随着互联网技术的进步，越来越多的机构的信息将会被并网上传到征信中心。

这些信用信息如何被使用？

个人信用产品的主要需求包括消费信贷的授信方、商业银行、保险公司、雇主、司法部门及消费者个人。目前，个人信用报告是需求量最大的信用产品。美国的三大信用局和1000多家地方信用局收集了1.7亿成年人的信用资料。据全联公司提供，全联公司每天平均卖出信用报告100多万份，每年大约销售40多亿份信用报告。每年全联公司出售的纸质信用报告和无纸质因特网上的信用报告收入达几百亿美元。

在美国，对个人信用产品的销售使用有明确的法律规定。根据有关规定，到信用局调用其他人的个人信用资料需要得到被调用人的同意或者是司法部门的授权，从而可以防止个人信用资料的滥用。也就是说，大家都不用担心自己的信用信息被滥用，被一些不应该看到的人看到。比如你要申请信用卡，银行要查询你的信用报告，你需要在授权报告上签字。

一、金融大数据服务领域

金融大数据服务以下领域。

(一)大数据征信

在个人征信领域，通过接入电商、支付、社交等各类数据维度，打通了用户的身份特质、行为偏好、人际关系、信用历史、履约能力等各类信息。通过对网络交易等海量数据进行挖掘并对其进行实时分析，为互联网金融机构提供客户全方位信息，对符合要求的借款人进行放款。

(二)大数据风控

用大数据搜集用户的兴趣、职业、消费行为等，构建借款者信用风险评估体系，从而有效地把控金融风险，通过互联网技术的手段让坏账率得到一定程度的控制。

通过海量互联网行为数据，比如监测相关设备 ID 在哪些借贷网站上进行注册，同一设备是否下载多个借贷 App，可以实时发现多头贷款的征兆，把风险控制到最低。

> 人们将产生于社交平台、电商平台、搜索平台等不同类型非财务数据运用于金融领域，以提高资产配置的效率。通过将海量的非财务信息与自有财务信息整合分析，对于资金需求方，银行也可以提高风控和风险定价能力；证券公司能做出更精准的估值定价；保险公司可以更好地分析潜在客户行为习惯和风险指数，降低保险过程中的逆向选择问题，从而开辟新的保险市场。

1. 信息验证核实

在个人用户办理业务时，应用大数据分析技术能够大幅度提高数据的真实性和可靠性。在用户办理业务的过程中，通过增加对用户的验证查询，可以加强欺诈识别，降低金融风险。

2. 信贷预判

信贷预判为金融服务商提供决策依据，为银行、贷款、P2P 金融等业务提供风险控制服务，拓展信用体系生态圈，以及为第三方业务提供授信决策。

(三)大数据消费金融

消费金融对大数据的依赖是天然形成的。比如说消费贷、工薪贷、学生贷，这些消费型的金融贷款很依赖于对用户的了解。所以必须对用户画像进行分析提炼，通过相关模型展开风险评估，并根据模型及数据从多维度为用户描绘一个立体化的画像。

(四)大数据财富管理

财富管理是近些年来在我国金融服务业中出现的一个新业务。主要为客户提供长期的投顾服务，实现客户资产的优化配置。这方面业务在传统金融机构中存在得比较多。不过因为技术能力不足，大数据财富管理在传统金融机构中相对弱势。互联网金融可以通过基于大数据和人工智能技术为合作商户管理平台，为合作商户提供涵盖营销和金融服务的全面管理方案，降低获客成本，解决细分行业的微小需求。一方面可以降低风险，另一方面也能提升金融的安全度。例如，国内不少银行已经开始尝试通过大数据来驱动业务运营。中信银行信用卡中心使用大数据技术实现了实时营销；光大银行建立了社交网络信息数据库；招商银行利用大数据发展小微贷款。

二、建立大数据金融风控体系

互联网金融的本质是金融，金融的核心在于风控。大数据风险控制是指通过大数据核心算法建立风险模型，在收集各种维度数据基础上，结合互联网化评分和信用管理模型，提取出对企业有用的数据，再对其进行分析判断，最终达到风险控制和风险提示的目的。大数据风控是金融行业发展过程中必须结合的一项科技手段。权威的大数据征信体系可以更好地解决目前互联网金融行业面临的风控问题，降低平台坏账的概率。无论是传统金融，还是互联网金融，征信和风控体系是决定它们能走多远的核心因素。

大数据风险控制三大步骤分别是风险识别、风险度量及风险缓释。其中风险识别的目的是发现金融业务中可能存在的潜在风险点；风险度量是使用科学的计量方法将其量化；风险缓释是通过风险控制来降低风险的损失频率或影响程度。

金融大数据风控三大核心是反欺诈、还款意愿和还款能力分析，主要应用于反欺诈和信用预测。征信的本质在于解决信用能力和信用意愿。

(一)还款能力

传统征信中，数据依赖于银行信贷数据，而大数据征信的数据并不仅仅包括传统的信贷数据，同时也包括了与消费者还款能力、还款意愿相关的一些描述性风险特征。利用大数据技术，通过用户授权等方法搜集了更多的数据维度来加强这些弱相关数据的描述能力。这样就使大数据征信不依赖于传统信贷数据，就可以对传统征信无法服务的人群进行征信，从而实现对整个消费者人群的覆盖。

还款能力是借款人在扣除生活费用和其他开支后，所能创造的充足的现金流的能力以及贷款到期时偿付利息及本金的能力。通过收入、支出、资产、负债，如每月的工资、消费数据、房产、车产、信用卡、贷款等就能够判断出借款人的还款能力。

(二)还款意愿

还款意愿也叫违约成本，简单地说，就是是否愿意还钱。一个人的违约成本越高，还款意愿越强。例如，一个在当地有户口、职业是公务员的人，他违约成本过高，所以他的还款意愿就很强；一个外地单身的普通工人，借一笔钱后从这个工厂到另一个工厂跑路很容易，他的违约成本就过低，所以即使有还款能力，由于风险过高也不能轻易给他放款。

识别一个借款人的还款意愿和还款能力往往采用不同的手段。在过去，银行要给一个客户贷款，首先要求客户提供他的资产证明、半年甚至一年的银行流水来证明他的还款能力，再通过资产抵押、质押等形式来提供贷款。大数据时代，我们可以从多维的角度评估客户的偿还能力、信用状况、还款能力，最终的结果就是你只要证明你是你就够了。

(三)反欺诈应用

欺诈风险，是主观预谋的，属于犯罪行为，这种风险的防范要靠事前模式识别和事后的信息共享以及执法。

与传统金融风控依赖复杂且严格的规章制度进行欺诈识别不同，互联网金融风控使用机器学习技术，能够积极地学习并识别特殊或异常行为并对其进行标注。

在互联网金融反欺诈领域，通过搭建模型，在自身已有的历史数据中挖掘出反欺诈规则，通过每笔案件之间的关系，判断新案件是否为欺诈的可能性。为了能最大限度地发挥数据的价值，反欺诈应用工作流程有四个阶段：①欺诈定义。反欺诈是什么。②数据准备。定字段，要获得哪些数据。③特征提取。④模型搭建。反欺诈的操作模型实际应用如图2.2所示。

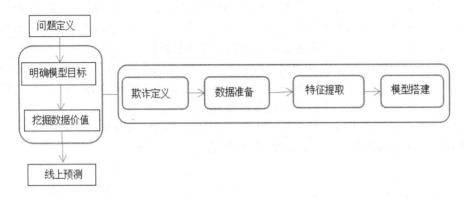

图2.2 反欺诈模型图

(四)风险控制

1. 反欺诈的大数据风控工具

反欺诈的大数据风控主要基于两套工具：交叉验证、聚类分析。

(1) 交叉验证。交叉验证是在机器学习建立模型和验证模型参数时常用的办法。交叉验证，顾名思义，就是重复地使用数据，把得到的样本数据进行切分，组合为不同的训练集和测试集，用训练集来训练模型，用测试集来评估模型预测的好坏。在此基础上可以得到多组不同的训练集和测试集，某次训练集中的某样本在下次可能会成为测试集中的样本，即所谓"交叉"。例如通讯录和通话记录校验、电商记录校验、设备指纹校验、多信息源地理位置校验。

(2) 聚类分析。聚类分析是根据在数据中发现的描述对象及其关系的信息，将数据对象分组。目的是，组内的对象相互之间是相似的(相关的)，而不同组中的对象是不同的(不相关的)。组内相似性越人，组间差距越人，说明聚类效果越好。聚类分析是一种探索性的分析，在聚类分析之前，研究者还不知道独立观察组可以分成多少个类，类的特点也无所得。聚类分析的实质是建立一种分类方法，它能够将一批样本数据按照他们在性质上的亲密程度在没有先验知识的情况下自动进行分类。

2. 信用预测

互联网金融对数据应用的最大期望就是预测，通过对贷中的借款人还贷能力进行实时监控，以及时对后续可能无法还贷的人进行事前的干预，减少因坏账而带来的损失。从而帮助金融机构进行风险管理和决策支持。

与信用相关的数据越多地被用于借款人风险评估，借款人的信用风险就被揭示得越充分，也越接近于借款人的实际风险。

（1）大数据风控维度更广泛。利用多维度数据来识别借款人风险，实际上是丰富了传统风控的数据维度。互联网金融的大数据既有结构化的数据，如数据库里的银行数据，也有非结构化的数据，如视频、图像、文本等。

（2）互联网金融的信用评估更客观。常用的大数据风控方式有验证借款人身份、分析提交的信息来识别欺诈、分析客户线上申请行为来识别欺诈、利用黑名单和灰名单识别风险、利用移动设备数据识别欺诈、利用消费记录来进行评分、参考社会关系来评估信用情况、利用司法信息评估风险等。

三、征信大数据链框架构建

数据积累是征信机构一项重要的商业资本，征信机构在业务发生前，依据广泛收集的数据，利用大数据、人工智能等先进技术，借助互联网金融企业建立的风控模型，从而为企业自身或其他金融相关企业提供快速、准确征信评估服务。大数据征信是征信机构的发展方向。征信大数据链框架如图2.3所示。

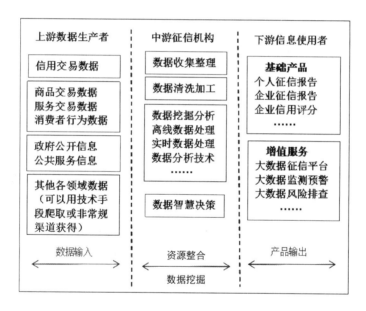

图2.3　征信大数据链框架

(一)上游生产者是各大平台

上游的数据生产者，即形成征信大数据各类型数据的服务机构或平台。数据的收集要靠大数据的上游生产者提供。

1.信用交易数据生产者

信用交易数据是从事金融活动时所产生的数据，此类数据主要来源于金融机构。在大数据时代下，金融业既是数据的制造者也是数据的使用者，这样来回的循环促使金融数据不断完善。

我国金融机构大体可以分为三类，即银行类金融机构、非银行类金融机构和互联网金融机构，这三类机构构成了我国的金融服务体系。

(1) 银行类金融机构。银行类金融机构在应用征信大数据方面具有数据量充足的天然优势，金融服务机构在业务开展的过程中积累了包括客户身份、资产负债情况、资金收付交易等大量高价值的数据。在运用专业技术挖掘和分析之后，这些数据蕴藏着巨大的商业价值。

(2) 非银行类金融机构。非银行类金融机构拥有客户交易的历史数据，这些数据对企业和个人客户的信用分析、风险识别等方面具有宝贵的价值，可以起到甄别客户和防范风险的作用。

(3) 互联网金融机构。互联网金融机构自身积累的数据有客户在金融服务类网站的行为记录，如电商的交易日志、支付的流水记录，以及一切登录浏览等数据。

2. 商品、服务交易数据以及行为数据生产者

互联网的出现让海量的企业、个人行为数据的获取、存储、管理成为可能。商品、服务交易数据以及行为数据生产者包括电子商务、金融服务、娱乐、旅游等行业的企业，以及水费、电费、煤气费、手机话费的缴费中介服务商，还有教育、医疗等公用服务机构。这些数据的生产者利用自有的工作机制和网络平台，收集自身留存客户买卖商品和享受服务中所提供和产生的身份信息、业务信息以及社交信息等，并对这些数据进行有序加工整理，形成数据库。由于不同企业和服务机构处于竞争状态，因此提供他人分享自己数据的内在动力不足，所以这类信息主要是企业和服务机构自身的客户信息。

3. 政府公开信息和公共服务信息的数据生产者

政府公开信息主要是行政司法机关掌握的企业和个人在接受行政管理、履行法定义务过程中形成的信息。政府公开信息主要是企业工商注册的信息。公共服务信息最常见的有社会服务信息、社区服务信息，以及信用信息等。

4. 通过技术手段爬取或通过非常渠道获得的其他各种领域的数据

对于很多企业来说自身数据积累相对有限，因此通过技术手段从互联网渠道爬取或者以非常规渠道从黑市交易获得机密数据，已成为一种对于机密数据的获取之道。此类数据的种类多样，可能有涉及各行业的行业数据或者涉及企业和个人的信息，该类数据的生成和掌控信息的渠道与部门众多，有私权的市场主体，也有公权的政府机构。

▐▐▐ 视野拓展

解释：爬虫技术

爬虫(web crawler)是一种专门的程序，用于在互联网上自动抓取内容。爬虫技术主要用于个人征信评估、关系图谱及风险分析等方向。

由于个人隐私的原因，我们无法得到一个人的全方位数据，只能截取其中的一个或几个片面(如交易记录、信用卡信息等)，而爬虫技术正是补充数据信息的利器。比如，有许多专门曝光骗子和老赖的网站，也有许多骗子在一些社交网站上发布信息。针对这些曝光的数据，利用爬虫技术将其清洗转换后，就能辅助个人信用评估。

(二)中游征信机构进行数据加工

有了数据之后，就是分析、整理数据，经过加工之后，形成数据报告。中游的征信机构通过数据服务商提供的数据进行二次加工形成征信产品的信用中介。征信大数据加工过程就是把没有关联的大量数据通过使用一些分析和处理的技术手段将其转变成有用的信息，并最终形成决策，从而有效防范风险。

征信行业大数据的数据加工过程可以分为以下四个阶段。

1. 征信数据的积累

征信数据的积累即对各种采集渠道获得的各类型征信数据进行收集和存储。数据积累需要一个过程，对数据的应用也需要进行测试。大数据积累是渐进的过程，不是一蹴而就的。

2. 信息检索过滤

信息检索过滤是将积累的数据进行分类检索和过滤筛选之后，变成有价值的信息的过程。

3. 信息深度挖掘

数据挖掘就是从大量的、不完全的、有噪声的、模糊的、随机的实际应用数据中，提取隐含在其中的、人们事先不知道的，但又是潜在有用的信息和知识的过程。征信的核心是信而有征，是对借贷关系中的履约信息的客观记录与反应，更多的是动态的履约行为信息。而现在大多是一些基础数据信息和弱关联的信息，比如身份信息、学历信息、消费信息、社交信息等。因此，数据分析需要数学理论、行业经验以及计算机工具三者结合，随着计算机科学的进步，数据挖掘、商务智能、大数据等概念的出现，数据分析的手段和方法更加丰富。

例如，一个客户租自行车或是充电宝等东西按时履约了，如果用这些履约信息来判定能否给这个客户审批几十万元或上百万元的贷款，还须慎重考虑。因为两者违约成本和还款意愿都是有很大区别的，贷几百元或上千元只要想还，怎么都能还上，但是，如果贷几百万或上千万就不一样了。

4. 智慧决策

数据处理是对纷繁复杂的海量数据价值的提炼，而其中最有价值的地方在于预测性分析，即可以通过数据可视化、统计模式识别、数据描述等数据挖掘形式帮助数据科学家更好地理解数据，根据数据挖掘的结果得出预测性决策来防范可能的风险。

(三)下游是对大数据征信产品的使用

下游的征信信息一般从以下几个领域获得。

1. 金融领域

该领域的征信信息主要由从事金融活动的相关方提供，帮助金融活动的相关方收集被调查对象的真实、有效数据，经过征信机构分析、判断、评价后，甄别与防范在金融活动中可能发生的各种风险。

在金融领域大数据征信产品的应用有：①银行评级及其他评级报告；②大数据征信报告；③金融机构服务等。这些产品主要服务于担保机构、小额贷款公司、保理公司、融资租赁公司等。

2. 政府领域

该领域的产品主要服务于政府部门、行业协会等。不同产品对应的是政府相关部门的不同需求。例如社会信用体系建设咨询产品，是征信机构结合信息化的技术手段为地方或行业社会信用体系主管部门提供规划编制、平台建设、体系设计等服务。

在政府领域大数据征信产品(信息)有：①评级或评价报告；②征信调查服务；③筹建咨询报告等。

3. 商业、商务领域

该领域的产品是针对商业发展或商务合作开展的大数据征信服务。

在商业或商务领域常用的数据征信产品(信息)有：①评级或评价报告；②投融资咨询报告；③征信评价报告；④供应链管理服务；⑤系统开发技术等。

4. 公共领域

该领域的产品是针对社会公众需求所提供的大数据征信服务。

在公共领域常用的数据征信产品(信息)有：①社会信用产品应用咨询；②大数据行业排名；③社会责任报告等。

5. 个人领域

该领域的产品是针对个人所提供的大数据征信服务。在个人领域常用的数据征信产品(信息)有：①个人征信信息；②个人贷款风险预测报告等。

第三节　大数据风控模型

 引导案例

营口银行大数据智能风控系统

营口银行以大数据、云计算、人工智能等新兴技术为依托，在区域内率先开展互联网消费信贷风控领域的创新研究与实践探索。2018年，营口银行启动"深�眸"大数据智能风控系统的建设，为智能风控的决策分析、模型落地提供系统支持，推动互联网消费信贷风控走向智能化时代。

营口银行在创新技术/模式应用方面汇集海量数据源，涵盖身份认证、司法涉诉、公安信息、多头借贷、反欺诈等多维度客户信用评分及画像分析实现精准评估；基于历史数据样本，构建适用于反欺诈、身份识别、额度定价、授信审批等多环节的评分模型，实现信用风险的量化判断与有效预测；从风险识别、计量、监测等环节入手，实现贷前—贷中—贷后全流程线上风险管理。

　　"深眸"大数据智能风控系统的建设起到了精准甄别申请人风险，降低信贷审核成本的效果。

　　(1) 大数据智能风控系统累计进行授信审批 160 万笔，有效拦截存在欺诈及违约风险客群 13.8 万。

　　(2) 积极引入百行征信及多家外部数据变量联合建模、风险维度全面覆盖、毫秒级响应，优化信贷审核流程。

　　(3) 基于历史样本、交易行为和收入能力等数据，构建反欺诈、身份识别、额度定价、授信审批等多套风险模型，有效提升风险预测能力和审批效率。

　　(4) 通过监控客户信用状况、共债情况变化，诉讼信息等情况，根据风险预警规则、评分、策略识别、量化风险，累计对 2000 余授信客户进行降低额度、额度冻结及清退等操作，防范借款人信用风险进一步恶化。

一、大数据风控建模原理

　　相对于传统风控，大数据风控在建模原理和方法论上并无本质区别，只不过大数据丰富了传统风控的数据维度，利用多维度数据来识别借款人风险，包括社交、征信、消费、兴趣等。据统计，目前银行传统的风控模型对市场上 70% 的客户是有效的，但是对另外 30% 的客户，其风控模型有效性将大打折扣。大数据风控中的数据维度可以作为另外的 30% 客户风控的有效补充，客户数据越多，信用风险就被揭示得越充分，信用评分就会更加客观。图 2.4 展示的是大数据风控建模原理。

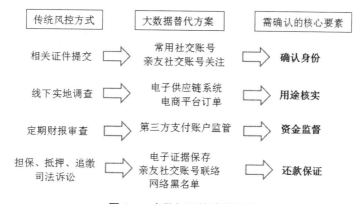

图 2.4　大数据风控建模原理

视野拓展

　　淘宝、天猫、京东、苏宁等 B2C 电商平台，都沉淀了商家的基本信息和历史信息等优质精准数据。这些平台，通过利用平台上客户的交易流水与支付记录，甄别风险、评测信用额度进而发放信用贷款。

　　在交易数据的沉淀上，电商企业能充分掌握物流信息、消费者和小微企业的交易信息，以及发货记录、收货记录、贷款记录与企业其他方面的数据。这些大量的交易数据，天然地成了信用评估的依据。电商平台利用这些数据可以建立自己独立的信用评级机制为企业评级。

二、大数据模型构建内容

我们来看下面的例子：

一个小商贩批发了一车苹果。由于这些苹果大小不一，产地不同，不能卖个好价钱。所以，小商贩按照若干指标分好对其进行了分类。首先按照产地分，辽宁的、山东的、陕西的；再按照大小分，一斤多的、半斤左右的、个头小的；再按照不同采摘的时间和品质分。不过，仅按照产地和大小分就分出九堆苹果，仓库已堆满，再分就装不下了。

分好苹果，小商贩又为如何定价伤透脑筋。小商贩觉得前几天市场上卖三元的苹果，感觉没山东的甜，个头也没半斤的大，于是就按照这个做样本，个头不大但甜的卖五元，个头大不甜的卖四元，又大又甜的卖七八元。

第一天小商贩去菜市场出售，一群大妈光捡便宜的买，大苹果一个都没卖出去。小商贩痛定思痛，大苹果定价各减一元。

第二天小商贩去了写字楼附近摆摊，一群白领吃了午饭出来买水果，净拣大个儿的买，小苹果这回无人问津了。

第三天小商贩装了一车大苹果来到写字楼，没想到刚支好摊，来了两个骗子，给了一百假纸币买了俩苹果，随后，遇到城管，连苹果带车都被扣了⋯⋯

从小商贩卖苹果的经历来看，卖苹果布满"风险"。那么，如何规避这些风险呢？大数据建模就可以做到。

信用风险防控模型可以将流程简化，通过对客户分层，降低审核人员的工作量，提高审批速度；同时以客观分数代替主观评断，保证审批标准及风险偏好一致性。

模型构建如同小商贩摆摊卖苹果一样，应遵循：业务定义(什么是好苹果)、风险定义、风险分解、模型策略这几个步骤。

(一)业务定义

数据是根本，离开数据是无米之炊。如同小商贩首先要有苹果一样，不同的业务场景产生不同的数据，不同的数据包含的规律，体现在数据分析中就是不同的模型、不同的参数和不同的评分。

比如，同样是网上的个人信用贷款，普通个人客户信用贷款和企业主的小微企业贷款是不同的。在做模型时，就要把个人和企业主两大类客群分为个人消费信贷模型和企业主信贷模型。企业主模型会包含一些反映小微企业财务状况的变量，如资产，对公、对私流水等。单纯的信用贷款类，有专门放贷给学生的学生贷、在朋友圈内贷款的朋友贷、给外企白领贷款的白领贷⋯⋯

如果拿学生贷的模型给农民贷客户来做信贷评估，或者拿给上海白领开发的模型给甘肃、西藏的白领做信贷评估肯定都是不恰当的。

(二)风险定义

风险定义就是通过信用估值判定哪些是好客户，哪些是坏客户。信用估值的方法类似小商贩分苹果的等级，按照大小、产地、采摘时间，可以把苹果分成若干类。信用评价也是一样，可以用不同的指标来划分客户群体。

1. 传统评估仅限于用户提供的少量资料和一些调查获得的信息

传统金融的风控一般采用 20 个维度左右的数据，利用评分来识别客户的还款能力和还款意愿。信用相关程度强的数据维度为 10 个左右，包含年龄、职业、收入、学历、工作单位、借贷情况、房产、汽车、单位、还贷记录等，例如按照银行流水、通话，就可以抽样出职业、年收入、收入变动情况等一些传统指标，对用户进行评估和授信。

2. 大数据的信用估值的指标可以达到更大的量级

大数据评估可以获得用户的更多信息，比如电商浏览和购物，平时交易流水的多少，交易发生的时间，用户交易的地点，以及任何和用户信用略有关系的其他指标。整个参与到信用评价中的指标可能多达数千个。在获得了数千个指标之后，这些指标彼此正交，如同小商贩按产地和大小两个指标组合，对苹果分了三六九等一

> 互联网金融业务模式的多样性，导致了对好客户和坏客户的定义标准也不尽相同。例如，在传统银行信用卡业务中，有少量逾期的客户是好客户，因为他们能给银行创造罚息，但是又不是恶意违约。而在互联网金融对客户信用评价中的"少量逾期"意味着必须马上采取措施……

般。依据这数千个指标正交之后会产生的上亿的组合(数据不像苹果那样占地方)，可以对人群进行极为精密的划分，以划分的结果进行建模，会得到比传统手段更加精准的模型。

3. 根据不同渠道对应的客户群设计对应的产品

大数据依据对人群的精密描绘，为金融产品的定制提供了更加灵活的可能性。金融企业根据客群的不同，可以制定更加有灵活性的产品，从而实现更高的利润。那样小商贩就不必一天天地测试不同地方什么苹果最好卖。尽量让每个客户面前，都放着这个客户所在客群分类中最合适的苹果。

(三)风险分解

风险分解，就是用模型把目标客户分类，选择正确的方法。合理分类，才能为进一步采取合理的商业策略提供正确有力的数据支持。例如，某跨国 IT 北京研发的刘总，由于家里有急事，临时用钱，想申请某银行的信用卡多给 5 万元额度，但是银行因为刘总卡上没多少钱所以不批。事实上刘总这个卡是工资卡，每月工资到账后，夫人就会把钱拿去购买理财产品。显然，依据某银行简单的分类方法，刘总被划为不能多给 5 万元额度的类别了。长此以往，类似刘总这类高质量、低风险客户就有可能流失。

(四)模型策略

模型构建固然重要，但最终是为了将模型应用于实际业务中，去创造价值。模型是策略的工具，策略往往包含了模型，是模型的延伸。策略规则的生成需要综合多种来源的变量，大致可分为 3 个来源，如图 2.5 所示。

1. 模型分数

对于一些弱(金融属性)数据源，难以提取有效的强(金融属性)单一变量，此时就需要借

助模型来提取合成一个强变量分数。模型的好处很明显，一是可以提高单变量排序性，二是变量降维，三是综合多个维度。

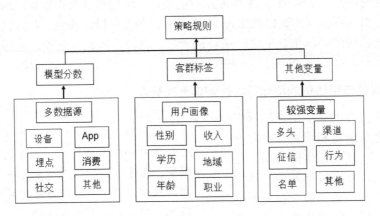

图 2.5　策略规则的变量

2. 客群标签

风控策略决策对象归根结底是人，因此可以利用用户画像标签，比如性别、收入、学历、地域、年龄、职业等。这些标签的业务可解释性非常强，适合对人群不断细分，分而治之。

3. 其他变量

其他变量指一些区分度本身就比较强的变量，如多头借贷变量、征信、黑名单、白名单等。这些变量可能本身就很强，可以挑选一些变量直接用于规则，从而不需要再通过模型来融合。

三、建立风控模型的步骤

大数据风控模型的构建流程主要分为四个部分：数据收集、数据建模、数据画像和风险定价，如图 2.6 所示。

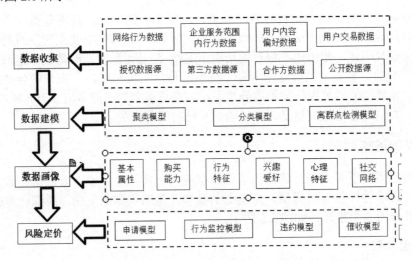

图 2.6　大数据风控模型的构建流程

(一)数据收集

从征信数据的渠道来源来说，有来自政府的公开信息，也有来自市场采集的信息；从征信数据的数据种类来说，有金融交易数据、市场交易数据，也有不少社交行为数据；从征信数据的数据结构来说，既有结构化数据，也有非结构化数据，如图2.7所示。

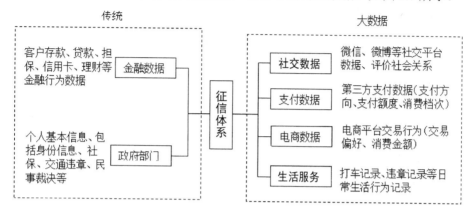

图2.7　大数据征信体系的数据来源

互联网征信数据使用得比较多的主要有个人身份信息(个人基本信息、教育学历信息、驾驶信息)、个人消费相关数据(资产信息、兴趣爱好、电商注册行为)、银行持卡人数据(POS交易信息、个人借贷卡账单信息、线上线下支付数据)、互联网用户及行为信息(App浏览数据、Web浏览数据、地理位置信息)、司法被执行信息(裁判文书信息、履约被执行信息、失信行为信息)、黑名单高风险客户名单、航旅信息(出行频率、票务信息)、位置信息(实时位置、常用地址、出行轨迹)等。掌握这些信息的企业基本属于行业内的巨头，例如中国联通、中国电信、中国移动、京东、淘宝等。

(二)数据建模

1. 数据模型种类

风控常使用的数据模型有以下几种。

(1) 聚类。比如常见的相似文本聚类，大量用户发布相似帖子是常见的灌水行为，需要处理。

(2) 分类。比如根据已经识别的有风险和无风险的行为，去预测现在正在发生的行为，根据关键字动态去识别预测效果。

(3) 离群点检测。比如登录行为，当同一个IP多次登录失败时，这种行为可能是暴力破解；当同一个IP登录多次全部成功时，这种行为可能是机器登录。采用离群点检测可发现这两类行为并对其进行处理。

2. 数据模型的应用

(1) 欺诈风险使用的模型主要是社会关系网络模型，通过每笔案件之间的关系，判断新案件是不是欺诈申请的可能性。

(2) 信用风险使用的模型主要是通过逻辑回归建立评分卡(也有的用决策树),量化新申请人可能违约的概率,根据评分高低制定不同的授信规则和催收策略。

(3) 贷后管理也用到行为评分卡,例如额度调整和客户风险分池管理等。

(三)数据画像

数据画像也叫用户画像,分为个人客户画像和企业客户画像。以个人客户为例,用户画像是指根据用户的属性、偏好、生活习惯、行为等信息而抽象出来的标签化用户模型。通俗说就是给用户打标签,而标签是通过对用户信息分析而得出的高度精练的特征标识。通过打标签可以利用一些高度概括、容易理解的特征来描述用户,可以让人更容易理解用户。

因此,用户画像绝对不会把一个真实的人的所有概念抽出来形成一个独立的样本。它只是抽出一些主要特性,形成一个和那个真实的人相似度极高的一个群体。

通过数据画像可以识别哪些客户对财富类营销活动的响应率比较高,哪些客户的资产潜力较大,哪些客户较易被提升,哪些客户处于流失的边缘,哪些客户的信用程度较低,哪些客户较容易发生欺诈行为等。

从业务上来说,用户画像就是找出那些不还款的人的特征,通过用户画像得出的规则先更快更简单地筛掉一些用户,再通过现有的数据进行推断要不要给该客户放款,放多少。即通过设置准入条件最大化地降低风险。

> 王总,男,34 岁,研究生学历。平时喜欢在微信读书和掌阅上阅读电子书。每周 7 天都会玩手机,平均每天 4 个小时以上,最近一直在京东网站上搜"数字化生存",发现这本书没有库存。这些数据表示王总是真实的人。
>
> 从以上信息可以抽象出来:中年男子,高学历,爱学习,手机重度用户,最近想要买一本书。这些数据表示的是抽象的人。
>
> 按照第一个模板,只能对应到一个样本。按照第二个抽象出来的模板,符合匹配的人在国内有很多。这就是用户画像。

用户画像的步骤,如图 2.8 所示。

图 2.8 用户画像的步骤

每个产品都要结合自己的业务进行用户画像,例如售楼需要知道年龄、婚姻、收入、是否有小孩、消费情况等信息，因为这些数据决定了买房的动力和购买力。至于爱好、兴趣、娱乐等数据就不那么重要了。相亲可能更在意用户的年龄、性别、身高、家庭情况、经济状况(房车)、兴趣爱好、信用状况(防止酒托、骗子)。

金融类主要是从人口属性、信用属性、消费特征、兴趣爱好、社交信息这五个维度来定义标签，对于一些其他无关信息如身高、体重、星座一般都会忽略。

收集哪些数据很关键，数据维度太少做不出精准画像，不必要的数据太多，又会浪费时间，因此给用户贴标签是用户画像的核心工作。

1. 基本信息

基本信息是描述人口属性的信息：姓名、手机号、身份证号、银行卡号、家庭地址等。知道这些信息，可以划分用户群是年轻人、中年人还是老年人，分布在哪里，以及联系方式。如果借款人是欺诈用户，还需要进行人脸识别，人脸识别的原理是调用国政通/公安局 API 接口，将申请人实时拍摄的照片/视频同客户预留在公安局的身份证进行识别，最后确定申请人是不是借款人本人。

2. 信用属性

信用属性主要描述用户的收入情况、支付能力以及信用情况。客户职业、收入、资产、负债、学历、信用评分都属于信用信息，这些有利于了解信用情况，定位目标用户。银行有存款、信用分高的人一般有能力进行理财而且信用比较好。其他的验证客户的方式包括让客户出示其他银行的信用卡及刷卡记录，或者验证客户的学历证书和身份认证。

3. 消费信息

消费信息主要描述用户的消费习惯和消费偏好，用于寻找高频和高价值的用户。一个经常买东西的人，也是一个比较有财力，愿意花钱的人。为了方便筛选用户可以直接将客户定位为某些消费特征人群。例如对于一个经常旅游的人，就可以向他推销旅行险；对于一个刚买车的人，你就可以向他推销用车抵押的贷款。

4. 行为信息

行为信息是用于描述客户有哪方面的兴趣爱好。例如经常去看一些戏剧、听交响乐的用户，就有可能是中产阶级……

5. 社交信息

社交信息指用于描述用户在社交媒体的评论，这些信息往往代表用户内心的真实想法和需求，具有时效性高，转化率高的特点。例如用户询问房屋贷款哪家银行放贷最多？你就可以向他推荐。如果企业及时了解到这些信息，就可以有效地进行推广。

(四)风险定价

风险定价是指对风险资产的价格确定，它反映的是资本资产所带来的未来收益与风险的一种函数关系。通俗来讲，使质量好的客户能以较优惠的价格获得服务，使质量差的客户需要以风险溢价作为补充。

传统金融企业过多依赖于人的经验进行风险定价，而通过大数据技术，差异化的风险定价在实施线上实时放贷场景下，有了施展的空间和评估结果的手段。通过用户数据和交易数据可以搭建出核心的风险定价模型，在信用评级和风险定价方面，这个模型可能涵盖了超过成千上万个变量，通过机器学习等技术，可将模型应用到实际的风险定价当中。

1. 金融产品定价与普通商品定价的区别

(1) 最核心的区别。金融产品定价主要是针对风险的定价，普通商品定价是针对价值的定价。风险定价不仅要覆盖经营成本和业务经营过程中承担的风险，而且还要实现一定的超额回报。定价过高会导致优质客户的流失，定价过低也可能会被低风险回报的客户挤占有限的资本资源，从而丧失抓住高收益优质客户的机会。

(2) 交易属性不同。从交易属性上来看金融产品定价与普通商品不同。①金融产品交易是就标的资产的损益权进行交换，普通商品交易是就商品的所有权、使用权进行的交易；②标的资产的损益是存在波动的，商品的使用权是确定的。有些特殊的商品还要进行投资价值定价，如房地产。

(3) 风险资产的定价不同。金融产品定价的主要方法是运用预期未来现金流贴现的方法；普通商品的定价采用特征价格模型，先针对每一部分的特征进行隐含价格定价，再进行综合定价。

2. 金融产品风险定价的原理

金融产品风险定价的原理如图 2.9 所示。

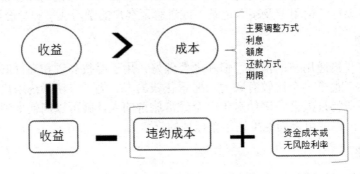

图 2.9　金融产品风险定价的原理

3. 风险定价的方法

常用风险定价的方法有两种：基准利率定价法和客户盈利分析法。

(1) 基准利率定价法。基准利率定价法是选择合适的基准利率，银行在此之上增加一定价差或乘上一个加成系数的贷款定价方法。

$$利率=基准利率+违约风险溢价+期限风险溢价$$

(2) 客户盈利分析法。客户盈利分析法即从某一客户的身上获得的整体收益，是否能满足整体的利润要求，即根据成本和收益核算。

$$贷款成本=资金成本+风险成本+运营成本+预期收益金额$$

对于互联网消费金融来说，合适的定价方式是采用客户盈利分析法，最终的数学目标公式为

$$贷款利率=可贷资金成本率+非资金性经营成本率+贷款风险溢价率+预期利润率$$

四、调整数据模型

模型建立后要进行测试，在初期阶段，设计方案经常要更改，模型中的参数也需要随之调整。

(一)找出不符合放款条件的用户

大数据风控就是把用户的信息看成一个个特征，通过大量的数据让机器找出规律，去预测新的客户的结果，找出不符合放款条件的用户，判断用户是否符合放款条件。

例如，某学院的一个班级有 40 名学生，大一的时候英语老师做了一个预测，"到了大二，班上的小赵、小钱、小孙等 5 位同学英语会过六级，剩下的小李、小周、小吴等 35 个同学，可能还要再等几年"，英语老师的预测情况如表 2.1 所示。

表 2.1　英语老师的预测

预计英语过六级的人	小赵、小钱、小孙等 5 人
预计英语没过六级的人	剩下的小李、小周、小吴等 35 人

到了大二，大家把这张表拿出来一核对，在被预计英语过六级的 5 人里，发现除了小孙，其他人英语真的过了六级；在预计英语没过六级的 35 人里，发现小李、小周由于刻苦学习英语也过了六级，如表 2.2 所示。

表 2.2　英语老师的预测与实际对照(1)

	实际上英语过六级的人	实际上英语没过六级的人
预计英语过六级的人	小赵、小钱等 4 人(数据 1)	小孙 1 人(数据 2)
预计英语没过六级的人	小李、小周 2 人(数据 3)	小吴等 33 人(数据 4)

表 2.2 中的数据 1 至数据 4 说明如下。

数据 1 表示"被英语老师预计英语过六级，并且实际上也通过的人数"，一共有 4 位。在数据分析中，我们一般把这部分的数据叫作真阳性(True Positive，TP)，也就是预计为真，实际上也为真的数据。在数据分析里，我们常常把预计会发生的事件叫作阳，而把预计不会发生的事件叫作阴。

数据 2 表示"被英语老师预计英语过六级，但是实际上并没有通过的人数"，也就是小孙一个人。在数据分析中，我们把这部分的数据叫作假阳性(False Positive，FP)，也就是预计为真，但实际上为假的数据。

数据 3 表示"被英语老师预计英语没过六级，但是实际上通过的人数"，这里有小李和小周两个人。在数据分析中，我们把这部分的数据叫做假阴性(False Negative，FN)，也就是预计为假，但实际上为真的数据。

数据 4 表示"被英语老师预计英语没过六级，实际上确实没有通过的人数"，这里有小吴等 33 个人。在数据分析中，我们把这部分的数据叫作真阴性(True Negative，TN)，也就是预计为假，实际上也为假的数据。

预测情况与实际情况的对比如表 2.3 所示。

进一步地简化成矩阵的样子：

$$\begin{bmatrix} 真阳性(TP) & 假阳性(FP) \\ 假阴性(FN) & 真阴性(TN) \end{bmatrix}$$

表 2.3 英语老师的预测与实际对照(2)

预测的情况	实际的情况	
	真阳性(TP) 预测为真，实际也为真	假阳性(FP) 预测为真，实际为假
	假阴性(FN) 预测为假，实际为真	真阴性(TN) 预测为假，实际也为假

这个能表示预测值和真实值之间的差距的矩阵，就是我们想要的混淆矩阵。

简单地说，混淆矩阵就是看看有多少错判的，从而能很快帮助我们分析调整每个类别的误分类情况。比如说，英语老师发现误判的原因之一是忽视了学生不服输的性格，那么在下一次预测时，就会加进去性格元素。比如，用户申请的额度是 10000 元，但计算出的结果是 8000 元，如果业务方给出一个 20% 以内的浮动范围，就可以按照实际的数据去随时调整。因为逾期率、坏账率等指标都会变化，所以模型也会跟着调整。

(二)提升机器学习算法的效果

进行行为建模，机器学习后就能预测用户的行为偏好。机器将收集到的数据，通过大概率事件，尽可能地排除用户的偶然行为，好比一个 $y=kx+b$ 的算法，x 代表已知信息(即用户标签)，y 是用户偏好，通过不断地提高 k 和 b 的精确度来提高 y 的精确度。因为用户画像永远也无法 100% 地描述一个人，只能不断地去接近。模型既应根据变化的基础数据不断修正，又应根据已知数据来抽象出新的标签使用户画像越来越立体。

课 程 思 政

在信息时代的浪潮下，数据已经成为一种无处不在的资源，而拥有数据思维能力已然成为迎接挑战和抓住机遇的关键。拥有数据思维可以帮助我们更好地洞察世界、做出客观决策、发现机遇和规律。在各个领域，数据思维都具有重要的应用价值。无论是在职业发展还是个人成长中，培养数据思维能力都是值得推崇的。第一，数据思维可以帮助我们摆脱主观偏见，依据真实的数据做出决策，避免因个人情感和主观判断而造成的错误决策；第二，数据思维可以帮助我们从大量的数据中发现隐藏的趋势和规律，更好地预测未来，抓住机遇；第三，数据思维可以帮助我们更加精准地分配资源，无论是企业的资金、时间，还是社会的资源，数据分析可以使其得到更好的利用。

综合练习题

一、概念识记

大数据　　大数据金融　　金融大数据风控　　数据模型

二、单选题

1. 以下说法错误的是(　　)。
    A. 大数据是一种思维方式
    B. 大数据不仅仅是讲数据的体量大
    C. 大数据会带来机器智能
    D. 大数据不包括图片、文本

2. 小米摄像头记录下来的10分钟视频属于哪类数据? (　　)
    A. 结构化数据　　　　　　　　B. 半结构化数据
    C. 非结构化数据　　　　　　　D. 交互数据

3. 不属于客户信用信息的是(　　)。
    ①姓名、手机号　②身份证号、家庭地址　③收入情况、支付能力　④资产、负债
    A. ①②　　　　　B. ①②③　　　　C. ①②③④　　　D. ③④

4. 第一个提出大数据概念的公司是(　　)。
    A. 谷歌公司　　　B. 微软公司　　　C. 脸谱公司　　　D. 麦肯锡公司

5. 以下选项中,不属于大数据对人才能力的要求是(　　)。
    A. 业务能力　　　B. 数学统计能力　C. IT技术能力　　D. 逻辑思维能力

6. 关于大数据在社会综合治理中的作用,以下理解不正确的是(　　)。
    A. 大数据的运用有利于走群众路线
    B. 大数据的运用能够维护社会治安
    C. 大数据的运用能够杜绝抗生素的滥用
    D. 大数据的运用能够加强交通管理

7. 银行大数据应用可以分为四大方向,它们分别是客户画像、运营优化、风险管控和(　　)。
    A. 数据建模　　　B. 系统开发　　　C. 精准营销　　　D. 业务咨询

8. 大数据的起源是(　　)。
    A. 金融　　　　　B. 电信　　　　　C. 互联网　　　　D. 公共管理

9. 大数据的最显著特征是(　　)。
    A. 数据规模大　　　　　　　　B. 数据类型多样
    C. 数据处理速度快　　　　　　D. 数据价值密度高

10. 当前社会中,最为突出的大数据环境是(　　)。
    A. 互联网　　　B. 物联网　　　C. 综合国力　　　D. 自然资源

11. 大数据环境下的隐私担忧,主要表现为(　　)。

A. 个人信息的被识别与暴露　　　B. 用户画像的生成

C. 恶意广告的推送　　　　　　　D. 病毒入侵

12. 一切皆可连,任何数据之间逻辑上都有可能存在联系,这体现了大数据思维维度中的(　　)。

A. 定量思维　　B. 相关思维　　C.因果思维　　D. 实验思维

13. 大数据时代,金融机构要在激烈的竞争中力拔头筹,必须合理运用数据挖掘分析工具,深入挖掘数据潜在的价值洞察客户需求,促进其决策从经验依赖向(　　)转化。

A. 信息依赖　　B. 数据依赖　　C. 技术依赖　　D. 产品依赖

14. 在没有大数据之前,我们选择客户主要依赖(　　)的征信数据,但有些客户在人民银行是没有相关信贷数据的,从银行的角度来说,这就很难辨别。

A. 中国银行　　B. 人民银行　　C. 建设银行　　D. 交通银行

15. 大数据时代,数据使用的关键是(　　)。

A. 数据收集　　B. 数据存储　　C. 数据分析　　D. 数据再利用

16. 下面关于数据的说法,错误的是(　　)。

A. 数据的根本价值在于可以为人们找出答案

B. 数据的价值会因为不断使用而削减

C. 数据的价值会因为不断重组而产生更大的价值

D. 目前阶段,数据的产生不以人的意志为转移

17. 征信大数据的挖掘分析技术包括(　　)。

A. 离线数据处理引擎　　　　　　B. 实时数据处理引擎

C. 数据分析技术　　　　　　　　D. 以上都是

18. 不属于官方数据的是(　　)。

A. 央行数据　　　　　　　　　　B. 销售数据

C. 公安系统数据　　　　　　　　D. 法院数据

E. 工商数据

19. 不属于民间数据的是(　　)。

A. 生产数据　　B. 流通数据　　C. 运营数据　　D. 财务数据

E. 社保数据

20. 当今世界(　　)的数据为非结构化数据。

A.60%　　　　　B.70%　　　　　C.80%　　　　　D.90%

三、多选题

1. 以下属于数据的有(　　)。

A. 客户量、业务量、营业收入额、利润额

B. 文本、图片、音频、视频

C. 通话录音、位置信息

D. 点评信息、交易信息、互动信息

2. 运用大数据进行大治理要做到(　　)。

A. 用数据决策　　B. 用数据管理　　C. 用数据说话　　D. 用数据创新

3. 位置信息的获取主要渠道有(　　)。

　　　　A. Wi-Fi 定位　　　　B. IP 地址　　　　　C. GPS 定位　　　　　D. 运营商基站定位

4. 大数据的主要特征表现为(　　)。

　　　　A. 数据类型多　　　B. 处理速度快　　　C. 数据容量大　　　D. 商业价值高

5. 信息社会经历的发展阶段包括(　　)。

　　　　A. 云计算时代　　　B. 大数据时代　　　C. 计算机时代　　　D. 互联网时代

6. 数据画像是指根据用户(　　)的信息而抽象出来的标签化用户模型。

　　　　A. 基本信息　　　B. 信用属性　　　C. 消费信息　　　D. 行为信息

　　　　E. 社交信息

7. 评分卡综合个人客户的(　　)维度信息。

　　　　A. 基本情况　　　B. 偿债能力　　　C. 信用状况　　　D. 还款意愿

8. 大数据在金融领域的应用包括(　　)。

　　　　A. 可以为金融机构提供客户全方位信息

　　　　B. 金融机构可以更了解客户

　　　　C. 提高了数据的应用管理水平

　　　　D. 为大数据风控的发展夯实了基础

9. 云计算的特点包括以下(　　)内容。

　　　　A. 服务可计算　　　B. 高性价比　　　C. 服务可租　　　D. 低使用度

10. 大数据作为一种数据集合,它的含义包括(　　　)。

　　　　A. 数据很大　　　B. 很有价值　　　C. 构成复杂　　　D. 变化很快

11. 以下说法正确的有(　　)。

　　　　A. 大数据仅仅是讲数据的体量大

　　　　B. 大数据会带来机器智能

　　　　C. 大数据对传统行业有帮助

　　　　D. 大数据是一种思维方式

12. 金融类主要是从(　　)这些维度来标签。

　　　　①人口属性、信用属性　　②消费特征、兴趣爱好

　　　　③社交信息、支付能力　　④身高、体重、星座

　　　　A. ①②　　　　　　B. ①②③　　　　　C. ①②③④　　　　D. ③④

13. 大数据在今天这个时间点上爆发的原因有(　　)。

　　　　A. 互联网的收集和积累

　　　　B. 各种传感器无时无刻不在为我们提供大量的数据

　　　　C. 各种智能设备无时无刻不在为我们提供大量的数据

　　　　D. 各种监控设备无时无刻不在为我们提供大量的数据

14. 20 世纪中后期至今的媒介革命,以(　　)的出现为标志。

　　　　A. 自动化　　　B. 计算机　　　C. 数字化　　　D. 互联网

15. 大数据金融风控模型的基本流程主要分为(　　)部分。

　　　　A. 数据收集　　　B. 数据建模　　　C. 用户画像　　　D. 风险定价

16. 征信数据来自(　　)等渠道。

　　　　A. 政府的公开信息　　　　　　　　B. 金融交易数据

C. 社交行为数据　　　　　　　　　　　　D. 市场交易数据

17. 以下说法错误的有(　　)。
    A. 大数据 ≠ 大量的数据　　　　　　　B. 大数据是报表
    C. 大数据是计算平台　　　　　　　　　D. 大数据是精准营销

18. (　　)属于结构化数据。
    A. 班级所有人的年龄　　　　　　　　　B. 一个超市所有商品的价格
    C. 音频　　　　　　　　　　　　　　　D. 视频

19. 下游的征信信息使用者在(　　)领域。
    A. 金融领域　　　　　　　　　　　　　B. 政府领域
    C. 商业、商务领域　　　　　　　　　　D. 公共领域
    E. 个人领域

20. 在商业或商务领域常用的数据征信产品有(　　)。
    A. 评级或评价报告　　　　　　　　　　B. 投融资咨询报告
    C. 征信评价报告　　　　　　　　　　　D. 供应链管理服务
    E. 系统开发。

四、判断题

1. 大数据的价值重在挖掘，而挖掘就是分析。(　　)
2. 大数据的思维会把原来销售的概念变成服务的概念。(　　)
3. 大数据仅仅是指数据的体量大。(　　)
4. 人们关心大数据，最终是关心大数据的应用，关心如何从业务和应用出发让大数据真正实现其所蕴含的价值，从而为人们生产生活带来有益的改变。(　　)
5. 从经济社会视角来看，大数据的重点在于数据量大。(　　)
6. 对于大数据而言，最基本、最重要的要求就是减少错误、保证质量。因此，大数据收集的信息量要尽量精确。(　　)
7. 信息会包含很多规律，我们需要从信息中将规律总结出来，称为知识，有了知识才能将其应用于实践。(　　)
8. 数据类型繁多(也就是多维度的表现形式)。比如，网络日志、视频、图片、地理位置信息等。(　　)
9. 不同的数据格式意味着从数据中获取价值(含义)变得更难，因为所有数据都必须以不同的方式来提取处理，所以，只能用传统计算方法来处理所有这些不同种类的数据。(　　)
10. 大数据风控是金融行业发展过程中必须结合的一项科技手段。(　　)
11. 大数据的意义不在于掌握多庞大的数据信息，而在于对这些具有价值和意义的数据进行专业化处理。(　　)
12. 对数据了解得越充分，模型的建立就会越准确，学习需要的时间就会越短。(　　)
13. 数据是结构化的，而大数据则包括了结构化数据、半结构化数据和非结构化数据。(　　)
14. 数据就是简单的数字。(　　)
15. 评分卡是常用的简单易行的风控工具。(　　)

16. 还款意愿差和还款能力不足，是客户逾约的主要原因。（　　）

17. 大数据预测能够分析和挖掘出人们不知道或没有注意到的模式，确定判断事件必然会发生。（　　）

18. 原始数据大多是杂乱无章的，有很多垃圾数据在里面。（　　）

19. 通过评分卡可以分析借款人的还款能力，根据其判定借款额度。（　　）

20. 目前的深度学习主要是建立在大数据的基础上，即对大数据进行训练。（　　）

五、简答题

1. 甲的房贷为 300 万元，年化利率为 5%，贷款 30 年，乙的贷款为 2000 元，贷款 1 个月，月息为 10%(年化利率为 120%)。问银行是采取人工审核还是机器审核？为什么？

2. 通过图 2.10 对比传统金融风控和大数据金融风控。

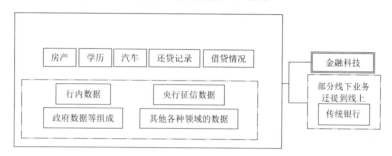

图 2.10　传统金融风控和大数据金融风控

六、实战演练

银行信贷业务中所有的岗位、流程和制度设计都围绕着一个主题：如何把贷款安全地收回来，银行就是通过这套流程来判断客户在可预见的将来有没有还款的能力。

因此，为了尽可能去了解某个企业的还款能力，银行需要耗费大量的资源(搜集报表、实地考察、层层审批、贷后检查)。此外还需要尽可能去寻找第二或者第三还款来源(抵押物、担保方、企业实际控制人签署无限连带责任担保) 来预防风险。例如某商业银行对小额贷款的门槛是 500 万元，其原因是如果低于这个额度，使用银行这套复杂、烦琐的风控手段，那么这笔贷款是要赔钱的。

近几年，银行开始借力"大数据"来作为风险控制的依据，其本质还是一种"了解你的客户是否有还款能力"的手段。银行希望通过"大数据"降低"了解你的客户"这个过程所需要的成本，同时提升判断的准确度。以企业的纳税数据、银行账户结算量等数据为基础的贷款产品也确实降低了银行贷款的准入"门槛"，几十万元甚至几万元的贷款也成为可能，解决了一部分小企业的"融资难"问题。

真正有能体现"大数据"价值的银行服务，应该是目前以阿里巴巴的网商银行和腾讯的微众银行为代表的互联网银行正在实践的信贷模式，利用实时、动态、多维度、不断积累和更新的数据去对风险进行定价。以阿里巴巴为代表的互联网巨头掌握了个人或者企业大量的交易数据(电商买卖、信用卡还款、话费充值)，同时鼓励客户不断地导入外部数据(比如芝麻信用就鼓励客户添加拥有的车辆信息)，利用这些数据来判断客户的还款能力。因为数据是不断实时更新的，所以风控模型也在不断进行自我升级和修正，以此提升判断的准确度。基于实时动态的"大数据"的风控模型能够为每个客户完成风险定价(传统银行的方式是将客户进行分类，然后对每一类客户进行定价)。

例如阿里小贷有以下几个特点。

1. 必须有符合条件的借款人

阿里小贷利用自身平台积累的大数据对贷款人的信用状况进行核定，信用贷款的目标客户是阿里巴巴 B2B 平台的注册商户。阿里金融先对拟融资小微企业的交易数据及资金流转记录进行分析，运用后台贷款审核数据模型，对拟融资小微企业的还款能力进行综合评价、量化分析后，为符合标准的企业发放贷款。从初审到发放贷款，平均需要 2 个工作日。

(1) 贷款额度最高上限为 100 万元，平均年化借款利率(含手续费)为 18%～27%，根据借款商户的资质上下浮动。

(2) 针对借款额度较高的商户，平台会聘请第三方机构进行外访，收集到有关材料后上传至平台。

(3) 50 万元以下的借款，系统自动审批。

2. 具有相对较完整的风险识别和防范体系

发放出来的贷款主要通过支付宝账户进行接收，平台可以随时监控资金的用途和去向，有效控制信用风险。

3. 有抵押担保物

担保标的是小商户未来的收益，可以有效规避自身的风险。

小商户收到订单后，先向阿里小贷申请订单贷款。然后，拿着借来的钱去采购货源、完成发货，买家付款。最后，贷款到期后，阿里小贷后台系统会自动扣取贷款金额。

分析阿里小贷如何控制贷款风险？

技　术　篇

第三章

云计算

学习目标

知识目标

掌握云计算的含义；了解分布式计算与并行计算、集中式计算与分布式计算的含义，掌握云计算的特点；掌握云计算部署模式；了解虚拟化的优缺点；了解云计算在金融行业的发展趋势。

能力目标

掌握云计算的工作原理及在金融领域的应用价值；能够分析云计算在金融行业的应用场景；了解金融机构云计算架构。

第一节 云计算的含义及特点

 引导案例

云计算与我们生活

云计算在我们日常生活中有很多应用。

我们的大脑不可能记住我们经历的每一件事，所以需要用一些工具来协助我们。最初，圆珠笔和便签是很好的备忘选择。后来，人们可以在电脑、手机上记下来，但有的事情(比如一些重要的日子)我们需要记录很多次，这样做显得有些麻烦。而设计出一个电子日历(即应用云计算技术的日历)就可以很简单地解决了这些问题。例如，电子日历可以通过各种设备(电子邮件、手机短信、电话等)提醒我们要在母亲节买礼物，什么时候去干洗店取衣服，飞机还有多长时间起飞……

然而，由于各种不同的原因，我们都会有多个不同的邮箱。而常常查看这些邮箱的邮件，就变成了一件很烦琐的事情，我们需要打开不同的网站，输入不同的用户名及密码……

于是，云计算就可以发挥很大作用了。通过托管，邮件服务提供商可以将多个不同的邮件整合在一起。例如，谷歌的 Gmail 电子邮件服务，可以整合多个符合 POP3 标准的电子邮件，用户可以直接在 Gmail 的收件箱中直接收到来自各个邮箱中的电子邮件，用户方便了很多。

自从云计算技术出现以后，办公室的概念就模糊了。不管是谷歌的 Apps 还是微软推出的 SharePoint，都可以在任何一个有互联网的地方同步办公。即使同事之间的团队协作也可以通过上述基于云计算技术的服务来实现，而不用像传统的那样必须在同一个办公室里才能够完成合作。在将来，随着移动设备的发展以及云计算技术在移动设备上的应用，办公室的概念将会逐渐消失。

越来越多的企业开始使用基于云的企业服务，生活因云计算正在发生着革命性的变革和改变。平时常用的那些 App 或网站，基本都已经离不开"云计算"作为背后的强大服务支持，例如剁手党爱恨交加的淘宝、京东，社交痴迷党的微信、微博，等等。可见，云计算已经深深植入到我们生活中的点点滴滴。

大数据是一个庞大、复杂的数据集的术语，使用大数据，我们可以管理从物联网设备和其他来源获得的海量数据。但是，如何应对扩展并迅速增加数量、集中化和基础架构，于是云计算的概念便应运而生了。

一、云计算的含义

云是网络、互联网的一种比喻的说法，表示互联网和底层基础设施，如同虚无缥缈的白云。

狭义上讲，云计算就是一种提供资源的网络。

从广义上说，云计算是与信息技术、软件、互联网相关的一种服务，这种计算资源共享池叫作"云"，就像大量的水滴漂浮空中聚合成

云有几种姿态？

了云一样。云计算把许多计算资源集合起来，通过软件实现自动化管理。用户可以随时随地按需从可配置的计算资源共享池中获取网络、服务器、存储器、应用程序等资源。这些资源可以被快速地供给和释放，将管理的工作量和服务提供者的介入降低至最少。

1. 云计算的计算能力作为一种商品

一家公司要建立信息系统来支撑自身业务，需要自己建机房、买服务器、搭系统、开发出各类应用程序，设专人维护。这种传统的信息系统一次性投资成本很高；公司业务扩大的时候，很难进行快速扩容；对软硬件资源的利用效率低下；平时维护麻烦。

云计算的出现可以很好地解决上述问题。云计算首先提供了一种按需租用的业务模式，客户需要建信息系统，只需要通过互联网向云计算提供商(如华为云)租一切想要的计算资源就可以了，而且这些资源是可以精确计费的。云计算是一种按使用量付费的模式，使用者可以随时获取"云"上的资源，就像我们只要按照自己的用水量，付费给自来水厂一样，不用自己打井就能随时用水。

2. 云计算的目的就是建立一个大数据中心

云计算以互联网为中心，提供安全、快速、便捷的数据存储和网络计算服务，目的是让互联网这片云成为每一个网民的数据中心和计算中心，从而卖计算能力。

教学互动

问：举例说明什么是云计算。

答：云计算就是一种利用互联网实现随时随地、按需、便捷地访问共享资源池(如计算设施、存储设备、应用程序等)的计算模式。通俗来说就是共享。比如你是一个美食家，你不可能什么都会做，你想吃全国各地的美食，也不可能去全国各地品尝，这样成本太高。现在有一家大酒楼汇集了全国各地的厨师，这样你想什么时候去吃就什么时候去吃，其他和你一样想吃到各地美食的人也可以随时去品尝。

二、云计算是分布式计算、并行计算、网格计算的发展

云计算、分布式计算、并行计算、网格计算的关系如图 3.1 所示。

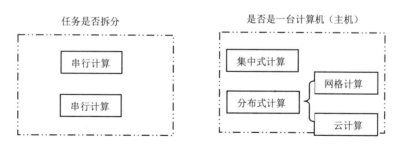

图 3.1　云计算、分布式计算、并行计算、网格计算的关系

(一)串行计算与并行计算

串行是把资源集中到某个单一的过程中，并行是将资源分散到该过程的多个子过程中。两种方式各有利弊。在实践中，两种方式都被广泛应用。

1. 串行计算

串行计算指的是多个程序在同一个处理器上被执行，只有当当前的程序执行结束后，下一个程序才可以开始。串行计算不将任务进行拆分，一个任务占用一块处理资源，程序会按顺序执行每个指令。

例如，当 A 和 B 两个任务运行在同一个 CPU 线程上时，在 A 任务执行完之前不可以执行 B，如图 3.2 所示。

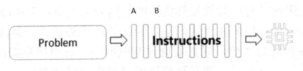

图 3.2　串行计算

传统的软件通常为串行计算模式。串行机制的规则较为简单，易于构建和控制。

2. 并行计算

并行计算也叫平行计算，是相对于串行计算来说的，并行计算可以划分成时间并行和空间并行。时间并行即流水线技术，空间并行使用多个处理器执行并发计算，目前以研究空间并行为主。

从空间并行的角度来说，并行计算将一个大任务分割成多个子任务，每个子任务占用一定处理资源。并行计算中不同子任务占用的不同的处理资源来源于同一块大的处理资源。换一个说法，就是将一块大的处理资源分为几块小的处理资源，将一个大任务分割成多个子任务，用这些小的处理资源来单独处理这些子任务。

并行计算的主要优点是如果使用并行计算执行程序的计算机硬件具有多个中央处理器(CPU)的体系结构，则并行计算是一种有效的技术，如图 3.3 所示。

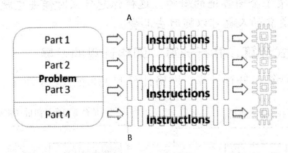

图 3.3　并行计算

如果一个人一次只能携带一个箱子，而一个 CPU 就是一个人，那么一个按顺序执行的程序一次只能携带一个箱子。当并行执行时，同一个程序可能会分成两个独立的任务，如果有两个 CPU 来利用它，同时携带两个箱子。这样，这个人就可以同时搬运两个箱子 A 和 B，更快地完成任务。

并行计算中各个子任务之间是有很大的联系的，每个子任务都是必要的，其结果相互影响，所以并行机制的规则较为复杂，需要考虑子过程间的交互、同步、控制等问题。

(二)集中式计算与分布式计算

1. 集中式计算

所谓集中式计算就是指由一台或多台主计算机组成中心节点，数据集中存储在这个中心节点中，并且整个系统的所有业务单元都集中部署在这个中心节点上，系统的所有功能均能由其进行集中处理，其最大的特点就是部署结构简单。现在的银行系统大部分都是这种集中式的系统。集中式计算如图 3.4 所示。

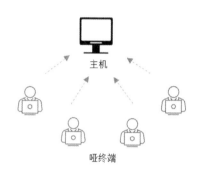

狭义地说，哑终端指不能执行诸如"删行"、"清屏"或"控制指针位置"操作的计算机终端。广义地说，哑终端指有键盘和屏幕的、但既不处理本地数据也不运行用户程序的计算机终端。

图 3.4 集中式计算

2. 分布式计算

分布式计算和集中式计算是相对的。分布式计算可以看作是一种特殊的并行计算(如果处理单元共享内存，就称为并行计算，反之就是分布式计算)，不过分布式计算的子任务之间并没有必然联系(互不相干)。如果某一台计算机脱离了网络(发生故障或关机)对网上的其他用户不会有大的影响。

随着计算技术的发展，有些应用需要非常强大的计算能力才能完成，如果采用集中式计算，需要耗费相当长的时间来完成。分布式计算将该应用分解成许多小的部分，分配给多台计算机进行处理，这样可以节约整体计算时间，大大提高计算效率，如图 3.5 所示。

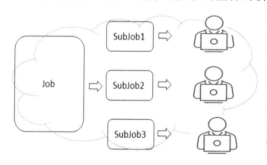

并行计算是相对于串行计算而言的；分布式计算是相对于单机计算而言的。如果一个计算是串行运行的，即使它是在集群上运行的，它也不是并行计算；同时，如果一个计算是在集群上运行的，即使它是在串行上运行，它也是分布式计算。

图 3.5 分布式计算

在天文探测、高能物理计算、气象数据处理等许多方面，有非常大的运算量的计算，如果用普通个人计算机去计算，需要几百年才能算完，如果把 1000 万个处理器并行起来协同工作，把所有计算任务分解成几千万个并行的任务去计算，那么只需几分钟就算完了，节约了大量的时间。分布式操作系统就是负责把这几千万个并行任务，合理地分配到 1000

万个处理器上去并行运算，完成正确协同计算。

1) 网格计算

网格计算是分布式计算的一种，它研究如何把一个需要非常强大的计算能力才能解决的问题分成许多小的部分，然后把这些部分分配给许多计算机进行处理，最后把这些计算结果综合起来得到最终结果，如图3.6所示。

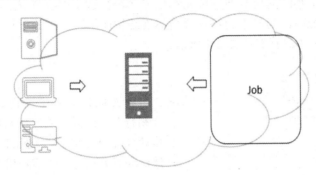

图3.6　网格计算

2) 云计算

云计算也是分布式计算的一种，指的是通过网络"云"将巨大的数据计算处理程序分解成无数个小程序，然后，通过多部服务器组成的系统进行处理和分析这些小程序得到结果并返回给用户。

云计算是一种模型，它可以实现随时随地从可配置计算资源共享池中获取所需的资源(例如，网络、服务器、存储、应用、服务)并释放，使管理资源的工作量和与服务提供商的交互减少到最低限度。

目前我们经常讨论的云计算不仅仅是一个计算模型，还包含了运营服务等概念。云计算是分布式计算、并行计算和网格计算的发展，或者说是这些概念的商业实现，如图3.7所示。

图3.7　云计算

三、云计算的部署模式

云计算通过服务整合和资源虚拟，有效地将实际物理资源与虚拟服务分离，提升了资源的利用率，减小了服务代价，解决了单个资源出错的问题。用户可以随时按需求访问虚拟的计算机和存储系统，而不需要考虑复杂的底层实现与管理，大大降低了用户的实现难度与硬件投资。云计算按照云用户的所有权大小及访问方式分为公有云、私有云、行业云和混合云。

(一)公有云

公有云是目前最主流也就是最受欢迎的云计算模式。它是一种对公众开放的云服务，能支持数目庞大的请求，而且因为规模的优势，其成本偏低。公有云由云供应商运行，为最终用户提供各种各样的互联网资源。云供应商负责从应用程序、软件运行环境到物理基础设施等资源的安全、管理、部署和维护。

在使用资源时，用户只需为其所使用的资源付费，无须任何前期投入，所以非常经济。

1. 公有云的构建方式

公有云在构建方式方面主要有以下 3 种方法。

(1) 独自构建。云供应商利用自身优秀的工程师团队和开源的软件资源，购买大量零部件来构建服务器、操作系统，乃至整个云计算中心。这种独自构建的好处是，能使自己的需求最大限度地优化，如谷歌。

(2) 联合构建。云供应商在构建的时候，在部分软硬件上选择商业产品，而其他方面则会选择自建。联合构建的好处是避免自己的团队涉足一些不熟悉的领域，而在自己所擅长的领域上大胆创新。如微软在硬件方面并没有像谷歌那样选择自建，而是采购了惠普和戴尔的服务器，在其擅长的软件方面选择了自主研发。

> 很多大企业早期只是想解决自己的效率与计算问题，后来发现，这个能力也可以提供给外部使用，所以，就出现了公共云计算，把计算机的计算能力直接放在网上销售。

(3) 购买商业解决方案。由于有一部分云供应商在建设云之前缺乏相关的技术积累，所以会稳妥地购买比较成熟的商业解决方案。这样购买商业解决方案的做法虽然很难提升云供应商自身的竞争力，但是在风险方面和前两种构建方式相比，它更稳妥。

例如无锡的云计算中心购买了 IBM 的云计算解决方案，所以在半年左右的时间内就能向其整个高新技术园区开放公有云服务，在这之前，无锡基本上没有任何与云计算相关的技术储备。

视野拓展

亚马逊为什么要做公有云？

亚马逊原来是美国比较大的一个电商，在做电商时遇到了类似双十一的场景：在某一个时刻大家都冲上来买东西。当大家都冲上来买东西时，就特别需要云的时间灵活性和空间灵活性。可是如果时刻准备好所有的资源，那样太浪费了。如果什么都不准备，关键时刻又会有很多想买东西的用户登不上去。所以亚马逊需要创建一大批虚拟电脑在用户突然云集时来支撑电商应用，之后再把这些资源都释放掉去干别的。因此亚马逊需要一个云平台。

然而商用的虚拟化软件昂贵，于是亚马逊基于开源的虚拟化技术，如 Xen 或 KVM，开发了一套自己的云化软件。后来亚马逊电商和云平台都越做越大。

由于亚马逊的云平台需要支撑自己的电商应用，而传统的云计算厂商多为 IT 厂商出身，几乎没有自己的应用，所以亚马逊的云平台对应用更加友好，迅速发展成为云计算的第一品牌。

亚马逊云计算平台财报显示，2022 亚马逊年营业收入 5140 亿美元，云科技(AWS)占16%。

2. 公有云的优势和不足

(1) 公有云的优越性主要表现在 4 个方面。第一，规模大。因为公有云的公开性，它能聚集来自整个社会庞大的工作负载，从而产生巨大的规模效应。第二，价格低廉。随着规模的不断增大，公有云能为海量的工作负载做更多优化，降低每个负载的运行成本，使云供应商受益。对用户而言，公有云完全是按需使用的，无须任何前期投入，在初始成本方面有非常大优势。第三，灵活。对用户而言，公有云在容量方面几乎是无限的，不论用户有多大的需求公有云都能非常快地满足。第四，功能全面。公有云在功能方面非常丰富。比如，支持多种主流的操作系统和成千上万个应用。

(2) 公有云的不足之处。第一，缺乏信任。虽然在安全技术方面，公有云有很好的支持，但是由于其存储数据的地方并不是在企业本地，所以企业会不可避免地担忧数据的安全性。第二，不支持遗留环境。由于现在公有云技术基本上都是基于 X86 架构的，在操作系统上普遍以 Linux 或者 Windows 为主，所以对于大多数遗留环境没有很好地支持，比如基于大型机的 Cobol 应用。

(二)私有云

虽然公有云成本低，但是金融保险行业为了兼顾行业、客户隐私，不可能将重要数据存储在公共网络上，故倾向于架设私有云端网络。私有云是为单个用户使用而搭建的，由该用户或第三方机构负责管理，只能够实现小范围内的资源优化，因此私有云并不完全符合云计算的本质。与公有云相比，私有云的安全性更好，但成本也更高。云计算的规模经济效益也受到了限制，整个基础设施的利用率要远低于公有云。

1. 私有云的构建方式

总体来看，私有云的运作形式，与公共云类似。创建私有云的方式主要有两种。

(1) 独自构建。一般采用购买硬件产品，基础设施解决方案(软件)方式整合成一个云。这比较适合预算少或者希望重用现有硬件的企业。

(2) 购买商业解决方案。购买方案可一步到位，在生产过程中实施外包驻场运维、自主运维或自动运维方式。这比较适合那些有实力的企业和机构。

企业管理层必须充分考虑使用私有云的必要性，以及是否拥有足够资源来确保私有云正常运行。

视野拓展

解释：上证云行情

券商和交易所依托虚拟化技术积极构建私有云平台。上证云行情是上证所信息网络有限公司承建的面向证券公司开展的互联网行情服务云平台，于2014 年 4 月 1 日起正式商业运作。其目标是为使用该服务的投资者带来更高品质、更高保障的实时行情数据服务，也为证券公司提供了传统方式部署行情服务。

2. 私有云的优势和不足

(1) 私有云具有以下优势。第一，数据安全。对于企业特别是大型企业而言，与业务相关的数据是其生命线，需要严格地控制和监视这些数据的存储方式和位置，不能受到任何形式的威胁和侵犯。由于私有云主要在企业数据中心内部运行，一般都构筑在防火墙内，并且由企业的信息技术团队来管理，所以具有一定的安全性。第二，服务质量。因为私有云一般在企业内部，而不是在某一个遥远的数据中心中，所以当公司员工访问那些基于私有云的应用时，它的服务质量应该会非常稳定，不会受到远程网络偶然发生异常的影响。第三，充分利用现有硬件资源。每个公司，特别是大公司，都会存在很多利用率低的硬件资源，通过私有云解决方案或者相关软件，可以让它们重获新生。第四，支持定制和遗留应用。现有公有云所支持应用的范围都偏主流，对一些定制化程度高的应用和遗留应用就很有可能束手无策，但是这些往往都属于一个企业最核心的应用。在这个时刻，私有云是一个不错的选择。第五，不影响现有互联网管理的流程。对大型企业而言，流程是其管理的核心，如果没有完善的流程，企业将会成为一盘散沙。实际情况是，不仅企业内部和业务有关的流程非常多，而且信息技术部门的自身流程也不少，而且大多都不可或缺。在这方面，私有云的适应性比公有云好很多，因为信息技术部门能完全控制私有云，这样他们有能力使私有云比公有云更好地与现有流程进行整合。

(2) 私有云的不足之处。与公有云相比，私有云的安全性更好，但成本也更高，因为建立私有云需要很高的初始成本，特别是如果需要购买大厂家的解决方案就更是如此。云计算的规模经济效益也受到了限制，整个基础设施的利用率要远低于公有云。其次，由于需要在企业内部维护一个专业的云计算团队，所以其持续运营成本也同样偏高。

(三)混合云

混合云是公有云和私有云的结合体。它是让用户在私有云的私密性和公有云灵活的低廉之间做一定权衡的模式。比如，企业可以将非关键的应用部署到公有云上来降低成本，而将安全性要求很高、非常关键的核心应用部署到完全私密的私有云上。混合云比较适合那些想尝试云计算的企业和面对突发流量又不愿将企业业务都迁移至公有云的企业。

1. 混合云的构建方式

混合云的构建方式有两种。

(1) 外包企业的数据中心。企业搭建了一个数据中心，但具体维护和管理工作都外包给专业的云供应商，或者邀请专业的云供应商直接在厂区内搭建专供本企业使用的云计算中心，并在建成之后，负责今后的维护工作。

(2) 购买私有云服务。通过购买 Amazon 等云供应商的私有云服务，能将一些公有云纳入到企业的防火墙内，并且在这些计算资源和其他公有云资源之间进行隔离，同时获得极大的控制权，免去维护之苦。

2. 混合云的优势和不足

通过使用混合云，企业可以享受接近私有云的私密性和接近公有云的成本，并且能快速接入大量位于公有云的计算能力，以备不时之需。但是，现在可供选择的混合云产品较少，而且在私密性方面不如私有云好，在成本方面也不如公有云低，并且操作起来较复杂。

(四)行业云

行业云是有共同利益(如任务、安全需求、政策、遵约考虑等)并打算共享资源的组织共同建立的云。行业云在搭建过程中充分考虑行业合规等监管及政策要求，并且有专业化团队负责运营维护。简单地说，就是专门为某个行业的业务设计的云，并且开放给多个同属于这个行业的企业。行业云非常适合那些业务需求比较相似，而且对成本非常关注的企业。

1. 行业云的构建方式

在构建方式方面，行业云主要有两种方式。

(1) 独自构建。某个行业的领导企业自主创建一个行业云，并与其他同行业的公司分享。

(2) 合建。多个同类型的企业可以联合建设和共享一个云计算中心，或者邀请外部的供应商来参与其中。

2. 行业云的优势和不足

行业云能为行业的业务作专门的优化。和其他的云计算模式相比，它不仅能进一步方便用户，而且能进一步降低成本。缺点是支持的范围较小，只支持某个行业，同时建设成本较高。

3. 金融行业云

阿里金融云服务是为金融行业量身定制的云计算服务，具备低成本、高弹性、高可用、安全合规的特性，帮助金融客户实现从传统互联网向云计算的转型，并为客户实现与支付宝、淘宝、天猫的直接对接，助力金融客户业务创新，提升竞争力。阿里金融云已面向金融机构和微金融机构开放。

第二节 云计算的工作原理

 引导案例

云计算技术已经融入社会生活

云计算技术已经普遍服务于现如今的互联网，最为常见的就是网络搜索引擎和网络邮箱，大家最为熟悉的莫过于谷歌和百度搜索引擎。在任何时刻，只要用移动终端就可以在搜索引擎上搜索任何自己想要的资源，通过云端共享数据资源。网络邮箱也是如此，在过去，寄邮件是一件比较麻烦的事情，同时也是很慢的过程，而在云计算技术和网络技术的推动下，电子邮箱成为社会生活中的一部分，只要在网络环境下，就可以实现实时的邮件寄发。

在没有 GPS 的时代，每到一个地方，人们都需要购买当地的地图。以前经常可见路人拿着地图问路的情景。而现在，人们只需要一部手机，就可以拥有一张全世界的地图。甚至还能够得到地图上没有的信息，例如交通路况、天气状况等。正是基于云计算技术的 GPS 带给了我们这一切。地图、路况这些复杂的信息，并不需要预先装在手机中，而是储存在服务提供商的"云"中，人们只需在手机上按键，就可以很快地找到所要去的地方。

云计算拥有如此众多的应用，无形中它让生活变得更加方便，更加富有乐趣。未来云计算有望走进千家万户，相信会有更多的人享受到云计算的诸多福利。

云计算和自然界的云现象具有异曲同工之处，只是这里的云是将大量的水滴替换成了众多的计算资源、存储资源以及应用程序，而这些便构成了云服务。

一、从数据中心到云端

一个非常大的机房里，堆了很多的服务器，这些服务器有 CPU、内存、硬盘，它们通过类似路由器的设备上网。运营数据中心的人发现，可以把这些设备统一地管理起来，然后让用户通过网络，去访问和使用机房里的计算机资源。

小型网络变成了大型网络，就有了互联网。小型机房变成了大型机房，就有了互联网数据中心，如图 3.8 所示。

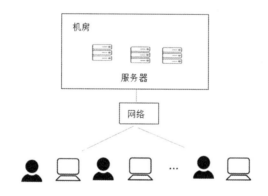

图 3.8　互联网数据中心管理

当越来越多的计算机资源和应用服务(例如浏览网页、下载电影)，被集中起来，就变成了云计算。无数的大型机房，就成了云端，如图 3.9 所示。

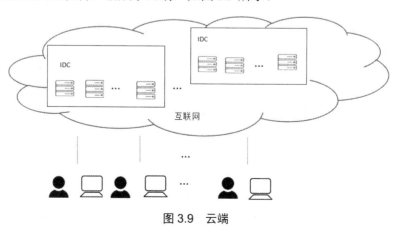

图 3.9　云端

二、云计算对基础设施的虚拟化

(一)互联网的基础设施

计算资源、网络资源、存储资源常被称为基础设施。

1. 计算资源

电脑被发明的时候，还没有网络，每个电脑就是一个单机。这台单机，包括 CPU、内存、硬盘、显卡等硬件。用户在单机上，安装操作系统和应用软件，完成自己的工作。所以，要买台电脑时，人们关心的是什么样的 CPU、多大的内存。计算机程序运行时需要的 CPU 资源、内存资源被称为计算资源，如图 3.10 所示。

2. 网络资源

有了网络后，单机与单机之间，开始交换信息，协同工作。电脑要上网，就需要有个可以插网线的网口，或者要有可以连接路由器的无线网卡。这时需要向运营商(联通、移动或电信)开通一个网络，比如 100Mbps 的带宽。然后会有工作人员将路由器和他们公司的网络连接配置好。这样所有的电脑、手机、平板就都可以通过路由器上网了。这就是网络资源，如图 3.11 所示。

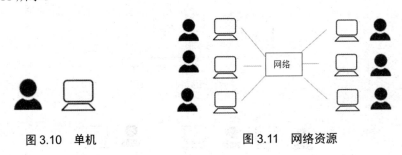

图 3.10　单机　　　　　　　　图 3.11　网络资源

3. 存储资源

硬盘的大小就是存储资源。数据在云存储出现之前是一个个的数据孤岛，通常需要将文档、图像视频等文件信息保存到本地磁盘(硬盘)。如果本地磁盘出现了损坏，就只能求助于专业工程师将数据尽可能地恢复，即使这样，有的磁盘中的数据也会永远丢失。数据之间的流动是靠各种存储介质进行的。

> 以前的硬盘都很小，大小如 10G 之类的；后来 500GB、1TB、2TB 的硬盘也常见(1T=1000G)，这就是存储资源。

内存的使用特点是访问速度快，运行的软件都会先加载到内存中进行运行。使用计算程序时，例如 Windows 操作系统、打字软件、游戏软件等，一般都是安装在硬盘等外存上的，但必须把它们调入内存中运行，才能使用其功能。

> 平时输入的一段文字，或玩的一个游戏，都是在内存中进行的，数据产生后不断地由内存向外存进行刷写。就好比在一个书房里，存放书籍的书架和书柜相当于计算机的外存，而我们工作的办公桌就是内存。通常我们把要永久保存的、大量的数据存储在外存上，而把一些临时的或少量的数据和程序放在内存上。当然内存的好坏会直接影响计算机的运行速度。

简单来讲，使用软件时系统会先从硬盘中获取资源，然后将其调入到内存进行使用，使用时再将产生的数据保存到硬盘中。内部存储器和外部存储器统称为计算机存储器，由半导体器件制成。如图 3.12 所示。

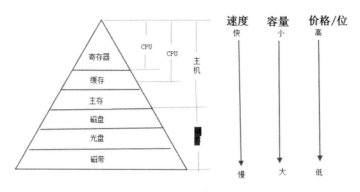

图 3.12　存储器

主存储器是计算机硬件的一个重要部件，作用是存放指令和数据，并能由中央处理器(CPU)直接随机存取，只能临时存放数据，与辅存储器相比存储速度更快，但成本更高。辅存储器即外存储器，是可以长期保存数据的部件，有磁盘、光盘、磁带等。辅存储器读写速度慢，但理论上拥有无限的数据存储容量。越往上访问速度越快，体积越小，成本也越高。越往下访问速度越慢，体积越大，成本也越低。

(二)云计算第一要素是虚拟化

虚拟化是云计算最重要的核心技术之一，它为云计算服务提供基础架构层面的支撑，没有虚拟化技术也就没有云计算服务的落地与成功。虚拟化和分布式共同解决了一个问题，那就是把物理资源重新配置成为逻辑资源，在互联网领域称为解耦。虚拟化包括计算虚拟化、网络虚拟化、存储虚拟化。

> 耦合就是相互影响、相互作用，解耦就是解除耦合关系。

1. 计算虚拟化

计算虚拟化通常做的是虚多，即一台物理机虚拟出多台虚拟机，以"榨干"实际的物理资源，其包括全虚拟化、超虚拟化、硬件辅助虚拟化、半虚拟化和操作系统虚拟化。

2. 网络虚拟化

网络虚拟化类似于计算虚拟化，同样解决的是网络资源占用率不高、手动配置安全策略过于麻烦的问题，采用的思路同样是把物理的网络资源抽象成一个资源池，然后动态获取，网络虚拟化目前有控制转发分离、控制面开放、虚拟逻辑网络和网络功能虚拟。

3. 存储虚拟化

存储虚拟化是将具体的存储设备或存储系统同服务器操作系统分隔开来，为存储用户提供统一的虚拟存储池。它是具体存储设备或存储系统的抽象，展示给用户一个逻辑视图，同时将应用程序和用户所需要的数据存储操作与具体的存储控制分离。

对于用户来说，虚拟化的存储资源就像是一个巨大的存储池，用户不会看到具体的磁盘、磁带，也不必关心自己的数据经过哪一条路径通往哪一个具体的存储设备。

从管理的角度来看，虚拟存储池是采取集中化的管理，并根据具体的需求把存储资源动态地分配给各个应用。

(三)虚拟化技术的优缺点

1. 虚拟化的表现形式在云计算中应用广泛

在云计算中虚拟化分为两种应用模式。一是将一台性能强大的服务器虚拟成多个独立的小服务器，服务不同的用户。二是将多个服务器虚拟成一个强大的服务器，完成特定的功能。这两种模式的核心都是统一管理，动态分配资源，提高资源利用率。

视野拓展

例如每个用户云盘都分配了 5T 甚至更大的空间，如果有 1 亿人，那么给每个人分配的空间还会不会随时上传随时有空间，永远用不完呢? 那加起来空间究竟有多大呢?

其实背后的机制是这样的: 分配你的空间，你可能只用了其中很少一点，比如说它分配给你了 5TB，这么大的空间仅仅是你看到的，而不是真的就给你了。你其实只用了 50 个 GB，则真实给你的就是 50GB，随着你文件的不断上传，分给你的空间会越来越多。

当大家都上传，云平台发现快满了的时候(例如用了 70%)，会采购更多的服务器，扩充背后的资源，这个对用户来说是看不到的。

2. 虚拟化技术的局限性

自从虚拟化技术和云计算服务出现以来，大大小小的互联网公司都将虚拟机作为降低成本和提高效率的一种方式。但是，人们在使用了一段时间后发现它存在一些问题。

1) 虚拟化软件不能完全解决灵活性问题

虚拟化软件还不能完全解决灵活性问题。因为虚拟化软件要创建一台虚拟的电脑，是需要人工指定将虚拟电脑放在哪台物理机上的。这一过程可能还需要比较复杂的人工配置。所以，仅仅凭虚拟化软件所能管理的物理机的集群规模都不是特别大，一般在十几台、几十台，最多百台这么一个规模。

第一，影响时间灵活性。虽然虚拟出一台电脑的时间很短，但是随着集群规模的扩大，人工配置的过程越来越复杂，越来越耗时。

第二，影响空间灵活性。当用户数量多时，集群规模就达不到想要多少就有多少，很可能还要去采购。

所以随着集群的规模越来越大(基本都是千台起步，动辄上万台，甚至几十万、上百万台)，要靠人工去选一个位置放这台虚拟化的电脑并做相应的配置，几乎是不可能的事情。

2) 虚拟机会占用大量系统资源

每个虚拟机不仅要运行一个完整的操作系统，还需要运行所有的虚拟硬件，这样就会消耗大量的内存和 CPU 资源。与运行单独的物理计算机相比，这算是比较经济的，但对于某些应用程序而言却是很浪费的。

3) 环境一致性难以保证

不同环境之间迁移成本太高。因为不同的环境，一个程序往往在某个环境运行正确，到另一个环境就不正确了。有时想要迁移自己的服务程序，就要迁移整个虚拟机，迁移过程也很复杂。

三、云计算的全自动管理

随着集群的规模越来越大，人们发明了各种各样的算法来管理云计算，这类算法叫作调度。算法通俗一点说，就是有一个调度中心，几千台机器都在一个池子里面，无论用户需要多少 CPU、内存、硬盘的虚拟电脑，调度中心会自动在大池子里面找一个能够满足用户需求的地方，把虚拟电脑启动起来做好配置，让用户可直接使用。这个阶段称为池化或者云化。

(一)资源调度

资源调度是指在特定的资源环境下，根据一定的资源使用规则，在不同的资源使用者之间进行资源调整的过程。这些资源使用者对应着不同的计算任务(例如一个虚拟解决方案)，每个计算任务在操作系统中对应一个或者多个进程。通常有两种途径可以实现计算任务的资源调度：在计算任务所在的机器上调整给它分配的资源使用量，或者将计算任务转移到其他机器上。

图 3.13 是将计算任务迁移到其他机器上的一个例子。在这个例子中，物理资源 A(如一台物理服务器)的使用率远高于物理资源 B。通过将计算任务 1 从物理资源 A 迁移到物理资源 B，使得资源的使用更加均衡和合理，从而达到负载均衡的目的。

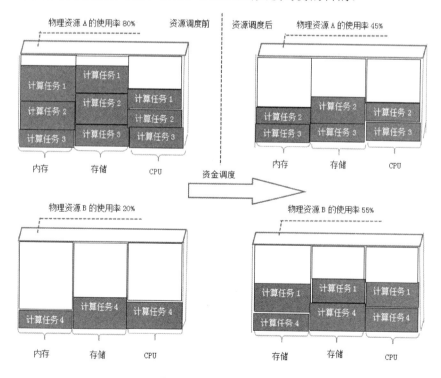

图 3.13　计算任务迁移

(二)容器

为了资源调度更灵活和快速，确保应用程序从一个环境移动到另一个环境后能正确运行，人们引入了容器。

容器的英文单词 container，还有另一个意思是集装箱。容器的思想就是要变成软件交付的集装箱。集装箱的特点：一是封装，二是标

> 容器就好比日常生活中使用的锅碗瓢盆，或装运货物的箱子、盒子。港口码头每天都要通过船舶向外运送大量的货物。装货的时候肯定不会直接扔进船舱，所以每个码头都会用大量的集装箱来运载货物。有了这些集装箱，货物就不会杂乱无章地堆放在一起，又可以按照分类一层一层地摆放，更便于管理，同时也方便运输。

准。一个集团公司由于业务需要，需要将北京公司的某些交换机拆掉，运到上海分公司来使用。后来他们用了软件交换机，点击了几下鼠标就把数据迁移到上海的分公司，根本不必车运。

1. 码头工人

码头工人(Docker)是创建容器的工具，是指应用容器引擎。它的图标是一只鲸鱼背着很多货柜箱。

开发者使用一个标准的镜像来构建一套开发容器，开发完成之后，运维人员可以直接使用这个容器来部署代码。Docker 可以快速创建容器，快速迭代应用程序，并让整个过程全程可见，使团队中的其他成员更容易理解应用程序是如何创建和工作的。

📚 视野拓展

解释：镜像

镜像就是在你焊好集装箱的那一刻，将集装箱的状态保存下来，就像孙悟空说："定"，集装箱里面的东西就定在了那一刻，然后将这一刻的状态保存成一系列文件。这些文件的格式是标准的，谁看到这些文件都能将其还原到当时"定住"的那个时刻的状态。将镜像还原成运行时的过程(就是读取镜像文件，还原那个时刻的过程)就是容器运行的过程。

2. 舵手或导航员

Kubernetes

除了 Docker 对容器进行创建之外，还需要一个工具对容器进行编排。这个工具，就是舵手或导航员。

由于 Kubernetes 这个单词较长，所以一些程序员在日常交流中把中间的 8 个字母用 8 代替，于是 Kubernetes 被错误地简写为 K8S。

📚 视野拓展

自 2014 年起，容器技术在国内得到普遍关注与广泛应用。阿里巴巴在 2017 年"双十一"期间利用自研的 Pouch 容器部署了百万级规模的容器云，实现在线业务全部 Pouch 容器化。腾讯在其游戏云业务上广泛采用 Docker 容器技术，以支撑海量的实时游戏业务，并

自研了 Gaia 平台用以管理和调度底层资源。新浪微博在其混合云的架构中采用 Docker 技术，利用弹性扩缩容的特点以应对春晚红包、突发事件等峰值流量情况。

Kubernetes 是一个容器集群管理系统，主要职责是容器编排、启动容器 Kubernetes 自动化部署、扩展和管理容器应用，还有回收容器。

简单来说，Kubernetes 有点像容器的保姆。它负责管理容器在哪个机器上运行，监控容器是否存在问题，控制容器和外界的通信等。

Docker 和 Kubernetes 关注的不再是基础设施和物理资源，而是应用层，所以属于 PaaS。

(三)容器的特点

Docker 的安装部署简单、启动速度快、性能强大(几乎与物理系统一致)、体积小、管理简单、隔离性强。

与虚拟机相比容器具有以下特点。

1. 更轻松地迁移和扩展

在云存储出现之前，数据的移动是这样的：先将数据复制到一个 U 盘或移动硬盘中，然后将其复制到其他计算机的磁盘上。

Docker 容器几乎可以在任意平台上运行，包括物理机、虚拟机、公有云、私有云、个人电脑、服务器等。这种兼容性可以实现一台机器运行多个容器而互不影响，让用户把一个应用程序从一个平台直接迁移到另外一个平台，从而实现跨各种部署环境的可移植性。

2. 更快速地交付和部署

对开发和运维人员来说，最希望的就是一次创建或配置。使用 Docker，开发人员可以利用镜像构建一套开发容器，开发完成之后，运维人员可以直接使用这个容器来部署代码，快速迭代应用程序，大量节约开发、测试、部署的时间。

> 容器通常位于物理服务器及其主机操作系统之上。它通过安装单个操作系统可在多个工作环境运行。因此容器特别"轻"，它们只有几兆字节，只需几秒钟即可启动。

3. 更简单的管理

使用 Docker，只需要对其进行小的修改，就可以替代以往大量的更新工作。所有的修改都以增量的方式被分发和更新，从而实现了自动化和高效的容器管理。

4. 更高效的资源利用

Docker 容器的启动可以在秒级实现，这相比传统的虚拟机方式的启动要快得多。Docker 对系统资源的利用率很高，一台主机可以同时运行数千个 Docker 容器，容器除了运行其中的应用外，基本不消耗额外的系统资源，应用性能高。与虚拟机相比，内存、CPU 和存储效率的提高是容器技术的关键优势。

> 如果传统虚拟机运行 10 个不同的应用，就要 10 个虚拟机；如果采用 Docker，只需要启动 10 个隔离的应用即可。

> 云计算能多注重于服务化，而虚拟化则是资源整合。

物理机、虚拟化、云计算的对比，如表 3.1 所示。

表 3.1　物理机、虚拟化、云计算的对比

物 理 机	虚 拟 化	云 计 算
采购不灵活、规格不灵活、复用不灵活、运维不灵活	点击可用；可大可小，人工调度；即创即销、规模有限；界面搞定	自动调度、规模巨大；时间灵活性和空间灵活性；资源弹性

四、云计算的服务模型

云计算包括以下几个层次的服务：基础设施即服务(IaaS)，平台即服务(PaaS)和软件即服务(SaaS)。运营数据中心的人需要把这些设备统一管理起来，如图 3.14 所示。

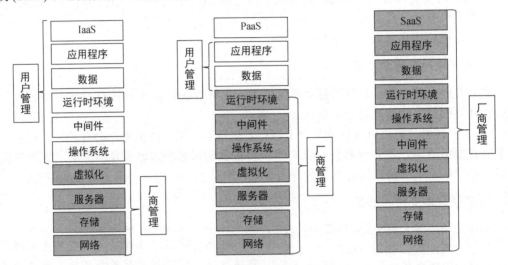

图 3.14　云计算的三种类型

(一)第一层次基础设施即服务

计算、网络、存储常被称为基础设施，因而这个阶段的弹性称为资源层面的弹性。管理资源的云平台，我们称其为基础设施服务(Infrastructure as a service，IaaS)。

IaaS 是最底层的，它把计算基础(服务器、网络技术、存储和数据中心空间)作为一项服务提供给客户。它也提供操作系统和虚拟化技术来管理资源。消费者通过互联网可以从完善的计算机基础设施获得服务。例如：机房基础设施、计算机网络、磁盘柜、硬件服务器或虚拟机等作为服务出租出去。虚拟化、分布式等大多集中在本层，少量"流亡"于 PaaS 层。

通常一些公开的大量的数据可以运行在 LaaS，比如证券行业的行情服务，目的是为了减少基础设施的搭建和运维。另外也是由于 PaaS 技术不够成熟，往往不得已而为之。

以前，公司要建网站，信息系统的基础设施需要自己建机房、自己买服务器和交换机等硬件设备。现在有了基础设施就不用自己购买了，直接租就可以了。简单地说，IaaS 就是卖虚拟机的，操作系统完全由你控制，别人很难修改你的代码或数据，比 PaaS 安全。有了 IaaS，你也可以将硬件外包给其他公司。

(二)第二层次平台即服务

IaaS 实现了资源层面的弹性显然不够，还需要应用层面的弹性。

平时实现一个电商的应用，10 台机器就够了，"双十一"需要 100 台机器。当然，有了 IaaS 只需创建 90 台机器就可以了。但这 90 台机器创建出来是空的，电商应用并没有放上去，只能让公司的运维人员一台一台地安装好，这需要很长时间。所以，虽然资源层面实现了弹性，但没有应用层的弹性，依然不够灵活，如果能够提供一个工具，能够自动在这新的 90 台机器上将电商应用安装好，就能够实现应用层面的真正弹性。

云计算不光管资源，也要管应用。为了解决应用层面的弹性问题，人们在 IaaS 平台之上又加了一层，用于管理资源以上的应用弹性的问题，这一层通常称为(platform as a service，PaaS)，也叫作中间件。

公司所有的开发都可以在这一层进行，节省了时间和资源。

PaaS 实际上是指软件研发的平台，作为一种服务，供应商提供一个作为软件开发和运行环境的整套解决方案，简单地说 PaaS 指云服务商把互联网环境的平台软件层出租出去。PaaS 的出现可以加快 SaaS 的开发速度。

PaaS 这一层分两部分：自己的应用自动安装和通用的应用不用安装。

1. 自己的应用自动安装

自己的应用自动安装是指应用是你自己开发的，除了你自己，其他人不知道怎么安装。例如电商应用，安装时需要配置支付宝或者微信的账号，才能使别人在你的商铺买东西时，货款是打到你的账户里，除了你，谁也不知道。所以安装的过程平台帮不了忙，但能够帮你使它自动化，你只需做一些工作，将自己的配置信息融入自动化的安装过程中就可以了。

2. 通用的应用不用安装

所谓通用的应用，一般指一些复杂性比较高，但大家都在使用的应用，例如数据库。几乎所有的应用都会用数据库，但数据库软件是标准的。虽然安装和维护比较复杂，但无论谁安装都是一样。

PaaS 服务提供商提供各种开发和分发应用的解决方案，比如虚拟服务器和操作系统，以及数据库系统等，当用户需要一个数据库时，就可以直接使用。

(三)第三层次软件即服务

软件即服务(software as a service，SaaS)是云计算的交付形式之一，由服务商提供软硬件一揽子解决方案，用户用账户登录使用其服务并按月或年交服务费即可。用户通过向提供商租用(或免费使用)基于 Web 的软件来实现诸如企业管理、内容发布、科学运算、量化策略的编写、回测、模拟交易、实盘运行等各项任务。平台软件的升级、维护、服务器扩容等工作，都可以交给平台完成。

简单地说，云服务商在把操作系统、环境

第三层是你每天生活接触的一层，大多是通过网页浏览器来接入。任何一个远程服务器上的应用都可以通过网络来运行。你消费的服务完全是从网页来获得。

配置好之后还要自己开发各种应用软件，然后把应用软件层作为服务出租出去。例如 FTP 服务端软件、在线视频服务端软件等，客户可以直接使用服务。SaaS 定义了一种新的交付方式，使得软件进一步回归服务本质，进一步突出信息化软件的服务属性。

对于需要提供网上业务服务的企业，业务形式需要不断地变化，不断创新。比如适时促销、流程变更，自身具有软件研发能力或者希望自己能够掌控研发流程的企业，可以采用 PaaS。大型企业客户账户数据，需要建立私有 PaaS，当然需要投入更多的资金、人力支撑；资金缺乏，数据没那么多没那么重要的初创企业，可以选择公有 PaaS。

传统的财务、人力资源管理，更适合 SaaS 来实现，这些应用几乎没有或很少有变化，而且对每家企业来说是必需的。

第三节　云计算在金融领域的应用

引导案例

为何金融科技和云计算总是出双入对？

产业互联网时代，云计算成为兵家必争之地，金融科技是各种产业的"基础设施"，多条消息都指向一件事：金融科技和云计算总是会"在一起"，两者之间究竟又有什么关系呢？从阿里云与玖富数科的战略合作，我们找到了答案。

阿里云与玖富数科战略合作推出的玖富云将玖富数科多年来沉淀的金融垂直领域的 SaaS 服务，与阿里云余额宝和网商银行等锤炼的 IaaS 和 PaaS 整合起来，形成一套完整、高效和安全的金融科技解决方案，可以直接满足金融客户的云需求。

金融客户在获得阿里云服务的同时，将从玖富云获得一站式金融科技能力，包括用户认证、账户体系、支付体系、风险决策、资金路由、AI 引擎等多个能力，几乎满足所有金融信息化、数字化和智能化的需求。

"玖富云"表面上是拓展金融行业云服务市场，深层次是推动金融科技能力在金融行业的落地，帮助金融机构实现数字化、智能化和互联网化，最终实现金融数字普惠，在整个产业互联网发展浪潮中，金融与云也将成为"黄金搭档"，贡献各自力量。

一、金融机构云计算架构

金融机构云计算的架构共包括三大部分：云客户端、云端和第三方机构。它们之间的关系是，云客户端通过访问云端来得到服务；第三方机构对云端的安全机制进行审核，并在其平时运行的时候，对其进行实时监控。云计算的安全架构如图 3.15 所示。

(一)云客户端

云客户端的安全关系到云计算的用户体验。要确保用户在非常安全和稳定的情况下使用和访问云上运行的应用，需要很多方面的增强，其中最重要的当属恶意代码保护，它主要采用防火墙、杀毒软件、打补丁和沙箱机制等手段来使云客户端免受木马、病毒和间谍软件的侵害。另外，利用云端的超强计算能力可实现云模式的安全检测和防护。比如对于本地不能识别的可疑流量，任何一个客户端都可以第一时间将其发送到后台的云检测中心，利用云端的检测计算能力来进行快速的安全解析，并将发现的安全威胁特征推送到全部客户端和安全网关，从而使整个云中的客户端和安全网关都能检测这种未知威胁。

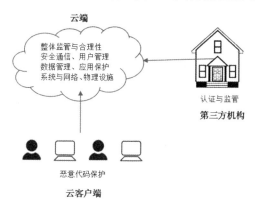

图 3.15　云计算的安全架构

(二)云端

云端也就是公共云计算中心，它一般由云计算服务提供商负责管理，主要包括以下 7个模块。

1. 整体监管和合规性

这个模块处于整个云端安全架构的最顶层，主要有4方面的功能。

(1)　对整个云端安全架构进行规划。对企业业务和运行风险进行评估，确定相关的战略和治理框架、风险管理框架、制定相应的安全策略、管理和确立信息安全文档管理体系等。

(2)　观测云计算系统整体的安全情况。云计算管理者有效地管理和监控整个云计算中心，以防恶性事件发生，包括安全事件监管和响应，并生成相关安全事件的日志和报表。

(3)　满足合规性要求。云端可以定义一些与合规性和审计相关的流程，以确保整个云计算系统遵从其所需要遵守的协议，同时也为了帮助使用云服务的用户满足其自身的合规性需求，如金融行业必须满足行业主管部门的一些监管要求等。

(4)　云计算认证。为了保持整个架构的可信度，还要支持引入第三方审计机构，对整个云计算安全架构进行认证。

2. 安全通信

这个模块是整个云端的网关，主要包括3个方面的功能。

首先，是提供大容量的网络处理能力，能处理用户对云端的海量请求；其次是提供强大的防火墙功能，能应对诸如 DDoS 等恶意攻击。最后，是能通过使用 SSL、TLS、VPN和 IPSec 等安全技术来确保云客户端与云端通信的私密性和完整性。

视野拓展

解释：DDoS、SSL、TLS、VPN 和 IPSec

DDoS：英文全称 distributed denial of service，中文全称分布式拒绝服务，是指处于不同位置的多个攻击者同时向一个或数个目标发动攻击，或者一个攻击者控制了位于不同位置的多台机器并利用这些机器对受害者同时实施攻击。由于攻击的发出点是分布在不同地方的，这类攻击称为分布式拒绝服务，其中的攻击者可以有多个。

SSL：英文全称 secure sockets layer，中文全称安全套层接协议。SSL 位于 TCP/IP 协议与各种应用层协议之间，为数据通信提供安全支持。

TLS：英文全称 transport layer security，中文全称传输层安全性协议。TLS 及其前身 SSL 是一种安全协议，目的是为互联网通信提供安全及数据完整性保障。

VPN：英文全称 virtual private network，中文全称虚拟专用网络。属于远程访问技术，简单地说就是利用公用网络架设专用网络。例如某公司员工出差到外地，他想访问企业内网的服务器资源，这种访问就属于远程访问。

IPSec：英文全称 internet protocol security，中文全称互联网安全协议。IPSec 是一个协议包，通过对 IP 协议的分组进行加密和认证来保护 IP 协议的网络传输协议族(一些相互关联的协议的集合)。

3. 用户管理

这个模块主要用于认证与授权用户进入系统和访问数据的权限，同时保护资源免受非授权的访问，主要包括两个部分：一是需要确保每个用户只能访问他们得到授权的应用和数据，对用户的操作进行日志记录以检测每个用户的行为，以发现用户任何触及安全底线的行为；二是提供基于角色和集中的账号管理机制来简化认证管理，满足安全需要，降低成本，改善用户体验，提高效率和避免风险，同时支持在多种服务之间简化登录过程的单点登录机制。

4. 数据管理

对于大多数企业而言，数据安全特别关键，尤其是在云计算中。企业数据大多存储于企业防火墙之外的云计算中心，因此在数据管理方面，必须对云计算严苛要求。这个模块包括 4 个功能。

(1) 对数据进行分类和隔离。根据数据类型和所属的组织对数据设置完善的归类、保护、监控和访问等机制，以防止数据被误用和泄漏。

(2) 对数据加密。例如用户在上传数据之前先使用密钥对其进行加密，在使用时再对其进行解密。从而确保即使数据被窃取，也不会被非法分子所利用。此外还可以使用数据检验技术来保证数据的完整性。

(3) 对数据备份。为避免由于硬盘故障和管理错误造成数据方面的遗失，需要对数据进行多次备份。同时在数据被删除的时候，确保各种备份都被清除，包括备份所占的硬盘。

(4) 设置数据存储地点。由于法律、政治和安全等原因，数据的存储地点对于部分企业而言非常关键，所以需要让用户有能力获知并选择其数据合理的存放地点。

5. 应用保护

在应用保护方面,主要包括 3 个部分。一是由于应用在很多场合会以虚拟镜像的形式部署,所以需要确保在主机上运行虚拟机的安全性,并同时通过监视虚拟机的运行情况来发现"恶意主机"的存在,尽量减少每个虚拟机开启的服务和监听的端口。二是对应用本身进行安全方面的设计,比如通过支持 SSL 和 HTTPS 等协议来确保点对点的安全通信,并对应用进行完善测试,以尽可能减少安全方面的漏洞。三是对应用发布的 API 和 Web 服务等对外接口进行安全方面的加固,比如通过使用安全密钥和电子证书等来确保服务的安全性。

📚 视野拓展

解释:HTTPS、API 和 Web

HTTPS:英文全称 hyper text transfer protocol secure,中文全称超过文本传输安全协议。HTTPS 以安全为目标的 HTTP 通道,在 HTTP 的基础上通过传输加密和身份认证保证了传输过程的安全性。

API:英文全称 application program interface,中文全称应用程序接口。API 是一些预先定义的函数,或指软件系统不同组成部分衔接的约定。用来提供应用程序与开发人员基于某软件或硬件得以访问的一组例程,而又无须访问源码,或理解内部工作机制的细节。

Web:英文全称 world wide web,中文全称环球网,也称万维网。它是一种基于超文本和 HTTP(状态码,是用以表示网页服务器超文本传输协议响应状态的 3 位数字代码)的、全球性、动态交互、跨平台的分布式图形信息系统。它是建立在互联网上的一种网络服务,为浏览者在互联网上查找和浏览信息提供了图形化的、易于访问的直观界面,其中的文档及超级链接将互联网上的信息节点组织成了一个互为关联的网状结构。

6. 系统与网络

在系统方面,每个主机所处理的数据或者事务必须隔离,同时提供虚拟域或者基于规则的安全区这两种机制来进一步隔离服务器,减少服务器监听端口和支持的协议。在网络部分,云计算中心将网络分为可信和不可信两部分,不可信部分一般在 DMZ,支持对入侵和 DDoS 攻击的侦测。还有就是云计算中心检测和分析整个网络的流量来确保网络安全运行,并使用 VLAN 机制来对网络进行安全隔离。

📚 视野拓展

解释:DMZ、VLAN

DMZ:英文全称 demilitarized zone,中文全称隔离区,也称非军事化区。它是为了解决安装防火墙后外部网络的访问用户不能访问内部网络服务器的问题,而设立的一个非安全系统与安全系统之间的缓冲区。两个防火墙之间的空间被称为 DMZ。与 Internet 相比,DMZ 可以提供更高的安全性,但是其安全性比内部网络低。

VLAN:英文全称 virtual local area network,中文全称虚拟局域网,VLAN 是一组逻辑上的设备和用户,这些设备和用户并不受物理位置的限制,可以根据功能、部门及应用等因素将它们组织起来,相互之间的通信就好像它们在同一个网段中一样,由此得名虚拟局域网。

7. 物理设施

(1) 在基础设施方面。要确保各种设备的冗余，包括电源、UPS、制冷设备和路由器等，并可以在数据中心内置一台大功率的发电机以应对停电的情况。同时，考虑到云计算环境的业务连续性，设备的部署必须考虑到高可靠性的支持，诸如双机热备、配置同步、电源风扇的冗余、链路捆绑聚合和硬件旁路等高级特性，真正实现大流量汇聚情况下的基础安全防护。

(2) 在数据中心的人员方面。需要限制每个人的权限范围来提升安全性，并调查这些管理人员的背景，以避免商业间谍侵入，并配备视频监控系统来监视数据中心内部的一举一动。

(3) 在防灾管理方面。需要在不同地点建设多个数据中心，当发生停电、火灾和地震等的时候能够将服务切换到备用数据中心上运行。

(三)第三方机构

第三方机构一般具备很好的公信力，不会轻易被任何一方左右，而且在安全领域具备丰富的经验和技术。它的功能主要有两个。

1. 认证

第三方机构能对云计算服务提供商的服务进行安全认证，采用标准化的技术手段和非技术手段来对服务进行检测，找出其安全漏洞，对其安全级别进行评估，使用户有信心将数据存储在云端和使用云端提供的云服务。

2. 监管

监管就是第三方机构会实时监控云端运行状况，以确保它在安全范围内运行，这样才会提高用户对云端的信任度。

二、云计算在金融行业的发展趋势

(一)国际上云计算在金融行业的发展趋势

在国际上金融科技公司不断崛起，他们以云计算为依托，同时借助近十年来崛起的大数据技术以及人工智能技术，不仅改变了金融机构的互联网架构，也使得其能够随时随地访问客户，为客户提供方便的服务，从而改变了金融行业的服务模式和行业格局。他们对于云计算的使用目前多集中在非关键业务，比如提升网点营业厅的生产力、人力资源、客户分析或者客户关系平台，并没有在支付、零售银行、资金管理等核心业务系统使用云计算。

(二)我国云计算在金融行业的现状及发展趋势

视野拓展

我国金融行业监管政策频出

2016 年 7 月，原银监会(现为国家金融监督管理总局)发布《中国银行业信息科技"十三五"发展规划监管指导意见》，是中国金融云建设的里程碑事件，明确提出积极开展云计算

架构规划，主动和稳步实施架构迁移。除了金融私有云之外，银监会第一次强调行业云的概念，正式表态支持金融行业云的发展。

2017年6月，中国人民银行印发了《中国金融业信息技术"十三五"发展规划》，要求落实推动新技术应用，促进金融创新发展，明确提出稳步推进系统架构和云计算技术应用研究。陆续出台的政策确立了金融信息技术工作未来的发展规划和目标，从监管层面上对金融业提出了"上云"的要求。

1. 私有云和行业云模式

目前国内金融行业使用云计算技术主要采取了私有云和行业云模式。

(1) 私有云模式。技术实力和经济基础雄厚的大型机构偏向于私有云的部署，通常将核心业务系统、重要敏感数据部署在私有云上。

一般采用购买硬件产品、基础设施解决方案方式搭建，在生产过程中实施外包驻场运维、自主运维或自动运维方式。私有云对金融机构来说，安全性更为严格，更有保障。借助业务外包可以提升网点营业厅的生产力、人力资源、客户分析或者客户关系平台，使自己更专注于核心金融业务的持续创新及运营管理。

在政策支持下，部分大型金融企业(如中国建设银行、平安银行、中信证券、国泰君安证券等)已积极构建云平台，在搭建自用私有云的同时将冗余的计算资源向有服务需求的中小型金融企业开放，形成专供金融机构使用的金融云服务模式。中小型金融机构借助大型金融机构的金融云资源实现业务快速安全上云。金融云应用有望成为除私有云外，金融机构业务上云的首选。未来三年，中国多数大型金融机构将自建私有云，同时对中小金融机构提供专业金融云服务。

(2) 行业云模式。这种介乎于公有云和私有云之间的模式也被称作行业云，正在金融行业中快速普及。

一些大型金融企业牵头，在自身搭建金融私有云的同时将冗余的资源提供给特定的、有需求的、受限于资金、技术能力等方面的中小型金融企业，最终形成专供金融行业企业使用的金融专有云模式。

对中小型金融机构，由于他们经济实力、技术能力偏弱，所以通常采取行业云的方式，即通过金融机构间的基础设施领域的合作，通过资源共享，在金融行业内形成公共基础设施、公共接口、公共应用等一批技术公共服务。借助大型金融机构在金融云领域的经验使得他们能够安全快速地实现业务上云。

2. 私有云和行业云共同发展

未来中国金融云服务的格局是：大型金融机构自建私有云，并对中小金融机构提供金融行业云服务，进行科技输出；中型金融机构核心系统自建私有云，外围系统采用金融行业云作为补充；小型金融机构逐步完全转向金融行业云。

三、金融云供给端主体

在云计算等前沿技术的基础上，结合近年来金融科技的发展成果，作为独立细分行业的金融云应运而生。截至目前，从大型金融机构，到新成立的民营银行和保险公司，再到新兴的互联网金融平台，都在纷纷"上云"。

在目前的金融云市场上，出现了以互联网巨头、大型金融机构和软件服务商为代表的三方势力。三方力量正在角逐日益成熟的金融云市场，他们也各自具有相对较为明显的优势和劣势。

目前提供金融云服务的服务商可以大致分为三大类：纯互联网系、金融机构系和传统软件系。

1. 纯互联网系的云服务商

纯互联网系云服务商，如阿里云、腾讯云、京东金融云，此前一直做的是 B2C 业务。面向个人用户与面向企业用户是两种不同的思维，尤其在金融行业更是如此。通常阿里云和腾讯云会将面向互联网行业的公有云技术移植到金融云中。这种标准化的做法的优点是速度高、成本低，标准化输出能够帮助客户快速搭建服务架构，缺点是面对金融业特有的复杂问题往往会力不从心，企业业务又需要快速响应客户的需求，这些也是导致腾讯云在金融行业一直没有突破的原因。

视野拓展

解释：B2C

B2C 是一种电子商务模式，英文全称(business to customer)，中文全称商家到消费者，简称"商对客"。"商对客"即以互联网为主要手段，由商家或企业(以下统称企业)通过网站向消费者提供商品和服务的一种商务模式，具体指通过信息网络，以电子数据流通的方式实现企业与消费者之间的各种商务活动、交易活动、金融活动和综合服务活动。B2C 是消费者利用互联网直接参与经济活动的形式。

2. 传统金融机构系云服务商

如招银云创、兴业数金等银行系金融科技云平台。银行提供金融云服务，优势在于银行本身就是行业里多年的从业客户，熟悉监管的要求，在过去的发展中也积累了很多经验，设计产品可以更有针对性，解决不同的问题。缺点是普遍缺乏定制化能力，客户的不同需求得不到进一步满足。

3. 传统软件系的服务商

传统软件系服务商，比如用友、IBM、恒生这些厂商的金融云服务，帮助金融行业客户扩展和建立金融生态。这些软件服务商的模式主要是外包，缺乏构建大规模云服务的经验，因此他们的云服务缺乏具体的应用场景，目前的主要客户还是集中于小微金融企业。

四、云计算在金融行业的应用场景

云计算在金融行业中有着广泛的应用场景，在银行、保险、证券、互联网金融等不同细分领域，对于云计算的需求不尽相同。

1. 银行领域

银行对云计算服务可用性和数据持久性要求较高，大型银行倾向私有云、中小银行倾向行业云。

(1) 构建以客户为中心的多元化产品体系。云银行依托新技术驱动商业银行底层架构转变为分布式、网络化的结构。云银行的金融服务布局在云端，通过万物互联，无缝嵌入各个生活和工作场景，不需要跑网点，不需要登录网银，在交易行为中自然享受无感金融服务。客户在哪里，金融服务就在哪里。

(2) 构建依托金融科技的云风控体系。一方面，云银行依托数字生态系统内的平台，积累、搜集、整合众多真实的交易数据、经营数据和财务数据，提高客户调查、反欺诈识别、贷款审批、贷中批量监控等环节的效率。另一方面，云银行通过人的业务感知、规划以及针对性措施将智能化分析和自动化运营相结合，比如搭建知识图谱风控，使用结构化和非结构化数据治理工具，高效治理和整合全维度数据，构造知识图谱数据模型，并通过智能分析与计算，实现更加有效的风险评估。

(3) 构建基于数字生态的利益共享模式。云银行打破银行之间、企业之间的信息壁垒，构建与同业、科技公司、政府、核心企业及上下游之间的全链条、全平台，并基于真实场景实现金融业务的线上实时交易，为客户提供一站式金融解决方案。云银行从"利己"思维转向"利益共享"思维，感知客户的"痛点"，通过云化方式将资源共享，让客户低成本并容易地获取金融服务，在利他过程中，形成银行良性的盈利模式，实现银企的共同成长。

2. 保险领域

保险行业系统开发更新快，重视开发运维一体化，私有云、行业云、公有云均有涉及。在保险领域，云计算主要应用于个性化定价和产品上线销售等方面。定制化云软件不仅能够快速分析客户实时数据，提供个性化定价，还能够通过社交媒体为目标客户提供专门的保险服务。

3. 证券基金领域

证券行业与银行、保险业有所不同，监管部门对于证券行业上云有着非常严格的要求，特别是对于时延要求非常高(证券对交易系统响应速度要求极高)，其交易系统在数据库、操作系统和小型机等方面对传统部署方式依赖较大。目前其核心交易系统尚未上云，但与大数据应用相结合，诸如行情分析等对时延不敏感的业务，已经逐渐采用云计算架构或服务。

(1) 证券行业已使用的云计算平台有企业私有云和上证云行情。目前证券行业已使用的云计算平台主要包括企业私有云，即主要是券商和交易所依托虚拟化技术自行构建的平台。上证云行情，即上证所信息网络有限公司承建的面向证券公司开展的互联网行情服务云平台，于2014年4月1日起正式商业运作。其目标是为使用该服务的投资者带来更高品质、更高保障的实时行情数据服务，也为证券公司提供了传统方式部署行情服务之外的另一种选择。

(2) 证券基金领域通过业务系统整体上云。云计算主要应用于客户端行情查询和交易量峰值分配等方面。在数据库分库、分表的部署模式下，可实现相当于上千套清算系统和实时交易系统的并行运算。

视野拓展

申银万国证券的云计算

申银万国证券公司于2009年完成建设企业云计算平台项目并带来了新的业务和良好的经济效益。该项目具有五个特点：①应用虚拟化技术构建共享数据中心，实现了资源的按需分配和海量数据的可靠处理；②构建了基于多点冗余和有效隔离原则的云计算可信网络平台；③提供了面向证券行业的标准化业务平台云服务；④架构了高性能应用基础平台云服务；⑤实现了多种网上应用系统的部署和运行，形成了以统一化、标准化和自动化为特征的企业云计算平台运维管理体系。

4. 互金领域

非传统金融领域，互联网属性强，公有云应用较多。例如，腾讯金融云，其将保险作为一个突破口，助力保险行业创新与优化升级，共建云上生态。目前，腾讯金融云发布了核保通、理赔通、银保通等三大金融科技产品，为保险行业提供从销售、风控到理赔的全流程服务，并与中国人保等多家金融机构建立了战略合作关系。

案例透析

云计算的应用

某银行应用系统部署以虚拟机为单位构建，系统的扩容经历虚拟机的分配、软件安装、应用部署和测试、切割入网等环节。在业务量突增的情况下，系统无法进行快速的扩展。而当业务访问量减少时，系统又不能随意进行释放资源，资源池的 CPU 和内存的利用率低，使大部分的物理资源处于空闲状态，导致资源存在大量的预留和浪费。

某第三方机构云管理平台的云操作系统，帮助某银行规范资源使用，对资源进行全生命周期管理及监控，降低资源管理的复杂度及工作量。

某第三方机构云平台解决方案是一套双模多态的云计算平台，帮助用户同时实现两种模式、多态资源管理目标。云平台既能支持传统数据中心的资源，也支持新兴的开源软件，帮助用户快速构建应用环境，满足银行业务对资源敏捷性部署的需求。

云平台解决方案主要由云服务、云运维两大中心组成，如图 3.16 所示。

分析云计算方案解决了哪些问题？

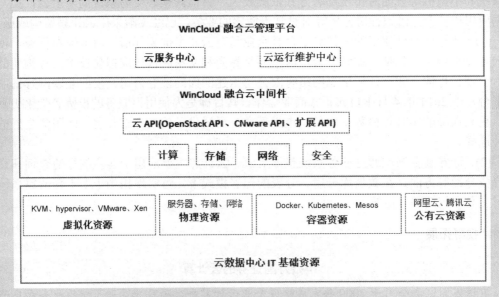

图 3.16　云计算解决方案整体架构图

课 程 思 政

云计算本身是一种服务方式，针对于不同的用户，云计算可以提供不同的服务，而借助于云计算的服务能力，职场人可以整合大量的资源，包括行业资源和技术资源等。掌握云计算技术能够找到很多创新点，同时可以基于云计算来实现行业创新。在当前产业结构升级的大背景下，传统行业在结合云计算的过程中会释放出大量的创新、创业机会。

综合练习题

一、概念识记

云计算　容器　计算资源　存储资源　网络资源
串行计算与并行计算　集中式计算与分布式　调度
公有云　私有云　混合云　行业云　码头工人

二、单选题

1. 通过互联网提供按需软件付费应用程序是(　　)。

  A. IasS   B. PasS   C. SasS   D. IPasS

2. 关于私有云说法错误的是(　　)。

  A. 私有云是机构自建云端   B. 受经济基础强大的大型机构青睐

  C. 可以存储自身重要敏感数据   D. 更受综合实力较弱的中小机构的偏爱

3. 以下不属于云计算的服务模型的是(　　)。

  A. 软件即服务   B. 平台即服务

  C. 基础设施即服务   D. 资源即服务

4. 受综合实力较弱的中小机构的偏爱的是(　　)。

  A. 公有云   B. 私有云   C. 行业云   D. 混合云

5. (　　)一般部署在企业的数据中心，由企业的内部人员管理。

  A. 公有云   B. 私有云   C. 行业云   D. 混合云

6. 微软的云计算服务的是云计算的哪个层次。(　　)

  A. LasS   B. PasS   C. SasS   D. IPasS

7. 关于云计算说法不正确的有(　　)。

  A. 虚拟化   B. 高可用性   C. 不可扩展性   D. 服务代价小

8. 将一块大的处理资源分为几块小的处理资源，将一个大任务分割成多个子任务，用这些小的处理资源来单独处理这些子任务，这属于(　　)。

  A. 单机计算   B. 并行计算   C. 集中式计算   D. 分布式计算

9. 将一个庞大的任务拆分成许多小任务来处理，许多人共同处理一个问题属于(　　)。

  A. 串行计算   B. 并行计算   C. 集中式计算   D. 分布式计算

10. 只需要一个管理者管理即可的计算属于(　　)。

A. 单机计算   B. 并行计算   C. 集中式计算   D. 分布式计算

11. 在巨大的网络中既是独立的又是共有的，每个组都向网络共享自己的资源，但同时每个组都独立维护自己的资源属于(　　)。

     A. 单机计算   B. 并行计算   C. 集中式计算   D. 分布式计算

12. 资源不受限于单个计算机的能力，计算可伸缩性，这属于(　　)。

     A. 单机计算   B. 并行计算   C. 集中式计算   D. 分布式计算

13. 可以充分发挥云计算系统的规模经济效益，但同时也增加了安全风险的是(　　)。

     A. 公有云   B. 私有云   C. 行业云   D. 混合云

14. 公有云对一般公众开放的属于(　　)云。

     A. 私有   B. 公有   C. 行业   D. 混合

15. 最彻底的社会分工的属于(　　)云。

     A. 私有   B. 公有   C. 行业   D. 混合

16. 以下不属于云计算特点的是(　　)。

     A. 规模小   B. 虚拟化   C. 高可靠性   D. 通用性与高扩展性

17. 需要耗费相当长的时间来完成的属于(　　)计算。

     A. 单机   B. 并行   C. 集中式   D. 分布式

18. 以下不属于云计算产生的价值是(　　)。

     A. 规模化   B. 精细化   C. 成本高   D. 效率提高

19. 将自己的任务通过网络备份到其他服务器上，即使遇到一些错误导致计算机停止使用，也可以通过备份继续完成工作的属于(　　)计算。

     A. 单机计算   B. 并行计算   C. 集中式计算   D. 分布式计算

20. 计算机不与任何网络互联，只能使用本计算机系统内被访问的所有资源属于(　　)计算。

     A. 单机计算   B. 并行计算   C. 集中式计算   D. 分布式计算

三、多选题

1. 云计算随时随地随需地从可配置计算资源共享池中获取所需的资源有(　　)。

     A. 网络   B. 服务器   C. 应用   D. 存储

2. 云计算模式具备的基本特征有(　　)。

     A. 按需自助服务   B. 广泛的网络访问

     C. 资源共享   D. 快速地可伸缩性和可度量的服务

3. 云计算的服务模式有(　　)。

     A. SaaS   B. PaaS   C. LaaS   D. IaaS

4. 存储云向用户提供了(　　)服务，大大方便了使用者对资源的管理。

     A. 存储容器服务   B. 备份服务

     C. 归档服务   D. 记录管理

5. 由于金融与云计算的结合，在手机上简单操作，就可以完成以下(　　)业务。

     A. 银行存款   B. 购买保险   C. 基金买卖   D. 大额贷款

6. IaaS可以把(　　)作为一项服务提供给客户。

     A. 服务器   B. 网络技术   C. 存储   D. 数据中心空间

7. 关于 SaaS 说法正确的有( )。

    A. SaaS 最接近于终端用户   B. SaaS 是我们生活每天接触的一层

    C. SaaS 是具体的应用服务   D. SaaS 是基础设施即服务

8. 按照不同的部署模式，云平台可以分为( )。

    A. 公有云   B. 私有云   C. 混合云   D. 行业云

9. 云计算具有( )特点。

    A. 高可用性   B. 扩展性   C. 按需服务   D. 按使用量付费

10. IaaS 可以把( )作为一项服务提供给客户。

    A. 服务器   B. 网络技术   C. 存储   D. 数据中心空间

11. 以下属于云计算主要特点的是( )。

    A. 云端服务器规模巨大   B. 计算资源虚拟化

    C. 计算结果可靠   D. 费用低廉

12. 统一放在云系统资源虚拟池当中进行管理的有( )。

    A. 存储网络   B. 开发软件   C. IaaS 开发硬件   D. 操作系统

13. 云计算可以提供以下的( )网络访问服务。

    A. 可用的   B. 便捷的   C. 按需的   D. 静态的

14. 相比于传统的虚拟机，Docker 具有( )特点。

    A. 启动时间很快   B. 对资源的利用率很高

    C. 占的空间很小   D. 占的空间很大

15. 以下关于云计算的说法，正确的有( )。

    A. 安全   B. 提供自助式服务

    C. 按使用量付费   D. 数据多副本容错

16. 以下关于云计算的说法，正确的有( )。

    A. 兼容性非常强   B. 计算节点同构可互换

    C. 按使用量付费   D. 资源无限量供应

17. 企业架构私有云需要具备以下条件( )。

    A. 自行设计数据中心   B. 拥有专业的顾问团队

    C. 布设网络   D. 准备存储设备

18. 云计算的特点有( )。

    A. 服务可以租用   B. 按使用量付费

    C. 性价比高   D. 简单方便

    E. 同时支撑不同的应用运行

19. 公有云的优越性主要表现在以下( )方面。

    A. 规模大   B. 价格低廉   C. 灵活   D. 功能全面

四、判断题

1. SaaS 通过提供操作系统和虚拟化技术来管理资源，消费者通过互联网可以从完善的计算机基础设施获得服务。 ( )

2. 同一个"云"只能支撑相同的应用运行。 ( )

3. 云计算在原有服务器基础上增加云计算功能，使计算速度迅速减慢。 ( )

4. 云计算代表着超大规模、虚拟化、高可靠性、通用性以及高扩展性等特点。（　　）

5. 公有云并不能够完全符合云计算的本质。（　　）

6. 私有云是云计算服务提供商为企业在其内部建设的专有云计算系统。（　　）

7. 虚拟化技术包括应用虚拟和资源虚拟两种。（　　）

8. 云计算就是虚拟化。（　　）

9. 虚拟化突破了时间、空间的界限。（　　）

10. 虚拟化是云计算最为显著的特点，基于云服务的应用可以持续对外提供服务。（　　）

11. 虚拟化的最大好处是合理调配计算机资源，使其更高效地提供服务。（　　）

12. 虚拟化在技术上是一种在软件中仿真计算机硬件。（　　）

13. 虚拟化是云计算最重要的核心技术之一，它为云计算服务提供基础架构层面的支撑。（　　）

14. 企业私有云一般拥有数百上千台服务器。（　　）

15. 实力雄厚的大公司趋向于构建自己的私有云。（　　）

16. 私有云只为企业内部服务。（　　）

17. 混合云兼顾两种云的优点。（　　）

18. 如果使用云服务，成本将会非常得低。（　　）

19. 空间灵活性和时间灵活性，即我们常说的云计算的弹性。（　　）

20. 云计算也是分布式计算的一种。（　　）

五、简答题

1. 通过图 3.17 分析云计算三个层次的服务特点。

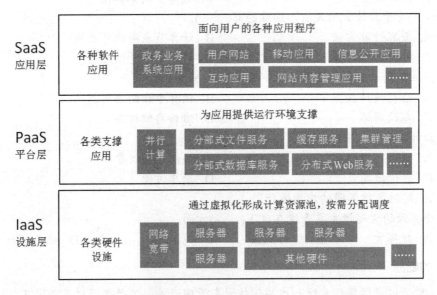

图 3.17　云计算三个层次

2. 根据表 3.2 分析云计算具有哪些特点。

表 3.2　银行运用云计算场景

银　行	特　点	部署模式	应用场景
瑞银银行	利用云计算完成数字化转型	混合云	日常业务处理是在瑞银的数据中心进行的，一旦峰值到来，可以将负载导到公有云平台，充分利用公有云的计算资源来完成风险计算工作。
邮储银行	互联网金融生产云	私有云	承载邮储银行种类繁多的互联网金融云业务，满足对开放性、稳定性、灵活性以及安全性等方面的需求。
金兴业数金	金融行业云	行业云	为中小银行、非银行金融机构、中小企业提供金融行业云服务，率先将云计算技术用于生产系统，而且将云计算技术推向金融行业云的维度。

六、实战演练

分析金融行业实施云计算的作用。

第四章
区块链技术

学习目标

知识目标

了解货币的演变历史以及货币的职能；了解比特币的产生；掌握区块链的技术特点，掌握比特币核心规则。

能力目标

能够分析比特币的运算方法以及获得比特币的方法；掌握是通过哈希函数完成特解的过程；掌握公钥加密和哈希值计算。

第一节　区块链概述

 引导案例

费　币

雅蒲(Yap)是西太平洋岛国密克罗尼西亚联邦的一个小岛，岛上人口稀少，还处于原始经济阶段。他们的货币叫费(Fei)。费币是几块稀有的又大又厚的石盘，从1英尺到12英尺不等，中间有孔洞，石头就在那里谁也搬不动。

当然，费币没法放在口袋里去到集市上买东西，交易一般都是债务的互相抵消，账款通常留待以后的交易中进行转结。即使到了最后的清算时刻，也没人会去搬这个费币，当地人只是在上面做标记，归谁所有就由专门记账的人把谁的名字刻在石头上，以显示所有权的转移，无须持有(搬到自己家门口)。谁有多少钱，只要去看一眼石头就知道。账目是完全公开的，全村的人都可以监督。

很多年以前，岛上有一家人的先祖，在寻找费的探险中，获得了一块大得出奇并极具价值的石头。回程的木筏行至途中时，海上起了风暴。为了保命，他们砍断了石头的缆绳，让石头掉进大海。这群人回家后都证明，那个石头的体积巨大，质地优良。岛上的人也都承认，石头坠落海中只是一个意外事故，这块石头的购买力依然存在。因此，与其说雅蒲的"费"是"一般等价物"，更不如说是一个记账系统，也就是一种记账货币。

石头看起来是一个很平凡的东西，但它是少数几种能够保存上千年信息的载体，古代的文明信息几乎全部都是以石头为载体保存下来的。刻在石头上的字是不能篡改的，但我们不可能造出一块全世界都能看到的石头。区块链(技术)就是一块全世界都能看到的石头，它的特质是共识和不可篡改。

一、区块链的含义

区块链是分布式数据存储、点对点传输、共识机制、加密算法等计算机技术的新型应用模式。

简单来说区块链就是一种开放的分布式分类账，能够以可验证的，永久的方式有效记录双方之间的交易，是可信任的、透明的、去中心化的可靠数据库。分布式其实就是点对点的信息传输，没有第三方的撮合参与，通过区块链和智能合约的技术来达到分布式的效果。

在区块链系统里面，每一次交易都直接发生在交易双方之间，交易的双方会把交易信息广播到整个交易系统里，然后会有很多志愿者把这些交易信息记录下来，整理成一个账目分明的账本，再把这个账本广播回系统，这样做的结果就是区块链系统当中的账本并不是由一个单一的交易中心掌管，而是同时由系统当中的每一个参与者共同掌管，除非

> 在区块链的世界里，分布式是基础，而分布式的智能合约则是区块链系统的灵魂。区块链世界里没有国王，只有一个个节点来管理整个网络，这就是分布式带来的好处。

黑客可以同时攻击世界上所有的参与者，否则这个账本就不会消失，因为在用区块链记账的交易系统中，并不存在一个这样传统的交易中心，所以整个系统也就没有从中心崩溃的风险。区块链的架构如图4.1所示。

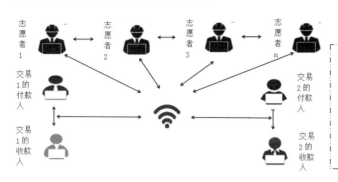

区块链的概念最早于2008年在比特币创始人，中本聪的论文 *bitcoin: a peer-to-peer electronic cash system*(比特币：一种点对点的电子现金系统)中首次提出。

图4.1　区块链架构

1. 区块链本质上是一种解决信任问题的信息技术方案

基于区块链技术的交易模式中，不存在任何中心机构，不存在中心服务器。所有交易都发生在每个人的电脑或手机安装的应用程序中。

区块链技术的应用，可以取代传统的中介，颠覆存在了几千年的中心化传统模式，在不需要中介的情况下，解决陌生人间的信任问题，大幅降低信任成本。区块链技术所改变的，是将传统交易中对中介的信任，变成对区块链系统本身、对于记录在区块链上的数据的信任。

记账是一个概念称谓，可以理解为你去商场买了一件衣服，然后商场内的所有商家都记录你的这一笔交易。假如商品出现质量问题，即使卖给你衣服的商家把系统更改了，但是由于所有人都记录了你的交易，因此商户是无法抵赖的。

2. 区块链是一种公共记账的技术方案

区块链不是去除信任，而是通过建立一个互联网的公共账本，由网络中所有参与的用户共同在账本上记账与核账，每个人(计算机)都有一个同样的账本，系统会自动比较，认为相同数量最多的账本是真的账本，少部分和别人数量不一样的账本是虚假的账本。

📚 视野拓展

洋葱路由

1995年，美国海军研究实验室为了避免船只被敌军跟踪，启动了一项旨在通过代理服务器加密传输数据的技术开发，这个产品被命名为"洋葱路由Tor"。

2004年，美国海军研究实验室由于财政紧缺，便砍掉了对于Tor的资金支持，于是，一个知名自由主义网络组织接管了Tor，但后来，Tor的发展出现了无法控制的局面，黑客组织控制了超过25%的Tor出口。这些分布于全球的中继节点，使得Tor彻底去中心化。

每年有近5000万人次下载Tor，而人们使用Tor的功能开始变得五花八门。比如2013年，斯诺登便是将"棱镜门"事件的信息通过Tor发布在暗网上，以此躲避美国政府的追捕的。

斯诺登除了揭露美国中情局监听全球的计划外，还泄露了美国国家安全局(NSA)对于Tor的无奈。

二、区块链技术的特点

从区块链的定义和技术构成来看，主要有四个特性：去中心化、不可篡改、可追溯、自治性。由这四个特性又引申出另外两个特性：开放性、匿名性。因此区块链一共有六大特性。

1. 去中心化

去中心化是区块链最重要的一个特性，区块链技术公开、不可篡改的属性为去中心化的信任机制提供了可能。在区块链的机制下，信任不是靠一个中心来维系，而是通过所有参与者共同制约。简单地说，区块链就是一种去中心化的分布式账本数据库。与传统中心化的方式不同，这里是没有中心，或者说人人都是中心，无论是交易还是交换资金，都无须第三方的批准，区块链本身就是一个平台。

在区块链去中心化模式下，通过去中心化账本来替代中心机构认证资产所有权。记账方式是将账本数据存储在每个节点，并同步复制整个账本的数据。

所有人的账本上都有着完全一样的交易记录。在区块链上，即使支付宝的账本服务器坏了，卖家的账本还存在，客户的账本还存在，那么这些都是这笔交易真实发生的铁证。

商家通过构建一个极简的去中心化的交易系统，客户就可以在网上购物了。例如小李如何在网络上从不认识的卖家手里买到一本书？

第一步，小李下单并把钱打给卖家。第二步，小李将这条转账信息记录在自己账本上。第三步，小李将这条转账信息传送出去。第四步，卖家和支付宝在收到小李的转账信息之后，在他们自己的账本上分别记录。第五步，卖家发货，同时将发货的事实记录在自己的账本上。第六步，卖家把发货的事实记录广播出去。第七步，小李和支付宝收到这条事实记录，在自己的账本上分别记录。第八步，小李收到书籍。至此，交易流程走完。

2. 不可篡改

所谓不可篡改意味着一旦数据写入区块链，任何人都无法擅自更改数据信息。

区块链是一个环环相扣，如铁链一般的块链式数据结构，每一环都包含之前的内容。如果说区块链是一个账本，那么这个账本的第二页包含第一页的内容，第三页包含第一、第二页的内容……

因此，区块链上的内容都是前后相关的，所有内容都采用密码学原理进行复杂的加密换算之后才被记录在链上，这使得区块链中的信息基本上不可能被篡改。

这一特性天生就适合许多领域。比如，教育领域中的学历信息认证、公益慈善领域中的钱款监督、审计领域的效率提升、版权保护、医疗事业等，所以信息造假就会暴露在光天化日之下。

3. 可追溯

区块链的内容前后相关，链上的信息是依据时间顺序进行排列的，这就使得区块链上任意的一条数据都可以通过"块链式数据结构"按照时间的顺序追溯到最开始的源头，这就是区块链的可追溯性。

这一特性的应用也非常广泛，最典型的当属供应链。在目前的传统供应链中，因为关系网络太过复杂，导致管理成本高、追责难与效率低。通过区块链的可追溯性可以成功解决这一问题，因为产品从最初的生产，再到之后的运输、加工、销售整个流程都将完整地记录在区块链上，日后一旦发生问题，便可以通过"链"轻松追溯到相关信息，进而明确问责与赔偿的对象，降低管理成本。

4. 自治性

自治性与去中心化是不可拆分的，如果说去中心化是一个结果，那么自治性实际上是一个过程。区块链自治性背后的技术逻辑是采用协商一致的办法，也就是共识机制，通过大家(全节点)共同投票、抉择来达成共识，从而更新系统数据。

因为在区块链的世界里，要想没有一个中心化的权威机构，那么权力必须下放给所有的参与者(节点)，这就使得整个区块链网络将由大家共同管理。区块链的去中心化则让所有人共同参与信用维护成为可能。因此，它在最大程度上解决了整场活动中的信任问题。

5. 开放性

区块链系统的开放性体现在数据的完全公开。区块链网络中，设计者通过密码学的一些方式，在保证私人信息安全的情况下，让任何节点都能共享、查看全网的数据账本。

> iOS 是由苹果公司开发的移动操作系统。DApp 即分布式应用或去中心化应用，DApp 对于区块链来说，就好比是 App 与 iOS 和 Android 的关系。

区块链系统的开放性体现在系统开发的开放性。随着区块链的发展，开发者们可以在各种区块链公链上进行去中心化应用(DApp)的开发，就好比在安卓、iOS 系统上开发微信、抖音，从而扩大区块链网络的生态规模，降低开发成本。

6. 匿名性

匿名性是由区块链的去中心化、自治性、开放性决定的。区块链要在去中心化、自治、开放的大前提下，或者说数据处理的所有流程中实现个人隐私安全，就必须要具备高度的匿名性。

区块链的匿名性能够弥补互联网在信息安全方面存在的风险，解决信息泄露的问题，保护我们的隐私安全。

> 在区块链发展的早期阶段，由于它本身具有传递价值的属性，因此引来了一些热衷于通过首次代币发行进行非法集资、传销甚至是欺诈的行为。

区块链主要采用密码学原理来实现匿名性。在区块链的世界里，一切信息都将被"代码化"，通过一系列的加密换算，以某种安全的形式呈现出来，从而使得他人只能够看到区块链上的交易信息，却无法找到交易主体的个人信息。

教学互动

问：区块链是比特币吗？

答：很多人简单地把区块链等同于比特币，或者只是把区块链等同于数字货币。这是不对的。比特币只是区块链的一种应用，数字货币是区块链更大范围的应用。

三、区块链的信任机制

信任是交易的基础，市场经济中最重要的就是信任，没有信任，任何交易都不可能成功。

1. 信任中介体系和地位

在人类发展的历史上，建立信任关系一直是一件重要的事情，因为它关乎贸易的开展和人类的协作。如果没有信任，就不可能有贸易，而要相信陌生人又是件很困难的事情。今天之所以有全球贸易网络，正是因为我们相信一些虚拟实体，例如美元、联邦储备银行，还有企业的商标。

传统小农经济是熟人经济，交易规模仅限于村镇范围内比较熟悉的人们之间，除了交通因素外，信任也是很大的因素。一旦超出熟人范围，信任成本的急剧增大，将阻碍交易的发生，限制交易范围的扩大。此外，不同种族、民族、文化、宗教信仰等，都会形成信任的鸿沟。信任中介机构和模式解决了陌生人间的信任问题。

(1) 信用体系的层面。信用体系可分为三个基本层面：①商品交易中的信用体系；②资金流通中的体系；③政府监管和有关法律、文化建设中的信用体系。

(2) 信任中介的位置。信任中介在交易体系中，处于一个中心位置。陌生人之间由于缺乏相互了解，缺乏必要的信任，交易难于发生，而市场经济的交易大量发生在陌生人之间，互联网时代，更是需要解决相隔万里又互相信任的问题。

传统的线上支付，虽然表面上看只是交易双方的直接交易，但是实际上，每一笔交易的背后都有一个第三方的交易中介，这个中介往往是一个值得信赖的权威机构，比如政府、银行或者是一些大公司。这个中介也是一个交易中心，负责记录系统中的每一次交易信息，并且把这些信息整理成一个巨大的账本。现有的信用体系是中心化的，由第三方中介做信用担保，如网购用支付宝、理财通过银行或网贷平台等。

信任中介在整个庞大的交易体系中，扮演着一种中心化的重要角色。这是一种中心化的机制或模式，已经存续了几千年，帮助人们降低信任成本，从而促进交易的发生、交易频率的增加、交易范围的扩大，如图 4.2 所示。

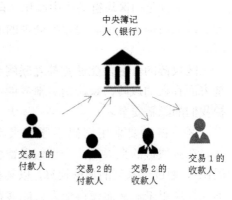

图 4.2 中央簿记模式

区块链的本质上是一种分布式的公共账本，由参与者共同负责核查、记录和维护。区块链是去中心化的分布式账本，而非通过第三方中央簿记人的记账，即去中心化。

2. 信任中介机构和模式存在弊端

1) 高昂的背书费用

由于市场的交易双方付出了极为庞大的信任成本。用户之间的交易(支付)需要通过中央簿记人才能实施,中央簿记人因此获得极大权力和利益。例如,每年交给政府的税收,占到一般人收入的 30%~40%;最赚钱的行业是金融服务业,拥有支付宝的蚂蚁金服年利润超过百亿。

如果有办法能取消或者大幅降低这种信任成本,那么普通大众的交易费用可减少,所得利润就能大幅增加。

2) 信息被篡改和泄露的风险

中心化机构通常具有一定的规模、信誉,或者是由国家背书(比如银行),我们相信他们,从而均经过他们来进行交易。但是,由于每个用户的余额由中央簿记人记录,如果

> 互联网时代,你把商品卖给甚至永远不会见面、千里之外的陌生人,没有信任中介的保证,交易是不可能发生的。因此支付宝承担起信任中介作用,买家先把货款付到支付宝,等到收到货了,确认没问题,支付宝再把货款打给卖家。所以淘宝等电商在短短十几年间快速繁荣起来。

> 每年都会出现某人卡上飞来一笔横财,或者某人卡上忽然少了一大笔钱的新闻。银行系统每年也要花巨大成本来进行交易信息的纠错。这样的中心化运作模式不仅费时费力,而且用户还要承担钱货两空的风险。

中央簿记被第三方恶意篡改或被中央簿记人篡改,那么整个系统就可能会因此陷入危机。

教学互动

问:为什么一张可能只有几厘钱成本的纸币,却能够购买到价值百元的商品呢?

答:我们现在所见到的纸币,制作成本可能只有几厘钱,却能够换取价值 100 元的物品,因为这是国家信用在背后做背书,让人们相信这一文不值的纸币能够换 100 元的物品,能够提供 100 元的购买力。

中心化的模式致使中心化的第三方平台掌握了大量的用户数据以及权利。如果中心化平台作恶,或出一点系统漏洞、宕机、遭受恶意攻击等,都有可能造成难以挽回的巨大影响。

通过去中心化的方式,就可以绕过第三方平台,用户之间自主进行一种更安全可靠的点对点交易,你想买什么,直接与商家进行沟通,然后你交钱他发货。所产生数据的存储、更新、维护、操作等全过程,都将基于去中心化的分布式账本,而不再基于中心化机构总的服务器。这样一来,就可以避免中心化机构因失误造成的种种不良后果。

> 现代社会,个人信息无处可藏,几乎任何有公共属性的服务都需提供个人信息,包括上网、办号、寄快递、住酒店等。其中有任何一个服务组织或环节出现纰漏,个人信息就很容易泄露。
>
> 泄露原因是多种多样的。企业为了"了解"客户和再次推销产品,热衷收集客户信息,数据库安全级别不够,会被黑客攻破获取信息;个人隐私保护意识不够,随意在不知名网站和中介等处填写个人的详细信息也会导致个人信息的泄露。
>
> 例如,黑客侵入某集团旗下酒店,导致约 5 亿条公民个人信息的开房记录被泄露,这些数据一旦流入不法分子手中,后果难以估量。

四、区块链对未来生活的影响

在没有强大中介参与的情况下，依据安全可信的数据管理系统，区块链技术或许可以解决金融、产权、公益、物联网等很多领域的问题，给整个社会带来翻天覆地的变化。

1. 不需要烦琐的个人证明

我们的出生证、房产证、婚姻证等需要一个中心的节点大家才能承认，比如政府背书，但一旦跨国，因为缺少全球的中心节点，证书可能就失效了。区块链技术不可篡改的特性从根本上改变了中心化的信用创建方式，通过数学原理而非中心信用机构来低成本建立信用。

出生证、房产证、婚姻证都可以在区块链上公证，变成了全球都信任的东西。

2. 看病避免反复检查

区块链技术能够提供实时可追踪的临床试验记录、研究报告和结果，这些不可变的数据，为解决交换诊断结果、数据探测和选择性报告等创造了可能。从而减少临床试验记录中的造假和错误。病人换医院无须重复检查。

3. 旅行消费更便捷

利用区块链可以有助于提高旅游性价比，提升旅游体验。

首先，利用区块链去中心化的特性，可以去掉旅游业中过多的中间环节，对消费者而言可以降低成本；其次，在区块链旅游平台上，由于数据公开透明的，消费者得到的信息更加真实可信，大数据杀熟、价格欺诈、产品(服务)注水等行为将无处遁形。我们经常会用某种 App 来寻找酒店和其他服务，各个平台从中获得提成。区块链的应用正是除去中间商，并为服务提供商和客户创建安全、分散的方式，达到直接进行连接和交易的目的。

4. 交易无须第三方

区块链电子发票具备了分布式储存、全流程完整追溯、不可篡改等特性，同时通过"资金流、发票流""二流合一"，实现"交易即开票"，让用户体验智慧便捷、安全省心，让支付和交易变得更高效、更快捷。

📚 视野拓展

解释：智能合约

智能合约是一种旨在以信息化方式传播、验证或执行合同的计算机协议。简单地说，智能合约是一种用计算机语言取代法律语言去记录条款的合约。智能合约允许在没有第三方的情况下进行可信交易，这些交易可追踪且不可逆转。智能合约的目的是提供优于传统合约的安全方法，并减少与合约相关的其他交易成本。

5. 商品来源可追溯

假如你买了一个苹果，在区块链技术下，你可以知道从果农的生产到流通的全过程。其中有政府的监管信息，有专业的检测数据，有企业的质量检验数据等。

6. 保护版权更有效

创作者把作品放在区块链上，一旦有人使用了他的作品，他立刻就能知道。相应的版税也会自动支付给创作者。区块链技术保护了版权，也有助于创作者更好更直接地向消费者售卖作品。区块链的应用场景，如表4.1所示。

表4.1 区块链的应用场景

行业(领域)	应用场景
市场	账单数据监控和传输、供应链网络中的配额管理
政府	跨国个性化治理服务、投票选举、P2P债券、文件与合同的数字化、所有权的转让证明、登记与鉴定、远程律师服务、知识产权登记与汇率、税收收据公证服务和文件登记
物联网	农业与无人机传感网络、智能家居网络、综合型智慧城市、智能家庭传感器、无人驾驶汽车、个性化机器人，机器人部件、个性化无人机、数字助理
健康	健康数据管理、通用EMR健康数据库、量化生活数据共享、健康大数据流分析、健康代币、个人发展合约
科学与艺术	超级计算、人群分析、P2P资源、数字思维健康服务
金融与会计	数字货币支付、付款和汇款、使用区块链网络的去中心化资本市场、部门间会计、清算和交易及衍生品、簿记

第二节 区块链在金融领域的应用

 引导案例

区块链保险

区块链技术有助于保险公司识别出不良行为，实现反欺诈。

例如，能够杜绝重复保险，或利用同一保险事故进行多重索赔的情况；通过数字证书建立了所有权机制，避免了身份伪造；能够减少保险经纪人私售保单收取保费等情况，由此减少保险公司的保费收入损失。更少的保险欺诈能使保险公司实现更高的利润率，由此也能使消费者享受更低的保费。

以Everledger为例，该公司运用区块链技术为买家、卖家和保险公司建立了钻石所有权的分布式账簿。他们将160万颗钻石进行数字化处理，通过激光蚀刻将数字指纹印刻在了钻石上，其中包含了每颗钻石的唯一可识别信息，如序列号、清晰度和切割情况等，而这些数字指纹随后便会被保存在不可更改的分布式账簿中。

假如一位珠宝商谎称钻石被盗，并向保险公司提出了索赔。他为"被盗"钻石伪造了证书，并将其当作新钻石售卖。由于每颗钻石的特征均被Everledger的区块链系统备案，当该钻石被重新包装出售时，保险公司可及时发现并追回它。

区块链技术公开、不可篡改的属性，为去中心化的信任机制提供了可能，具备改变金融基础架构的潜力，各类金融资产，如股权、债券、票据、仓单、基金份额等均可以被整合进区块链账本中，成为链上的数字资产，在区块链上进行存储、转移、交易。区块链在金融领域的应用前景广阔，在数字货币、跨境支付、保险理赔、证券交易、票据等方面有了典型的应用。

一、数字货币

历史上货币形态发展大概如下：

实物货币—商品货币—纸币—电子货币

数字货币是电子货币的一种，如图 4.3 所示。国际清算银行将数字货币定义为以数字形式表示的资产。简单地说，数字货币可以包含以数字方式表示价值的任何东西。数字货币不像钞票或硬币那样具有物理形式，而是以电子方式存在的。人们使用手机、平板、计算机等就可以在用户或实体之间传输数字货币。

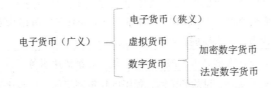

图 4.3　电子货币的范畴

▮▮▮ 视野拓展

解释：狭义的电子货币、广义的电子货币、虚拟货币

狭义的电子货币是指国家银行系统支持的法定货币的电子化形式，与我们所拥有的现钞以及银行存款具有同样法律效力。我们的信用卡、储蓄卡以及第三方支付账户余额上的数据就是我们所拥有的电子货币，我们通过转移一部分自己账户内的电子货币到对方的账户来完成交易。

广义的电子货币是指通过硬件设备或者网络完成支付的储存价值或预先支付机制，也就是依靠电子设备实现储存和支付功能的货币。

虚拟货币也叫新型电子货币，是在虚拟世界中流通的货币，是互联网游戏、互联网社区发展的产物，可以用来购买一些虚拟的物品，比如网络游戏中的衣服、帽子、装备等。

在现实经济生活中，虚拟货币不具备任何价值尺度和流通手段的货币职能。

1. 加密数字货币

加密数字货币是一种使用密码学原理来确保交易安全及控制交易单位创造的交易媒介。

早在 20 世纪 80 年代，已陆续有国外专家开始研究加密货币，称之为电子现金系统。电子现金系统是在互联网的环境下实现现金支付的特点，而密码学以及分布式计算等技术的应用是要实现电子现金支付网络的必要手段。现金体系有三个特点。①匿名性，也就是说我用现金买商品时不需要向商家交代我是谁这个问题。②通过互联网实现了全球范围内点对点支付，不需要通过向第三方发出申请，一手交钱一手交货，极大地提高了货币在全球范围内的流通效率。③它的发行和运行完全依靠计算机程序自动实现，且总量恒定，其信用支撑脱离现有的央行的中心化机制。

2. 基于现有银行货币体系的法定数字货币

法定数字货币是现在法定电子货币的升级，法定数字货币引入计算机代码运行等新技术，又保持对货币运行的适度掌控力。其核心特点在于：①货币发行和运行的可编程性；②能够有效追踪货币在交易过程中的流通轨迹。2019 年年初我国央行推进了数字货币研究所的挂牌进程，法定数字货币的推行有可能带来更高的交易效率和更低的交易成本，监管机构可以通过准确把握货币流向以优化货币政策的制定和执行。

▥ 视野拓展

我国数字货币

我国发行的数字货币(digital currency electronic payment，DCEP)从性质上来说和人民币一样，只是表现形式是数字货币的形式。

(1) DCEP 的价值只与人民币挂钩和 Libra 不同，DCEP 直接与人民币挂钩，不存在一篮子货币的说法。Libra 是一篮子货币的资产储备，一篮子货币的价值很难保证持续稳定。因为 DCEP 只和人民币挂钩，因此它不会受到其他国家货币的影响。

(2) DCEP 具有无限法偿性，这就意味着，DCEP 不会在市场竞争中受到排斥。你到哪里都可以选择用 DCEP 进行支付。

(3) DCEP 不需要账户就能够实现价值转移。只要两个人的手机上都有 DCEP 数字钱包并且保证手机有电，即便手机没有联网，只要两个手机碰一碰，就能把一个人数字钱包里的 DCEP，转给另一个人。

(4) DCEP 的安全性极高。不管是支付宝还是微信，他们的货币都是用商业银行存款货币进行结算的。在这种情况下，如果商业银行倒闭了，而且它又没有购买存款保险的话，那么我们在支付宝或者微信账户中存的钱也就变成空气了。同样地，如果微信或者支付宝破产了，腾讯和阿里也没有购买存款保险，那么用户就只能通过企业的破产清算获得很少的补偿。

但是 DCEP 不一样，因为 DCEP 是由央行直接发行的。所以，它就不会面对商业银行和企业倒闭的问题。DCEP 只有在国家政权出了问题，才会变得一文不值，但这种出现的概率微乎其微。

二、支付清算

由于区块链上的每一笔交易都可追踪，所以，汇款方可以很快知道收款方是否已经收到款，从而了解这笔支付是否出现了延迟，以及协助银行进行历史存款欺诈追查。

1. 传统支付体系弊端

现阶段商业贸易的交易支付、清算都要借助银行体系。这种传统的通过银行方式进行的交易要经过开户行、对手行、清算组织、境外银行(代理行或本行境外分支机构)等多个组织及较为烦冗的处理流程。在此过程中每一个机构都有自己的账务系统，彼此之间需要建立代理关系;每笔交易需要在本银行记录,与交易对手进行清算和对账等。这些导致整个过程花费时间较长、使用成本较高,如图 4.4 所示。

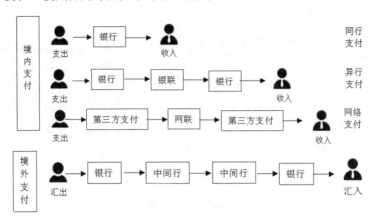

图 4.4 传统的支付

2. 区块链支付的优势

与传统支付体系相比,区块链支付可以为交易双方直接进行端到端支付,交易的执行、清算和结算可以同时进行,节点交易受系统确认后自动写入分布式账本,同时更新其他所有节点对应的分布式账本,不涉及中间机构,在提高速度和降低成本方面能得到大幅的改善。尤其是跨境支付方面,如果基于区块链技术构建一套通用的分布式银行间金融交易系统,可为用户提供全球范围的跨境、任意币种的实时支付清算服务,跨境支付将会变得便捷和低廉,如图 4.5 所示。

2016 年 9 月,以色列一家初创公司与巴克莱银行合作,共同完成了全球首个基于区块链技术的贸易交易。通过区块链技术实现无纸化交易,使其在 4 小时内完成了传统需要耗时 7—10 日的交易处理流程。

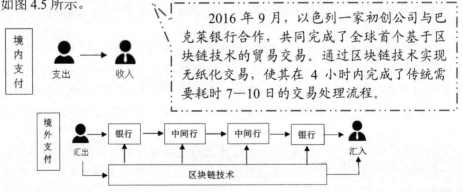

图 4.5 区块链制度下的支付

从图 4.5 可以看出传统进出口贸易需要借助银行信用证结算体系,进出口双方需要将单据在双方的银行和客户间传递,流程烦琐,效率低下,易造假。支付与结算通过区块链将绕过中转银行,既减少中转费用,还能实时到账。通过区块链技术在跨国收付款人之间建立直接交互,简化处理流程,实现实时结算,提高交易效率(系统是完全自动的,全天不间断服务)、支付成本低(实时更新,减少中间环节)、效率高(资本流动快)。如果把传统的跨境支付比作是串联,一个点确认后再传递给下一个点,引入区块链技术后就变成了并联,汇款申请一旦发出,所有参与机构同时收到消息进行确认。这样就在汇款过程中改变了审核模式,各节点同步对交易的合规性等进行审核。

向境外汇款大体需要这样的流程：银行各分行清算→银行总行清算→人民银行清算→国际清算中心→收款国家清算→收款国家收款银行清算。经过这么多的清算之后，才能把钱从国内的账户转到国外账户。因为每次清算的时间都相当耗时，所以导致国际转账到账时间非常漫长。中间每增加一个中转银行，转账时间就会相应地延长。从向境外汇款的流程中应该可以看出来，所有的时间都花费在了清算上面。

一层一层的清算的原因是因为在下一层的清算未完成之前，上一层是没办法知道下一层究竟发生了什么交易。所以，只有一点点汇总起来，最后才能算出每个账户的金额变化情况。

区块链最大的好处就是在系统内，任何一处发生的交易，其他的节点是实时同步交易信息的。

比如比特币每次打包产生的区块，就相当于系统内的一次清算完成。这个区块内包含了最近十分钟全球发生的所有交易数据，而区块每 10 分钟就产生一次。也就是说，在比特币的系统内，无论你在世界哪个地方，两个人相互转账，通常只要 10 分钟左右。

三、数字票据

票据作为支付、结算、融资和货币政策的便捷工具，满足了企业和银行的短期资金需求，因其在利率市场化中的主导作用而受到金融机构和监管机构的高度重视。然而，在票据领域，存在着票据的真实性、假票、票据中介等问题，使得不透明、划款不及时、违规交易等现象层出不穷。

(一)传统票据存在的问题

1. 一票多卖或虚假票据的问题

社会上或银行内部的一些不法人员利用伪造、变造票据、"克隆"票据、票据"调包"或者伪造、虚开增值税发票、伪造贸易合同及虚假的银行查询查复书，有意识地诈骗银行资金而使银行面临资金损失。

▌▌▌ 视野拓展

2017 年北京银监局对中国农业银行开出了一张高达 1950 万元的天价罚单，原因正是该行北京分行的票据买入返售业务发生了重大风险事件，涉及 39.15 亿元人民币。买入返售业务简单地说就是你把手里的一些票据，例如银行承兑汇票等卖给银行，然后约定一个时间，用约定的价格再买回来，可以把它理解为一种质押贷款。

农行北京分行与某银行进行银行承兑汇票转贴现业务，在回购到期前，银票应存放在农行北分的保险柜里，不得转出。

2016 年的某一天，当农业银行北京分行的工作人员打开保险柜，想把 39 亿票据拿出来进行贴现时，打开保险柜的那一刻，发现里面没有票据，只有一堆旧报纸，锁在银行保险柜里的票据不翼而飞。

原来，银票在回购到期前，有人勾结银行内部员工，将银行内已经质押入库的票据拿出来去做买入返售业务，相当于同一张票据质押了两次。二次质押得到的金钱被犯罪嫌疑人用于投资股票市场，结果产生了巨额亏损，票据到期没钱归还，这才导致事件败露。如果犯罪嫌疑人在票据到期前及时还回银行，这次犯罪行为就不易被察觉。

2. 高成本、高费用的问题

(1) 中心化需要收取中介费用。金融行业中存在很多中介机构，在传统票据交易中，往往需要由票据交易中心进行交易信息的转发和管理，这些中介机构必然收取巨额的中介费用。

(2) 银行收取管理费用。银行为了防范金融风险，需要采取多重审计的手段，管理成本高。

3. 运营风险和操作风险的问题

(1) 融资性票据是指票据持有人通过非贸易的方式取得商业汇票，并以该票据向银行申请贴现获取资金，实现融资目的。由于企业不能提供真实的贸易合同和增值税发票，如果银行为此类承兑汇票办理了贴现，贴现行就不能在央行办理再贴现，也不能到其他金融机构办理转贴现，贴现行必然面临着资金周转问题。

(2) 银行承兑汇票到期后因承兑银行资金头寸紧张，而造成银行承兑汇票延迟承兑或不承兑，或承兑行不守信用有意压票不及时划款，是贴现银行面临的风险。

(3) 部分承兑银行放松审查放宽条件，超越自身能力大量签发银行承兑汇票，造成银行信用的极度膨胀致使承兑到期无款垫付形成风险。

(4) 电票系统是中心化运行，一旦中心服务器出现问题，就会对整个市场产生灾难性的后果。企业网银的接入也将把风险更多地转嫁到银行自身的网络安全问题上，整个风险的链条会越拉越长。

(二)数字票据具有安全、智能、便捷的核心优势

区块链技术的去中心化、安全性、不可篡改性和透明性打破了传统票据市场的瓶颈，降低了系统中心化带来的运营风险、操作风险和市场风险，促进了市场交易价格对资金需求反映的真实性。区块链技术与票据业务的融合优势，如表4.2所示。

表 4.2　区块链技术与票据业务的融合

存在问题	区块链特征	目标解决方案
贸易背景造假	分布式共享总账	数据完整信息透明
一票多卖	多中心化共识机制	去中介化真实可靠
背书不连续	智能合约	可视化
审核困难成本高	时间戳和可视化	全流程可审计

1. 数据完整和信息透明可以解决票据真实性的问题

在联盟链中，区块链所有的支付和交易都需要得到各方批准同意，链上信息公开透明，无法改动，无可复制。收付双方均可查看链上交易信息，确保真实透明，这样就可以保障其准确性，消除人们对数据安全的顾虑。同时，还可在区块链上对运货商、银行、货运代理人、贸易商以及贸易供应链和所有的利益相关方进行连接，在链上形成点对点和完全分

布式网络。

视野拓展

美的是一个家电企业，有几万家供应商和经销商等关联企业，这些关联企业之间会有非常多的交易。

于是，美的做了一个区块链平台，把这些企业所有的信息都放在区块链上，比如说企业的合同、仓单、融资的状况都会写在区块链上。

美的做的是票据撮合系统。比如，一个企业供货以后收到商业承兑汇票，承兑汇票可以放在美的做的平台上去卖，现金可以转为区块链上的代币，买卖双方通过私钥签名不可篡改地记录在区块链上，相当于他们交易的合同在区块链上就签了，不需要纸质的。企业在区块链上交易越多，记录就越多。下一次融资的时候，美的金融向这些企业放款的时候就能够分析哪些企业信用好，哪些企业信用不好，进而分出不同的等级。

众所周知，中小企业的融资是非常困难，企业不知道这些中小企业的信用怎么样，销售以后能不能收到货款。如果没有这些信息，票据交易非常困难，而到银行去融资，成本又非常高。这些企业在区块链上分类后，就可以以比较低的成本拿到资金，对整个生态的影响非常大。

2. 区块链技术下数据可以追溯源头

区块链具有不可篡改的时间戳和全网公开的特性，对于所有历史数据可以进行追踪、查询，链上可以清晰展示票据流转过程，这样可以有效控制票据交易中的风险，极大地避免了重复质押或合伙作案，还可在一定程度上保护企业的商业机密，彻底屏蔽"黑客"。

通过生成一定时间段的信息区块以及区块之间首尾相连的数据链，可形成具有追本溯源、逐笔验证的数据，可支持票据承兑、背书转让、贴现、转贴现、兑付等一系列核心业务，无论纸票还是电子票，一旦交易，将不会存在赖账现象，从而避免了纸票"一票多卖"的情况发生。

3. 系统的搭建、维护及数据存储可以大大降低成本

采用区块链技术框架不需要中心服务器，可以节省系统开发、接入及后期维护的成本，并且大大减少了系统中心化带来的运营风险和操作风险。

(1) 提升运作效率。由于区块链不需要中心化的服务器，这对现有的系统开发模式形成极大优化，一旦需要系统优化或者变更，不需要通过需求、代码、测试、投产、验证等多个环节的时间跨度，对于现在依赖系统来办理业务的票据体系来说是重大优势。区块链可以极大程度地改变现行的组织结构、管理体系和行政干预，让经营者的决策更加简单、直接和有效，提高整个票据市场的运作效率。

(2) 有效防范票据市场风险和操作风险。由于电子票据系统是中心化运行，一旦中心服务器出现问题，就对整个市场会产生灾难性的后果。企业网银的接入也将把风险更多地转嫁到银行自身的网络安全问题上，整个风险的链条会越拉越长，借助区块链中的分布式高容错性和非对称加密算法，使得人为操作产生的风险几乎为零。

4. 智能合约保证票据安全减少审核成本

各种业务规则可通过智能合约编程的方式来实现。每张数字票据都是一段包含票据业务逻辑的程序代码及对应的票据数据信息。这些运行在区块链上的数字票据拥有独立的生命周期和自维护的业务处理能力，通过编辑一段程序可以控制价值的限定和流转方向，有助于形成市场统一的规则，建立更好的秩序，进一步发挥票据为实体经济服务的作用。

对于监管规则也可以通过在链条中的编程来建立共用约束代码，实现监管政策全覆盖和硬控制，使得监管的调阅成本大大降低，在这个过程中，直贴行是谁，背书转

> 当票据的代持模式应用开启时，智能合约可以将交易开始日期和约定买回日期通过代码的形式写入智能合约，票据交易在线下合同约束的同时有了更深一层的约束机制，合同到期后票据将自动完成赎回和买断，有效防范传统票据市场存在的信用风险。

贴了多少次，有没有去央行再贴现，最后到期承兑情况怎么样等，所有信息都公开透明。所有市场参与者可以看到资金流向和交易记录，无论是大票还是零散的小票，无论是国股银行票还是中小企业汇票，都减少了审核成本。

四、征信管理和权益证明

1. 区块链技术可以提供相关性极高的数据

由于区块链技术能够保证所有数据的完整性、永久性和不可更改性，因而它可有效解决征信管理在交易取证、追踪、关联、回溯等方面的难点和痛点。这些数据不受时间和空间的限制。此外，由于区块链难以攻击，大量的数据都能长久安好地保存下来，只要一有需要，就可以迅速关联到用户。这在极大程度上提高了信用评估的准确率，同时又能有效降低评估成本。

2. 区块链技术可以减少金融监管的成本

人们在一生中总会接触到保险产品，但保险公司存在着效率低下、欺诈、人为错误、网络攻击等问题。区块链通过使用分类账和网络安全协议等方法，在去信任的生态系统中建立信任，对保险业的未来发展具有积极的作用。

商业银行信贷业务的开展，无论是针对企业还是个人，最基础的考虑因素都是借款主体本身所具备的金融信用。商业银行将每个借款主体的信用信息及还款情况上传至央行的征信中心，需要查询时，在客户授权的前提下，再从央行征信中心下载信息以供参考。其中存在信息不完整、数据更新不及时、效率较低、使用成本高等问题。在征信领域，区块链的优势在于可依靠程序算法自动记录信用相关信息，并将其存储在区块链网络的每台计算机上，信息透明、不可篡改、使用成本低。商业银行可以用加密的形式存储并共享客户在本机构的信用信息，当客户申请贷款时，贷款机构在获得授权后可通过直接调取区块链的相应信息数据直接完成征信，而不必再到央行申请征信信息查询。

传统证券业务需中介机构深度参与才能有效完成股票发行与交易。将股权整合进区块链中，可实时地记录交易者的身份、交易量等关键信息，有利于证券发行者更快速清晰地了解股权结构，减少暗箱操作、内幕交易成为可能，原本高度依赖中介的传统交易模式变为分散、自治、安全、高效的点对点网络交易模式。股票资产交易通过区块链代码表达相

关各方一致达成的合约，实现合约的自动执行，保证相关合约只在交易对手间可见，而对无关第三方保密，使得证券交易日和交割日时间间隔大幅缩短，减少交易风险。

这种革命性的交易模式不仅大幅度减少证券交易成本提高市场运转的效率，而且有利于证券发行者和监管部门维护市场秩序。

第三节　比　特　币

 引导案例

比特币比萨节

在比特币的创始人中本聪发明比特币之后，世界上真正知道和使用比特币的人依然还是寥寥无几，在相当长的一段时间里比特币都是那些密码极客之间互相交流讨论的话题。

刚开始进行挖矿的矿工一天能够挖很多个比特币，虽然他们非常看好比特币，但是不代表身边的人也看好，因为并没有人接受。当时比特币是没法支付的，也就无法起到货币最基本的流通作用。

直到 2010 年 5 月 18 日，一位名叫拉斯洛的程序员在比特币论坛上表示希望用一万枚比特币换取两份大比萨(当时价值 40 美元)，随后逐渐有人注意到了这个帖子。3 天之后，有一位密码学爱好者杰科斯，趁商家优惠，花了 25 美元购买两份比萨(pizza，也称比萨饼)寄给拉斯洛，并按承诺获得了一万枚比特币。

这是比特币第一次在真实世界中表现出支付职能，虽然这次支付对于拉斯洛来讲近乎是一个悲剧——因为这 1 万个比特币按照今天的价格已经超过 4000 万美元，约合人民币 2 亿多。但这次标志性的"支付"，第一次在现实世界里给比特币的价值进行了"锚定"——两个比萨饼的价值是 25 美元，因此一个比特币当时的价格就是 0.25 美分。

当年购买比萨的程序员拉斯洛在 2018 年接受采访的时候这样说："在今天看来，也许人们觉得我很愚蠢，但当时的情况非常好。我认为没有人能够知道它会像这样起飞，所以我并不后悔交换 10000 个比特币来换取比萨。"

而接受这笔交易的杰科斯也并没有把这笔巨款留到现在，他后来将这笔 25 美元的投资换成了一场价值几百美元的旅行。

他们如今都在按照自己的生活方式正常地生活着……

他们都很满足，因为他们得到了当时交易时双方都认可的财富。

正是因为这个典故，5 月 22 日被比特币爱好者定为比特币比萨节。

一、比特币的含义

比特币是一种去中心化，非普遍全球可支付的电子加密货币，即是一种数字货币。其特色是使用密码学来控制货币的制造和管理。

视野拓展

解释：bit

比特(bit)是计算机表示二进制的单位，习惯上人们用比特来形容数字化相关的事物。1bit可以表示 0 或者 1 两种状态(2 的 1 次方)；2bit 可以表示 00/01/10/11 四种状态(2 的 2 次方)，3bit 可以表示 000/111/001/100/010/110/011/101 八种状态(2 的 3 次方)，256bit 就是 256 个 0 或者 1 二进制数字串。

16 等于 2 的 4 次方，所以每一位十六进制数字可以代表 4 位 bit。那么，256 位 bit 用十六进制数字表示等于 64 位(256 除以 4)。

于是你通常看到的哈希值，就是这样的了：

00740f40257a13bf03b40f54a9fe398c79a664bb21cfa2870ab07888b21aaba8=64 位

2008 年 10 月 31 日(纽约时间)下午 2 点 10 分，在一个普通的密码学邮件列表中，几百个成员均收到了自称是中本聪的人的电子邮件，"我一直在研究一个新的电子现金系统，这完全是点对点的，无须任何可信的第三方"，中本聪描述了一个新的货币体系。同年 11 月 16 日，中本聪放出了比特币代码的先行版本。

2009 年 1 月 3 日(纽约时间)，中本聪在位于芬兰赫尔辛基的一个小型服务器上挖出了比特币的第一个区块——创世区块(genesis block)，接收创世区块发出的比特币奖励的地址是：1A1zP1eP5QGefi2DMPTfTL5SLmv7DivfNa。这不仅是世界上第一个比特币地址，也是世界上最早的比特币，金额是 50 比特币。

当时正处于 2008 年金融危机，为了纪念比特币的诞生，中本聪将当天的《泰晤士报》头版标题 The Times 03/Jan/2009，Chancellor onbrink of second bailout for banks(财政大臣站在第二次救助银行的边缘)刻在了第一个区块上。

视野拓展

创世区块

创世区块是链表中第一个区块。新区块的生成才会产生比特币，而每个新区块都要基于前一个区块来生成。第一个区块比较特殊，那就是中本聪定义的创世区块相当于链表的头。2009 年 1 月，比特币网络上线，推出了第一个开源的比特币客户端软件，中本聪使用该软件对第一个比特币"区块"进行"采矿"。

创世区块的哈希值为：

000000000019d6689c085ae165831e934ff763ae46a2a6c172b3f1b60a8ce26f

在区块链浏览器查看创世区块的信息：Bitcoin Block #0，可以看出该区块的 Previous Block hash(创世区块)是：

0000000000000000000000000000000000000000000000000000000000000000，这就是中本聪定义的，同时也定义了该区块的奖励是 50BTC，类似于初始化的一个值，准确地说应该是前 50 枚比特币是同时产生的。

1. 比特币是一串数字签名链条

现实生活中两个从未相识的人做交易没有银行做保证中介，会极为不靠谱。假设有一笔交易，小王要付款给小李，小王担心小李不认账，所以要小李写下收据，小李又怕小王用假币付款，所以要掌握鉴别技术，这样在交易中极为不便。

比特币的数字签名是由比特币转账的转出方生成的一段防伪造的字符串。通过验证该数字串，一方面证明该交易是转出方发起的，另一方面证明交易信息在传输中没有被更改。

数字签名通过数字摘要技术把交易信息缩短成固定长度的字符串，即付款方在交易单上根据交易单内容来签字，收款方有办法验证这个签字的真实性(不用法院和笔迹对比专家)。

小李用支付宝付款给小王 100 元，支付宝在小李账户里记账"减去 100 元"，而在小王那里记账"加上 100 元"。这是站在支付宝的角度思考以人类为中心来记账。如果我们站在这 100 元的角度以它为主角记账，则应该第一天记录为"我出生啦，在中国人民银行"，然后记录它一系列的遭遇(流转)："我从人民银行来到招商银行账户啦"、"我从招商银行账户来到今夜酒店特价的公司财务账上啦"，"我从财务账户来到了一个叫Hao 的人手上啦"……"我从某某手上来到了一个叫作小孙的人手上啦"、"我从小孙手上到了小周手上啦"……

在数字世界里，我们让每个人在转钱给别人时签个名(技术上)才能转成，那么这一系列的签名：人民银行、招商银行、今夜酒店特价、Hao……小孙、小周……其实就代表着这张钞票的前世今生，也就是这张钞票本身。即最后一个所有者要把它给谁的话，签个名转给对方，把对方的签名也加到这一串名字里就好。这也就是我们把一串数字签名链条叫作一个数字币的意思。

---

2. 比特币的账户是地址

和在银行开立账户一样，每个人都可以有 1 个或若干个比特币地址，该地址用来付账和收钱。每个地址都是一串以 1 开头的字符串，比如你有两个比特币账户，1911HhKdLbnsffT5cRSiHgK3mdzMiyspXf 和 1JSUzrzMk7f6iymfVkvqLBJDBZXBopyfZK。

> 各国都认为比特币属于虚拟商品，并非货币。

二、比特币系统的核心规则

比特币创建的理念是去中心化。银行账户就像是一本账本，而且这本账本只有一本。如果有两本账本，就无法保证两本账本同时更新。如果两本账本不一样，就要判断哪本是正确的。由此出现了一个问题，如果只有一个账本，那么这个账本丢了怎么办？又假如只有一个账本，有一个人随便在账本上改了几笔，谁会发现？所以这种记账方式存在很大的漏洞。

比特币采用的是去中心化记账的方式，也就是说这个加密货币和网络上的支付宝、微信支付(财付通)不一样，它不受政府和任何金融机构监管(不存在资金被银行冻结的情况)，每一笔交易都是由使用的人自行完成，从而避免了高手续费、烦琐流程以及受监管的问题，任何用户只要拥有可连接互联网的数字设备皆可使用。

简单地说，去中心化记账就是大家都去记账，任何一个人都可以拿到一模一样的账本。所以也就避免了只有一本账本的弊病。

比特币之所以能够把一本账本变成许多本账本，有它独特的做法。其中，为了保证这些账本保持一致，比特币的机制里邀请了很多人一起抄账本和查账。

三、比特币的组成

比特币由三部分组成一个数据块：区块头、区块体、梅克尔根(简单理解为身份)。每个区块头中通过梅克尔根关联了区块中众多的交易事务，区块中主要包含了交易事务数据以及区块的摘要信息，每个区块之间通过区块头哈希值串联起来，如图 4.6 所示。

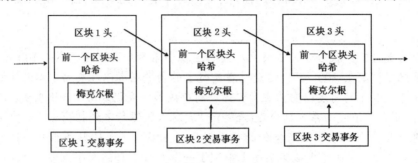

图 4.6　比特币中区块链数据的组成以及关系

(一)哈希函数和哈希值

哈希函数可以把给定的数据转换成固定长度的无规律数值，而这个无规律数值就是"哈希值"。转换后的无规律数值可以作为数据摘要应用于各种各样的场景。我们可以把哈希函数想象成搅拌机，将数据 ABC 放进搅拌机里。经过搅拌(哈希函数计算)后，搅拌机会输出固定长度的无规律数值。哈希值虽然是数字，但多用十六进制来表示。如图 4.7 所示。

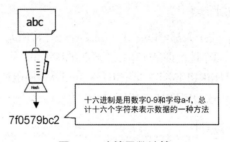

图 4.7　哈希函数计算

1. 哈希函数的特征

哈希函数具有如下特征：①哈希值的长度与输入数据的大小、长度等无关；②输入相同数据，输出的哈希值也必定相同；③如输入不同，输出的哈希值也必然不同，哪怕是只有细微区别；④输入的数据完全不同，但输出的哈希值有可能是相同的，这种少数特殊情况称为"哈希冲突"；⑤哈希值是不可逆的，通过哈希值不可能反向推算出原本的数据。

视野拓展

解释：哈希函数
哈希(hash)本来意思是切碎并搅拌(有一种食物就叫 hash，就是把食材切碎并搅拌一下做成的)。

哈希函数有时候也被译作散列函数，也就是把数据拆散然后重新排列。最简单的算法就是加减乘除。比如，设计这样数字算法：输入+7=输出。当我输入 1 时，输出为 8；输入 2 时，输出为 9。

哈希也可以进行复杂的运算，它的输入可以是字符串，可以是数据，可以是任何文件。一个可靠的哈希算法要满足三点：①安全，给定数据 M 容易算出哈希值 X，而给定 X 不能算出 M，或者说哈希算法应该是一个单向算法；②独一无二，两个不同的数据，要拥有不相同的哈希；③长度固定，给定一种哈希算法，不管输入是多大的数据，输出长度都是固定的。

当然，哈希函数的安全性是个相对概念，如果出现了两个不同输入有相同输出的情况，就叫碰撞。哈希位数越多，也就基本意味着安全级别越高，或者说它的"抗碰撞性"就越好。

2. 哈希值

哈希值也叫数字签名、数字指纹。

在网络上记账与线下记账不同，网络上是靠消息传递，彼此不见面。如果你收到一条信息，上面写着 A 支付 5 元钱给 B，这时你不禁要问：

第一，如何确保这条信息内容的完整性？

第二，如何确保信息的真实性？

这两个问题不解决，去中心化账本的理想就无法实现。要想解决第一个问题要先引入数字指纹概念。电脑上的任何信息，按照国际统一的编码标准，最终都被编码成 0101 来存储，这就是大名鼎鼎的二进制。例如"钱"字用二进制表示就是 1001010010110001。

二进制和原始信息只是一一对应的编码关系，一个英文字母或者数字对应 8 个字节，一个中文字符对应 16 个字节，原始信息越长，二进制编码也越长。任何原始信息都可以转换成一串数字，有了数字就可以做数学运算，玩出各种花样了。

现在，我们给数学家提出一个要求：请设计一个算法，将任何一条信息，不论长短，都计算出一个唯一的数字指纹与它对应。但有两个附加条件：

第一，指纹的长度必须固定；

第二，只能从原始信息计算出指纹，谁也无法从指纹此反向计算出原始信息。

这个要求看似过分，但是难不倒数学家，1993 年，美国国家安全局发布了 SHA 算法，中文译为"安全散列算法""数字摘要法"。SHA 算法是 Hash 算法的一种，自 1993 年发布第零代，目前已经升级了四次。比特币用到的是第二代算法，简称为 SHA-256 算法。256 表示由这个算法生成的指纹长度固定为 256 字节。

哈希函数(sescure hash algorithm, Hash)就是从目标对象中提取出一个特征摘要，就好像人的指纹一样。哈希函数的运算结果就是哈希值，通常简称为哈希。

发送者将信息进行加密得到哈希值，然后用自己的私钥对哈希值进行加密得到一个签名，接受者用公钥进行解密就可以还原出哈希值，如图 4.8 所示。

图 4.8 哈希函数运算示意图

① SHA-256 算法无论输入是什么数据文件、数字格式、文件有多大，输出都是固定长度 256bit 的比特串。

② 输出只包含数字 0~9 和字母 A~F，对大小写不敏感。

3. 哈希计算可以转化为二进制

计算机使用二进制管理所有数据，虽然哈希值是用十六进制表示的，但它也是数据，计算机在存储哈希值时，会通过计算将其转换为二进制进行管理，如图 4.9 所示。

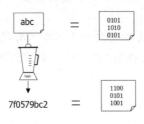

图 4.9　哈希计算的转化

在生活工作中人们会使用一些软件给别人传送文件数据，如果有人传送了一份文件给一个人，然后又有一个人传送了相同的文件给了另外一个人，那么这个社交软件在第二次传送文件的时候会对两次传送的哈希值进行比较，如果哈希值相同，该软件就不会被再次上传文件给服务器了。

4. 哈希函数在区块中的作用

(1) 快速验证。哈希函数在区块链中，生成各种数据的摘要，当比较两个数据是否相等时，只需要比较他们的摘要就可以了。例如，比较两个交易是否相等，只需要比较两者的 hash 值，快捷又方便。

(2) 防止篡改。传递一个数据，要保证它在传递过程中不被篡改，只需要同时传递它的摘要即可。收到数据的人将这个数据重新生成摘要，然后比较传递的摘要和生成的摘要是否相等，如果相等，就说明数据在传递过程中没有被篡改。

我们在一个网站注册一个账号，这个网站不论有多安全，密码也会有被盗取的风险。但是如果用保存密码的哈希值代替保存密码，就没有这个风险了，因为哈希值的加密过程是不可逆的。

假设一个网站被攻破，黑客获得了哈希值，但仅仅只有哈希值还不能登录网站，他还必须算出相应的账号密码。计算密码的工作量是非常庞大且烦琐的(严格来讲，密码是有可能被破译的，但破译成本太大，被成功破译的概率很小)。当然黑客们还可以采用一种物理方法，那就是猜密码。他可以随机一个一个地试密码。但是，密码的长度越长，密码就越复杂，就越难以猜出来。

(二)梅克尔树和梅克尔根

1. 梅克尔树的结构

梅克尔树(Merkle tree)又叫哈希树(或默克尔树)。是一种二叉树，由一个根节点、一组中间节点和一组叶节点组成。

梅克尔树结构以及把梅克尔树根放在区块头的设计，对维持比特币系统以分布式网络存在有着十分重要的作用。每个区块都有一个梅克尔树，区块头中的梅克尔树的根(Merkle Root)由区块体中所有交易的哈希值生成。

最下面的叶节点包含存储数据或其哈希值，每个中间节点是它的两个子节点内容的哈希值，根节点也是由它的两个子节点内容的哈希值组成。梅克尔树可以推广到多叉树的情形。

2. 梅克尔树的应用场景

梅克尔树的特点是，底层数据的任何变动，都会传递到其父亲节点，一直到树根。

梅克尔树可以应用在：快速比较大量数据、快速定位修改、零知识证明场景中。如图4.9 所示，当两个梅克尔树根相同时，则意味着所代表的数据必然相同；如果 D1 中数据被修改，会影响到 N1，N4 和 Root。因此，沿着 Root→N4→N1，可以快速定位到发生改变的 D1；如果想证明某个数据(D0……D3)中包括给定内容 D0，就可以构造一个梅克尔树，公布 N0，N1，N4，Root，D0 拥有者可以很容易检测 D0 存在，但不知道其他内容，如图 4.10 所示。

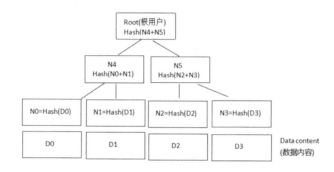

图 4.10　梅克尔树的应用

📚 视野拓展

零知识证明

零知识证明可以让一方(证明方)在不透露任何实际信息的情况下向另一方(验证方)证明某保密信息或声明是真的。

零知识证明可用于保护不同领域中的数据隐私权：如抵押贷款申请人可以证明他们的收入在可接受的范围内，而不透露他们的确切工资；零知识证明允许选民匿名投票，并验证他们的投票是否包含在最终计票中；零知识证明可用于对用户进行身份验证，而无须交换密码等机密信息；零知识证明可以让机器学习算法的所有者说服其他人了解模型的结果，而无须透露关于模型本身的任何信息；比特币能保证链上数据的透明性使人人都可以验证链上交易。这意味着参与者几乎没有了隐私，可能导致数据的非对称性，而零知识证明可以帮助保护区块链参与者的隐私权。

👥 教学互动

问：举例说明为什么比特币的交易信息无法篡改？

答：假如账本现在有 1000 页了，一个矿工想在第 900 页加上一笔本来没有的交易，因为每一页都是环环相扣，他需要重新计算第 900 页到 1000 页。假如他的算力跟全网其他所有的矿工的总和一样，那在他算出这 100 页的时候，全网的其他矿工也算出了 100 页。这时候，这个矿工的链长为 1000 个区块，其他矿工的链长则为 1100。所有的矿工都会默认最长的链为真正的链，所以这个篡改账本的矿工的链不会被认可。

四、获得比特币的方法

获得比特币主要通过比特币矿工挖矿奖励和大规模交易让矿工获得足够多的交易费。

(一)矿工挖矿奖励

挖矿只是一个形象的比喻，比特币作为一种数字货币，并不像黄金一样要开着挖掘机一斗一斗地挖，而是记账。

> 比特币挖矿其实就是村民记账。在一个村里，村民之间经常会发生借款行为，哪怕写了字据也有违约的风险。那么，在每次村里有借款行为发生的时候，就用村里的大喇叭告知大家，所有的村民(矿工)就在自己的账簿里记下所有交易记录。

1. 矿工做的是会计的工作

比特币是一本大账簿，它需要有人来记账，比特币网络中的所有电脑都只认可唯一的一个账本，任何一台电脑在接入比特币网络时，首先要同步更新这个唯一的账本。

每个记账的人(矿工)都保存了这么一份账本，即所谓分布式账本，即使有部分矿工的账本丢失了(主动或被动地)，也能保证整个系统的账本依然是安全的。

2. 制造比特币的过程叫作挖矿

比特币的发行不是由某个机构说了算的，而是公开一套算法。即把交易打包、提交、确认在区块链当中。

如果交易没有经过矿工确认，交易就算没有完成，如果矿工永远不确认，转出去的比特币就会凭空蒸发。所以记账(即挖矿)是一个很重要的过程。

> 比特币系统中的任何一台矿机，每收到一条交易信息，就记在自己的块里，如果你算出来了满足要求的哈希值，你就把这个哈希值和块一起广播出去："我挖到了"，大家会帮你验证。矿工验证确认后，就默默地把你的块放到系统里。

1) 比特币是一组方程式的特解

挖矿是完成算法的过程，也是生产比特币的唯一方式，而且算法规定，比特币目前只有 2100 万个。类似于一个数学系统包含 2100 万个数学题，需要通过庞大的计算量不断地去寻求每个数学题的特解。

2) 矿工记录交易信息

交易信息由矿工记录制作成区块，再通过算法把区块添加到区块链上，每个区块包含了许多交易及记录。从创世区块开始，每 10 分钟左右全网发生的交易被打包进一个区块，每个区块都包含上一个区块头的哈希值，从而在块与块之间形成"链条"，这就是所谓的区块链，如图 4.11 所示。

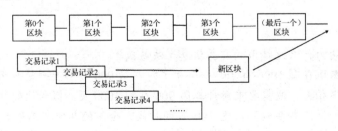

图 4.11 比特币区块链

链条最大的特点就是一环扣一环，很难从之间去破坏。比如有人篡改了中间的 2 号区块，那么就需要同时把 2 号区块后序的所有区块都要更改掉，这个难度很大；在区块链系统中，一个节点产生的数据或者更改的数据要发送到网络中的其他节点接受验证，而其他节点是不会通过验证一个被篡改的数据的，因为修改后会跟自己的本地区块链账本数据匹配不起来，这也是区块链数据不可篡改的一个很重要的技术设计。

3. 矿工争夺记账权

比特币网络上有许许多多来自世界各地的矿工，每个矿工同时生成许许多多的新区块，那么如何确定下一个新区块由哪个矿工生成呢？

比特币网络的解决方案是：记账的权利需要矿工们争取，比特币系统给每个"矿工"布置一道作业题，谁先解答出来，就算谁"挖矿"成功，谁就更有可能抢到这个记账权，就可以在账本上新增加一个区块。假如我想转给你 1 个比特币，我发起这个转账之后，这个交易就进了一个大池子，等待被记进账本。这时候世界各地所有的比特币矿工就会都抢着把等待记账(确认)的交易写到新的一页账本上，也就是一个新的区块。

1) 矿工要做额外工作

当矿工把检查好的交易记录添加成新区块后，还要再额外做一个工作，矿工只有成功完成这个额外的工作后才能把生成的新区块发布到网络上。这个额外的工作在整个比特币网络一般只有一个矿工能在 10 分钟左右时间成功完成一次，这样，每个 10 分钟的时间只有一个矿工能将做好的新区块发布到网络上。

这个额外的工作分两步：

(1) 将新制作的区块所包含的内容(前一个区块的 SHA-256 函数值+这个新区块的基本信息+这个新区块所包含的所有交易记录)组合成一个字符串；

(2) 找一个随机数，在这个字符串的末尾添加上这个随机数，组成新字符串。SHA-256(新字符串)=一个 256 位的二进制数，如果这个 256 位的二进制数的前 72 位全是 0，才算成功完成了这个额外的工作。

比特币系统中给出 1~10 个号码，随机从中抽一个，放回后可以重复任意抽，谁先抽到"小于等于 N"的号码，就算解答成功。

那么：

对于题目"抽到号码小于等于 10"，那么平均抽 10/10=1 次，就能出现；

对于题目"抽到号码小于等于 5"，那么平均抽 10/5=2 次，就能出现；

对于题目"抽到号码小于等于 2"，那么平均抽 10/2=5 次，就能出现；

......

可见 N 的值越小，需要抽的次数就越多。

中本聪规定这个区块链的数字指纹(一个 256 位的二进制数)的前 72 位必须全部为零。因为 SHA 算出来的指纹是毫无规律可循的一个数字，所以，想要满足中本聪的这个规定，唯一的办法就是只能凭运气，凑奥数(注：这里的奥数是指要寻找的满足特定要求的数)，从 0 开始不断地去尝试，直到满足要求为止。这就是一个纯粹的概率问题。因为二进制数，每一位只有两种可能，0 或者 1，所以，凑出一个奥数的可能性是 2 的 72 次方分之一，大约就是 4.7 万亿亿分之一。换句话说，这个要求的概率就是平均要进行 4.7 万亿亿次 SHA 计算，才能得到一个奥数，可见每一个奥数的金贵。

最巧妙的是，奥数并不是某一个方程的解，解出一个少一个；因为每一个区块的字符串都不同，所以，每一次寻找奥数都需要从 0 开始，任何一个数字都有可能成为新的奥数，完全没有规律可循。

一旦成功找到了一个奥数，就获得了一次记账权力，可以给账本上新增加一个区块。

2）矿工的奖励机制

比特币系统规定，每成功增加一个区块，这台记账的电脑(实际上是某个账号)就能获得 12.5 个比特币的奖励(目前的奖金额)，以及这个区块中所有交易的手续费，总额取决于交易频繁程度(平均约 2 比特币)。这也是比特币的发行方式。这样一来，相当于每找到一个奥数，可以获得 14.5 比特币奖励，相当于 12 万美元，这么丰厚的奖励，自然就会吸引大量的电脑愿意去抢夺记账权。每经过 2016 个区块，难度就会调整一次。如果平均时间大于 10 分钟，那么降低难度；如果平均时间小于 10 分钟，那么增大难度。这个挖矿的过程实际上就是维护区块链的过程，矿工在这里扮演着传统交易中第三方机构维护系统的角色。

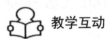 教学互动

问：为什么是经过 2016 个区块调整一次？

答：如果 10 分钟可以挖一次，那么每小时 6 次×一天 24 小时×14 天(2 周)= 2016 次。事实上，比特币"挖矿"难度完全可以改为 5 分钟、20 分钟或任意分钟，但是综合考虑到：既不能让人等太久才可以确认交易，又不能让攻击者有机可乘，便折中确定为 10 分钟。

(二)通过交易获得比特币

所有的比特币都是每页的第一笔转账记录产生出来的。比特币是一个大账本，上面记录了我有一个币，你有 0 个币。我转给你的地址一个币之后(和银行账户一样，需要先申请一个比特币地址)，账本就对应地去更新，用区块链去记录，保证账本不被篡改。

比特币的交易其实是一种地址的交易，意思就是它是一种相对应的地址。人民币、美元它的实体就是你手中的那张纸，比特币是虚拟币没有实体，它是由二进制数组成的一系列数字，当然转化为人看的时候，就会变现为英文字母数字等。

这套系统是一个公共的记账系统，每个人都有一个钱包，每个钱包都有一个唯一性的编码，和银行卡都有一个银行卡号码一样，这个钱包的号码比较长，如，1FA97cbd8EbFFRKnvkFfPQ4Z5C8V。通过这个账户大家相互之间就可以转账了，并且大家手里每人还都有一个账本，账本上记录了所有参与此记账系统的用户的交易记录。比如张三给李四转了 0.1 比特币，那么系统就会记录下来这么一笔交易记录：某年某月某日某时某分某秒张三给李四转了 0.1 比特币，当然系统内部不会直接使用汉语，会转换成 0 和 1 组成的字符串。

这笔交易记录需要有人出面确认说这笔交易是存在的，而且是合法的，然后再广播给所有人，让所有人把这笔记录都记在个人的账本上。①在原有的交易记录的基础上，记上这笔交易，然后再生成一个随机数，然后再通过哈希算法生成一串新的字符串，这个过程是不可逆的；②所有的用户都有机会拿到这个字符串，然后不断地去生成新的随机数，用特定的算法去计算一串新的字符串，直到这串字符串前面连续出现规定个数的"0"，就证明验证成功了。

教学互动

问：小红发起一笔比特币转账，如何操作：

答：

(1) 需要将该交易进行数字摘要(哈希)，缩短成一段字符串。

(2) 用自己的私钥对摘要进行加密，形成数字签名。

(3) 完成后，小红需要将原文(交易信息)和数字签名一起广播给矿工，矿工用小红的公钥进行验证。如果验证成功，说明该笔交易确实是小红发出的，且信息未被更改。同时，数字签名加密的私钥和解密的公钥不一致，采用非对称加密技术。转账只需要输入私钥(验证)就瞬间完成。

课 程 思 政

人类近代生活方式的改变与进步，无不与科学技术的发展有着直接的关系。科技革命总是辩证地在扩展人类活动疆域的同时缩短彼此的距离。每一次重大的科技变革总是伴随着某种意义上的"距离"坍塌，从而为人们带来便利。

区块链技术是一种具有革命性的创新，区块链以其精巧的设计理念和运作思维，能够推进经济社会相关领域规则体系重构，改变人与人、人与组织、组织与组织之间的协作关系和利益分配机制；同时还能够避免同一笔数字资产因不当操作被重复使用的情况发生。

因此，积极探索和利用区块链技术的潜力和优势，注意防范和解决区块链技术可能带来的风险和挑战，对今后社会发展有着深远的影响和意义。也只有这样，我们才能实现区块链技术的可持续发展，为构建人类命运共同体做出贡献。

综合练习题

一、概念识记

哈希　区块链　哈希值　梅克尔根　比特币钱包　公钥　数字签名

二、单选题

1. 比特币的创始人是(　　)。

　　A. 中本聪　　　　B. 马云　　　　　C. 无名氏　　　　D. 马斯克

2. 下列哪个加密算法对比特币区块链的钱包文件进行加密。(　　)

　　A. SHA-256　　　B. AES　　　　　C. Base58　　　　D. 椭圆曲线

3. 比特币披萨日是(　　)。

　　A. 2010 年 5 月 22 日　　　　　　B. 2011 年 5 月 23 日

　　C. 2012 年 5 月 24 日　　　　　　D. 2013 年 5 月 25 日

4. (　　)是区块链最早的一个应用，也是最成功的一个大规模应用。

    A. 以太坊　　　　　B. 联盟链　　　　　C. 比特币　　　　　D. Rscoin

5. (　　)是区块链最核心的内容。

    A. 合约层　　　　　B. 应用层　　　　　C. 共识层　　　　　D. 网络层

6. (　　)一种表示现金的加密序列数，可以用来表示现实中各种金额的币值。

    A. 电子支票　　　　B. 现金　　　　　　C. 电子现金　　　　D. 电子货币

7. 下列各项中，不属于数字认证技术的是(　　)。

    A. 数字签名　　　　　　　　　　　B. SET 协议

    C. 数字信封　　　　　　　　　　　D. 数字时间邮戳

8. 下列表述不正确的一项是(　　)。

    A. 比特币的底层技术是区块链

    B. 区块链技术是指一种全民参与记账的方式

    C. 区块链就是把加密数据按照时间顺序进行叠加生成的临时、不可逆向修改的记录

    D. 没有币就不会有链，没有链就不会有更多的币

9. 以下(　　)不属于区块链特性。

    A. 不可篡改　　　B. 去中心化　　　C. 升值快　　　　D. 可追溯

10. 区块链运用的技术不包含(　　)。

    A. P2P 网络　　　B. 密码学　　　　C. 共识算法　　　D. 大数据

11. 区块链中的区块通过(　　)来按顺序链接。

    A. 时间戳　　　　B. 哈希指针　　　C. 随机数　　　　D. 难度值

12. 下面(　　)不是比特币和 Q 币的相同点。

    A. 交换现实货币　　　　　　　　　B. 支付手段没有烦琐的额度与手续限制

    C. 不用纳税　　　　　　　　　　　D. 没有数量限制

13. 比特币总发行量有(　　)个。

    A. 2100 万个　　　B. 1100 万个　　　C. 4200 万个　　　D. 1050 万个

14. 比特币挖矿的核心是(　　)。

    A. 矿山　　　　　B. 算率　　　　　C. 电脑　　　　　D. 挖掘机

15. 比特币到了 2140 年会发生(　　)。

    A. 比特币将停止运作　　　　　　　B. BTC 完成使命

    C. 矿工挖出最后一枚比特币　　　　D. 比特币代替互联网

16. 在比特币中，区块链是指(　　)。

    A. 拥有比特币的公司的合称　　　　B. 承载比特币的软件

    C. 用比特币打造的金项链　　　　　D. 记录所有比特币交易的时间戳账簿

17. 关于区块链在数据共享方面的优势，下列表述不正确的是(　　)。

    A. 去中心化　　　B. 可自由篡改　　C. 访问控制权　　D. 不可篡改性

18. 下列各项中，不能算作电子货币的特征的是(　　)。

    A. 形式多样　　　　　　　　　　　B. 技术精密，防伪性能好

C. 自动化处理　　　　　　　　　　D. 重要的保值工具

19. 下列不能说明比特币比较安全的原因的一项是(　　)。

　　A. 整个网络是比特币的支付系统，它无须像其他虚拟货币一样有一个支付中心

　　B. 比特币是有限的，具有极强的稀缺性

　　C. 比特币是一种 P2P 形式的数字货币，它无法追踪、不用纳税、交易成本极低

　　D. 比特币货币系统的发行速度会越来越慢，之后，比特币的总数量为 2100 万个

20. 下列表述正确的一项是(　　)。

　　A. 哈希是一种函数

　　B. 哈希把任何数字或者字符串输入转化成一个固定长度的输出

　　C. 哈希通过输出不可能反向推得输入

　　D. 哈希只能把数字输入转化成一个固定长度的输出

三、多选题

1. 比特币具有以下(　　)特征。

　　A. 依靠算法产生，完全脱离政府和银行掌控

　　B. 不可复制

　　C. 总量"封顶"，总量上限是 2100 万枚

　　D. 交易成本低廉、易于储藏、价格由供求决定

2. 货币的形态包括(　　)。

　　A. 实物货币　　　B. 金属货币　　　　　C. 纸币　　　　　　D. 电子货币

3. 发行法定数字货币带来的影响包括(　　)。

　　A. 降低纸币的需求量　　　　　　　　B. 提高货币相关数据的可追溯性

　　C. 提高监管的效率　　　　　　　　　D. 减少纸币的发行和清算成本

4. 区块链构成的三要素是(　　)。

　　A. 对等网络　　　B. 共识机制　　　　　C. 密码学　　　　　D. 统一记账机构

5. 区块链技术上要有三个关键点(　　)。

　　A. 采用非对称加密来做数据签名　　　B. 任何人都可以参与

　　C. 共识算法　　　　　　　　　　　　D. 以链式区块的方式来存储

6. 一项新技术从诞生到成熟，要经历(　　)。

　　A. 过热期　　　　B. 低谷期　　　　　　C. 复苏期　　　　　D. 成熟期

7. 数字资产类应用案例包括(　　)。

　　A. 数字票据　　　B. 第三方存证　　　　C. 应收款　　　　　D. 产品溯源

8. 区块链技术带来的价值包括(　　)。

　　A. 提高业务效率　　　　　　　　　　B. 降低拓展成本

　　C. 增强监管能力　　　　　　　　　　D. 创造合作机制

9. 数字货币是一种价值的数据表现形式，通过数据交易并发挥交易媒介、记账单位及价值存储的功能。2019 年 8 月 10 日第三届中国金融四十人伊春论坛上，中国人民银行(以下简称央行)有关负责人表示正在进行数字货币系统开发，数字人民币时代即将到来，推出数字货币将会(　　)。

A. 有效降低传统纸币发行、流通的高昂成本

B. 降低商业银行对货币供给和货币流通的控制力

C. 提升经济交易活动的便利性和透明度

D. 会改变货币流通量，加快货币的流通速度

10. 大学生小王利用课余时间在学校附近的小餐馆做兼职，月底时老板付小王1500元工资，为庆祝自己人生的第一份工资，小王拿出200元请同寝室的同学去看电影。对此，下列理解正确的是(   )。

A. 1500元代替货币执行的是支付手段职能

B. 1500元执行的是货币的基本职能

C. 200元执行的是价值尺度职能

D. 从小王兼职到看电影消费体现了一种劳动交换

11. 以下正确的选项有(   )。

A. 区块链是分布式数据存储

B. 区块链是点对点传输

C. 区块链是共识机制

D. 区块链是加密算法等计算机技术的新型应用模式

12. 2020年春节期间，沈阳的小明在父母支持下决定去北京旅游，他通过微信钱包在网上成功订购了沈阳——北京的往返机票，并预订了酒店，费用从他的银行储蓄卡中扣除。这一支付过程包含了货币知识有(   )。

A. 借贷消费　　　B. 电子货币　　　　　C. 转账结算　　　D. 转移支付

13. 中国人民银行2016年11月18日发出重磅消息：十年后我国纸币将消失，取而代之的是数字货币。关于数字货币，下列说法正确的是(   )。

A. 支付宝、微信支付就是数字货币

B. 数字货币是央行发行的、加密的、由国家信用支撑的法定货币

C. 数字货币既节省发行、流通成本，又能提高交易与投资效益

D. 央行数字货币等同于"比特币""莱特币""狗狗币"

14. 以下关于比特币的说法正确的有(   )。

A. 体积小便于携带　　　　　　　　B. 质地均匀便于分割

C. 性质稳定便于保存　　　　　　　D. 比特币被称为数字黄金

15. DCEP的优势有(   )。

A. 无限法偿性　　B. 信用安全性　　　　C. 便捷性　　　　D. 匿名性

16. 发行央行数字货币的必要性有(   )。

A. 保护自己的货币主权和法币地位　　B. 便于储存、回笼

C. 便于防伪、使用　　　　　　　　　D. 满足公众的匿名支付需要

17. 以下(   )属于区块链的特点。

A. 去中心化　　　　　　　　　　　B. 开放性

C. 不可伪造与篡改　　　　　　　　D. 自治性

18. 哈希算法特点是(   )。

A. 将任意长度的数据映射为固定长度的大整数

B. 数据有任意变化后，计算出来的结果完全不同

C. 无法通过哈希结果逆推出原始数据内容

D. 通过哈希结果可逆推出原始数据内容

19. 比特币钱包都有(   )功能。

A. 管理比特币账户(密钥)　　　　B. 发送交易信息

C. 查询交易额　　　　　　　　　D. 查询余额

20. 下列正确的表述是(   )。

A. 区块链以分布式的方式存储于整个网络上

B. 现有交易方式中存在的"第三方机构"可能由于记录不详和信息丢失而产生不公正的现象，区块链让人类首次建立起了信任关系

C. 密码学原理保证了信息不会被篡改和伪造

D. 区块链交易记录公开透明

四、判断题

1. 区块链不可篡改，安全性高。　　　　　　　　　　　　　　　　　(   )

2. 非对称加密解决了基于不安全网络的信息加密问题。　　　　　　　(   )

3. 比特币是有准入门槛的，互相知道对方身份。　　　　　　　　　　(   )

4. 区块链技术的应用不利于监管机构开展监督。　　　　　　　　　　(   )

5. 知道对方比特币地址就可以进行支付。　　　　　　　　　　　　　(   )

6. 比特币是一种全球通用的加密电子货币且完全交由用户们自治的交易工具，被我国政府所认可流通。　　　　　　　　　　　　　　　　　　　　　　　(   )

7. 区块链技术有助于降低交易和信任风险，降低金融机构的运作成本。(   )

8. 从货币属性看，比特币等虚拟货币本质上并非货币。　　　　　　　(   )

9. 区块链是一种去中心化的分布式数据库，并以密码学方式保证其不可篡改和不可伪造。　　　　　　　　　　　　　　　　　　　　　　　　　　　　　(   )

10. 我们现在基本上的交易模式，都是中心化的账本模式，基本上由银行掌握着。

(   )

11. 区块链的交易信息数据库任何人都可以共享。　　　　　　　　　　(   )

12. 中心化机构通常具有一定的规模、信誉，或是由国家背书(比如银行)，所以不会出错。　　　　　　　　　　　　　　　　　　　　　　　　　　　　　(   )

13. 中心式记账是将所有的数据存放在一个中心数据库中，并且为了防止数据的丢失，进行了备份。　　　　　　　　　　　　　　　　　　　　　　　　　　(   )

14. 区块链主要采用密码学原理来实现匿名性，保证个人隐私安全。　　(   )

15. 区块链实现了数据库历史记录的不可篡改，降低了信息不对称。　　(   )

16. 现在，区块链的匿名性已经能够在互联网个人隐私保护方面发挥很大的作用。

(   )

17. 虽然区块链本身是一个平台，区块链的去中心化可以帮助点对点交易。但是无论是交易还是交换资金，都需第三方的批准。　　　　　　　　　　　　　(   )

18. 区块链的最后一个特点是匿名性，这是由区块链的去中心化、自治性、开放性决定的。 （ ）

19. 一旦进入区块链，任何信息都无法更改，只能由管理员修改此信息。 （ ）

20. 比特币是第一种分布式的虚拟货币，整个网络由用户构成，没有中央银行。（ ）

五、简答题

1. 比特币的优点有哪些？

2. 比特币的缺点有哪些？

六、实战演练

通过本章情境导入："数字人民币初露真容"，分析我国央行数字货币的特点有哪些。

第五章
人工智能

✐ **学习目标**

知识目标

  了解人工智能的产生与发展；了解人工智能的分类；掌握人工智能的含义;掌握人工智能的要素；了解机器学习的训练方法。

能力目标

  会根据机器学习的原理对人工智能的应用场景进行分析。

第一节 人工智能的产生和发展

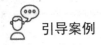 引导案例

人工智能已经渗透到了人们日常生活

人工智能技术的发展在近年来取得了长足的进步，它已经渗透到了人们日常生活的方方面面。人工智能技术的应用，不仅为人类社会带来了巨大的经济效益，而且还为人们的生活带来了更多的便利。

首先，人工智能技术在工业生产领域的应用具有巨大的经济效益。在工业生产中，人工智能技术可以用于机器人控制、智能化控制系统、自动化生产线等，可以有效地提高生产效率和工作效率，减少生产成本，从而带来更多的经济效益。例如，人工智能技术可以使机器人更加智能化，在生产线上更加自动化和智能化，可以精准地控制产品质量，从而提高生产效率和产品质量。

其次，人工智能技术在医疗领域的应用也是十分广泛的。人工智能技术可以用于医疗影像诊断、疾病预测、药物研发等多个方面，不仅可以提高医疗服务的效率和质量，而且还可以为患者提供更个性化、更精准的治疗方案。例如，人工智能技术可以通过大数据分析，对病人的病历、生理指标等数据进行分析和预测，帮助医生更好地诊断和治疗疾病。

此外，人工智能技术在智能家居、智能交通、智能金融等多个领域的应用也得到了广泛的推广。智能家居可以帮助人们更加智能化地管理家庭，提高家庭生活的质量；智能交通可以提高交通运输的效率，减少交通堵塞，保障人们的出行安全；智能金融可以提高金融服务的效率和质量，方便人们的理财和投资。

近年来，人工智能深入到社会各个领域并与各个行业相融合，如新兴互联网行业(如电商、搜索引擎、社交网站、互联网广告服务提供商)、金融企业(银行、保险、证券公司、互联网金融借贷公司)、通信运营商(电信、移动、联通)等。在国内外形成了独具特色的智能产业和智能经济。

一、人工智能的含义

人工智能(Artificial Intelligence，AI)是计算机科学的一个分支，它是研究、开发用于模拟、延伸和扩展人的智能的理论、方法、技术及应用系统的一门新的技术科学。简单地说，人工智能企图了解智能的实质，并生产出一种新的做出与人类反应相似的智能机器。人工智能是互联网大脑产生智能的动力源泉，人工智能不仅能通过算法使机器学习与大数据结合，也能运用到互联网大脑的神经末梢，使互联网大脑各个神经系统提升能力。

二、人工智能的产生与发展

人们在很早的时候就想象，要是有一堵墙，墙后面是个机器，我和它交流，如果我分辨不出来是人还是机器，那么它就是人工智能的产物。

1956 年，麦卡锡、明斯基等科学家相聚在美国达特茅斯，提出了人工智能的概念，梦想着用当时刚刚出现的计算机来构造复杂的、拥有与人类智慧同样本质特性的机器。即需要智力解决任务，而不是简单地计算和重复。

其后，人工智能就一直萦绕于人们的脑海之中，并在科研实验室中慢慢孵化。之后的几十年，人工智能一直在两极反转，或被称作人类文明耀眼未来的预言，或被当成技术疯子的狂想扔到垃圾堆里。直到 2012 年之前，这两种声音还在同时存在。

2012 年以后，数据量的上涨、运算力的提升和机器学习新算法(深度学习)的出现，使得多个基础人工智能技术水平得到飞跃提升。人工智能开始大爆发，给人类各个产业带来了变化。在阿尔法狗战胜李世石后，人工智能在全球的热议程度达到一个新的高度。

时至今日，人工智能商业化正在快速推进中，相关研究包括机器人、语言识别、图像识别、自然语言处理和专家系统等。

比如我们所知道和了解的人像识别、图像识别技术、语音识别、自然语言理解、用户画像等。未来，人工智能将会像之前的电力革命、互联网革命那样彻底重塑我们的生活以及我们的生命本身。

三、人工智能的要素

算法、算力与数据处理是人工智能行业发展的三驾马车。人工智能是对人的智能的模拟，数据是基础，为了使得 AI 产品具有人的能力，需要收集大量的、正确的人的语言、行为、情感等数据。然后用这些数据来训练算法。用算法计算数据的规则时需要大量的计算资源，即算力。在人工智能不同的发展阶段，算力、算法和数据交替突破迭代发展，发挥着不一样的作用。

没有食材怎么做饭呀？

可以用"巧妇难为无米之炊"这句话对比人工智能。巧妇的"巧"就是算法，食材就是数据，而锅碗瓢盆和炉灶就是算力。

如果没有食材，就算你有炉灶和锅碗瓢盆，也没办法做出饭，而有了食材，没有炉灶和锅碗瓢盆也做不出饭菜，有了食材，有了锅碗瓢盆，没有巧妇，也同样做不出一桌丰盛的饭菜。

(一)数据的处理

数据是用来指导算法运作的依据。没有数据，再好的算法也很难进行有效升级。大数据无时无刻不在产生，而在新一代人工智能的发展中，数据占据较高的地位。移动设备、照相机、传感器等积累的各种数据形式多样，但大部分都是非结构化的，如果需要为人工智能算法所用，就需要进行大量的预处理过程。

数据用来训练算法，因为人工智能的根基是训练，就如同人类如果要获取一定的技能，必须经过不断的训练才能获得，而且有熟能生巧之说。人工智能也是如此，只有经过大量的训练，神经网络才能总结出规律，应用到新的样本上。如果现实中出现了训练集中从未有过的场景，那么机器人会基本处于瞎猜状态。比如需要识别勺子，但训练集中勺子总和碗一起出现，机器人很可能学到的是碗的特征。如果新的图片只有碗，没有勺子，依然很可能被分类为勺子。因此，对于人工智能而言，拥有大量的数据太重要了，而且需要覆盖各种可能的场景，这样才能得到一个表现良好的模型，才会更智能。

📚 视野拓展

平安金融拥有大量的用户办理金融业务的数据，基于此，平安金融的 AI 产品经理协同 AI 算法工程师搭建了 AI 算法模型，即金融 AI 风控模型，利用计算机资源不停地进行训练。平安金融的"AI+金融产品"已经能够将原来用户需要到现场才能办理的业务转到线上，这就是通过"数据(庞大的用户数据)+算法(生物识别算法等 AI 算法)+算力"实现的 AI 产品。

(二)算力

算力，即计算能力。算力属于基础设施能力。目前的算力是基于 GPU 的计算效率。有了数据之后，需要不断地进行训练。只把训练集从头到尾训练一遍是学不好的(AI 中有一个术语叫 epoch，意思是把训练集翻过来、调过去训练多少轮)，就像教小孩，一遍肯定学不会。除了训练，AI 实际需要运行在硬件上，也需要推理，这些都需要算力的支撑。

人工智能能够战胜人类，其背后是超级算力。以前算一个东西需要 2~3 年，迭代效率太低，GPU 出现之后，人工智能的发展对算力提出了更高的要求。其中 GPU 领先其他芯片在人工智能领域中用得最广泛。GPU 和 CPU 都擅长浮点计算，一般来说，GPU 做浮点计算的能力是 CPU 的 10 倍左右。

> 数据量大增，算力有了支撑。阿波罗飞船登月用的计算机运算能力不如现在的手机，甚至不如现在的单片机。阿波罗飞船上面用的导航计算机主频为 2.048MHz，使用 2048 字的 RAM，使用 36864 字的 ROM，现在 Casio 计算器的主频都有 30MHz。

没有算力就没有各种软硬件的正常应用。小至手机、电脑，大到超级计算机，算力存在于各种硬件设备。只不过平时我们只是应用各种科技产品，不能直接感受到算力而已。

以个人电脑而言，不同配置的产品，价格也会有高低，这主要取决于不同配置产品搭载的 CPU、显卡及内存等的差异性。高配置电脑的算力更高，能玩配置需求更高的游戏，运行需要更大内存的 3D 类、影音类软件。低配置电脑算力不够，只能玩玩普通游戏，运行一般的办公软件。同样玩网游，算力更高的手机更流畅，算力低的手机会卡顿。

> 早期的搜索引擎是人工分类索引的，类似黄页，但是随着网站数量的增多，人工索引的工作量变得巨大，而且更新时效低得难以忍受。后来搜索引擎都采用由计算机算法自动索引，查找相关文档，并排序展示。这种方式导致对计算能力的巨大需求，类似的趋势出现在多种技术领域，即世界需要更多的计算能力。

(三)算法

如今，一件普通物品被人感知的几天内的各种动态数据，都足以与古代一个王国一年所收集的各类数据相匹敌。如此浩如云海的数据，如何分类提取和有效处理呢？这个需要强大的技术设计与运算能力，于是"云计算"产生了。其中的技术设计就归属于算法。

算法是基于基础设施之上运作的工作方法。是指用来操作数据、解决程序问题的一组方法。或者说就是通过一个给定的规则和自动化的过程得到一个结果。比如生物进化可以看作一个巨大的遗传进化算法，一开始有一堆原始的细胞，然后你规定一个过程，细胞可以通过遗传产生一样的新细胞。这个过程会有错误出现变异，然后自然环境可以选择有利的变异，只要迭代论述足够多，这个算法得到的结果是所有复杂的生命类型。一些社会现象，如自由市场对经济的调控，也可以看作算法。

> 保险公司通过收集客户社交、消费、信用、交易等数据，分析用户需求与偏好。比如发现对方是网购爱好者，于是便推荐与快递配送风险相关的新型险种给客户；在智能投顾场景下，当用户输入的年龄、收入、现在的金融资产状况、预期收益目标以及历史投资行为等信息时，算法就会根据这些信息找到相似人群所适配的候选金融产品集，从而为其进行匹配。

对于同一个问题，使用不同的算法，也许最终得到的结果是一样的，但在过程中消耗的资源和时间却会有很大的区别。算法的迭代给人工智能带来了无限可能。

机器学习之所以能产生神奇的效果，原因在于，它们并不需要明确的编程就能从经验中进行学习。简单来说，就是当我们选择了一个机器学习的模型算法，并向它们提供数据之后，算法就能自动调整参数，然后输出训练好的模型。当通过历史数据训练出了一个不错的有拟合效果的模型时，就可以将其应用到真实的业务场景中，并且随着时间的推移，现有数据不断更新，模型的参数也随之更新。

视野拓展

排序算法

杂乱无章的数字堆在一起，我们要求从大到小给它排列出来。然后，我们会规定一个过程，让这串数据进去，然后整齐地从大到小地出来，这就是一个算法。排序有无数种方法，最简单的让每个数据从左到右与旁边数据比较，每次遇到比自己大的，就右移一格，遇到不如自己的，就不动，然后那个小的继续比较，这样下来最小的那个就沉到最后，然后再对剩下的数处理，往复循环，就可以将数据从小到大地排列出来。当然我们可以发明无数过程来实现。比如插入法、堆排序等，但是万变不离其宗的是，一个可以自动实现的过程，每一步按照一定规则行进，最终得到一个我们想要的结果。我们可以看到算法无非是把人的逻辑过程自动化了而已，如图 5.1 所示。

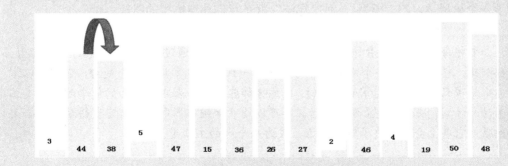

图 5.1　数字算法排序

1. 衡量算法的两个维度

算力无限，但算法不明还是白搭，就好比空有能量，无处释放一样。

衡量不同算法之间的优劣主要还是从算法所占用的时间和空间两个维度去考量。

(1) 时间维度，是指执行当前算法所消耗的时间，通常用时间复杂度来描述。

(2) 空间维度，是指执行当前算法需要占用多少内存空间，通常用空间复杂度来描述。

评价一个算法的效率主要是看它的时间复杂度和空间复杂度情况。然而，有的时候时间和空间却又是鱼和熊掌，不可兼得的，那么就需要从中去取一个平衡点。

2. 人工智能以前的计算机时代与机器学习系统的不同

(1) 传统算法系统。在人工智能以前的计算机时代，算法首先表达的是人类的逻辑，通常可以被数学公式，或者是某种符号语言表达。因此我们可以不停地把人或者自然的算法输入到计算机，然后通过晶体管的精密运作方式表达这种逻辑，让计算机帮助人类来工作。大到我们可以把牛顿定律输入到电脑里，帮我们计算登月飞船的轨道，也可以把狄拉克方程放进去，帮我们调节加速器的电磁场，小到写一个管理公司账目的程序，让电脑管理我们的账户。

传统算法系统是已经给定了一个算法处理逻辑，也就是说，按照这个算法处理逻辑根据输入进行处理，就能得到相应的输出，如图 5.2 所示。

(2) 机器学习系统。机器学习是指利用算法使计算机能够像人一样从数据中挖掘出信息。其最基本的做法，是使用算法来解析数据、从中学习，然后对真实世界中的事件作出决策和预测。与传统的为解决特定任务、硬编码的软件程序不同，机器学习通过各种算法从数据中学习如何完成任务。

机器学习系统，是给定我们数据的输入输出(这里先指监督学习)，让我们从这些数据中学习出算法。以后，通过这个学习到的算法进行输入的判断，得到输出，如图 5.3 所示。

图 5.2　传统算法系统　　　　　　图 5.3　机器学习系统

(3) 模型和算法的关系。机器学习中的"算法"是在数据上以创建机器学习"模型"为目的而运行的过程。机器学习中的"模型"是运行在数据上的机器学习算法的输出。我们想要一个机器学习的"模型"，而"算法"就是我们获得模型的路径。

如果把每个 AI 算法看作一个小机器人，那么它能够通过数据，学到某种人的能力。不仅如此，它还能学习整个人类的学习能力。一旦计算机掌握了这个能力，它就可以掌管越来越多只有人类才能掌管的事情。这意味那些几千年来我们认为的最卓越的人类脑力劳动、计划、决策，甚至发明创造，都可以逐步地被机器取代。当它变得越来越强大和细腻，它甚至会比你更了解你自己，成为每个人的主宰者。

视野拓展

机器人的自我学习

我们在做投资判断时，公司的季度报表、新闻，乃至一些社交媒体信息等都能成为影响我们买进卖出的因素。如果新闻报道说某公司一下子大量卖出股份，我们可能就在想，这是不是公司遇到什么危机了。

而机器人就会"像人一样"分析这些非结构化的数据，以及背后的市场情绪。对于某公司大量卖出股票的信息，系统会认为，这个交易信息对普通交易者来说，是一种负面的情绪，会影响市场持有。而且，机器人还能排除假新闻，阻止潜在的错误投入。更重要的是，这只股票通常至少每天有一次交易，不断调整选股方法。这动作的背后就是人工智能会随着新信息的更新而自我学习的过程。

案例透析

人工智能与金融

人工智能之所以能在近年来突飞猛进，主要得益于深度学习算法的成功应用和大数据所打下的坚实基础。判断人工智能技术能在哪个行业最先引起革命性的变革，除了要看这个行业对自动化、智能化的内在需求外，还要看这个行业内的数据积累、数据流转、数据存储和数据更新是不是达到了深度学习算法对大数据的要求。

金融行业可以说是全球大数据积累最好的行业。银行、保险、证券等业务本来就是基于大规模数据开展的，这些行业很早就开始了自动化系统的建设，并极度重视数据本身的规范化、数据采集的自动化、数据存储的集中化、数据共享的平台化。以银行为例，国内大中型银行早在 20 世纪 90 年代，就开始规划、设计、建造和部署银行内部的大数据处理流程。经过 20 多年的建设，几乎所有主要银行都可以毫不费力地为即将到来的智能应用提供坚实的数据基础。

需求层面，金融行业有着各垂直领域里最迫切的自动化和智能化的需求，而基于深度学习的现代人工智能技术正好可以满足这些需要。

在过去的几十年里，金融行业已经习惯了由人类分析师根据数学方法和统计规律，为金融业务建立自动化模型(比如，银行业经常使用的控制信贷风险的打分模型)，或者采用较为传统的机器学习方法(非深度学习)用机器来自动完成数据规律的总结，以提高金融业务的运营效率。

启发思考：

为什么金融领域一直是人工智能应用的重要场景？

四、人工智能的分类

随着人工智能的研究领域不断扩大，人工智能产生了多个分支，包括专家系统、机器学习、进化计算、模糊逻辑、计算机视觉、自然语言处理、推荐系统等。

通常将人工智能分为弱人工智能、强人工智能和超人工智能。人工智能革命是从弱人工智能，通过强人工智能，最终到达超人工智能的旅途。

(一)弱人工智能

弱人工智能(artificial narrow intelligence，ANI)，即让机器具备观察和感知的能力，可以做到一定程度的理解和推理。弱人工智能只专注于完成某个特定的任务，解决一些之前没有遇到过的问题，目前的科研工作都集中在弱人工智能这部分。

弱人工智能与传统的产品在本质上相同，并不真正拥有智能和自主意识，大都是统计数据，以此从中归纳出模型。由于弱人工智能能处理较为单一的问题，且发展程度并没有达到模拟人脑思维的程度，所以弱人工智能仍然限于语音识别、图像识别和翻译，只是擅长于单个方面的人工智能。比如，能战胜象棋世界冠军的人工智能阿尔法狗，它只会下象棋。如果问它怎样更好地在硬盘上储存数据，它是无法回答的。让它辨识一下猫和狗，它也不知道该怎么做。

弱人工智能就像地球早期软泥中的氨基酸，可能突然之间就形成了生命。现在，人类已经掌握了弱人工智能，它的每一步都是在向强人工智能迈进。

> 汽车上控制防抱死系统、控制汽油注入参数的系统，都属于弱人工智能。谷歌正在测试的无人驾驶车，也包括了很多弱人工智能，这些弱人工智能能够感知周围环境并做出反应。当你用手机导航、查询天气情况、接受音乐电台推荐节目等很多应用都是弱人工智能。上网购物时出现的"买这个产品的人还购买了"推荐，其实就是收集数百万用户行为然后产生信息来卖东西给你的弱人工智能。使用弱人工智能技术制造出的智能机器，看起来像是智能的，但是并不真正拥有智能，也不会有自主意识。

教学互动

问：举例说出生活的弱人工智能。

答：我们现在处于一个充满弱人工智能的世界，比如垃圾邮件分类系统，是个可以帮助我们筛选垃圾邮件的弱人工智能；谷歌翻译是个可以帮助我们翻译英文的弱人工智能；阿尔法狗是一个可以战胜世界围棋冠军的弱人工智能等。这些弱人工智能算法不断地加强创新，在给通往强人工智能和超人工智能的旅途添砖加瓦。

(二)强人工智能

强人工智能(artificial general intelligence，AGI)，属于人类级别的人工智能，在各方面都能和人类比肩，人类能干的脑力活它都能胜任。它能够进行思考、计划、解决问题、抽象思维、理解复杂理念、快速学习和从经验中学习等操作，并且和人类一样得心应手，解决一些之前没有遇到过的问题。

强人工智能系统包括了学习、语言、认知、推理、创造和计划，目标是使人工智能在非监督学习的情况下处理前所未见的细节，并同时与人类开展交互式学习。在强人工智能阶段，由于已经可以比肩人类，同时也具备了具有"人格"的基本条件，机器可以像人类一样独立思考和决策。比如做计划、识别物体和声音、说话、翻译、社交或者商业交易，还有创造性工作(写诗、画画)等。

(三)超人工智能

超人工智能(artificial super intelligence，ASI)指在几乎所有领域都比人类大脑聪明很多，包括科学创新、通识和社交技能。

在超人工智能阶段，人工智能已经打破人脑受到的维度限制，此时的人工智能已经不是人类可以理解和想象的。其计算和思维能力已经远超人脑，正如一些科幻电影中所描述的一样，超人工智能将形成一个新的社会。

视野拓展

ChatGPT

ChatGPT 是一个由 OpenAI 开发的强大的自然语言处理模型，它是基于 GPT-3.5 架构构建的。它的目标是模拟人类对话，能够与用户进行交互并提供有用的信息和答案。

ChatGPT 是一个经过广泛训练的语言模型，它可以理解和生成自然语言文本。它通过学习大量的文本数据和对话记录来提高自己的能力，并且能够在许多不同的主题和领域中进行讨论。

ChatGPT 可以用于各种应用，包括智能助手、在线客服、个性化推荐系统等。它可以理解用户的问题，并根据上下文提供准确的回答和建议。通过使用 ChatGPT，用户可以获得高质量的信息，解决问题，并与系统进行交互，就像与一个真实的人类对话一样。

ChatGPT 的一个重要特点是其能够生成连贯、有逻辑的回答。它可以根据用户的问题或输入产生一系列相关的响应，并且通常能够捕捉到上下文中的关键信息。这种能力使得 ChatGPT 能够更好地理解和回答复杂的问题，提供更有深度的对话体验。

然而，ChatGPT 也有一些限制。由于它是基于历史数据进行训练的，因此它的回答受到训练数据的限制。它不能对当前事件或最新发展作出准确的回答，因为它的知识截止于 2021 年。此外，由于它是一个自动化系统，它可能无法具备人类的情感、判断力和道德观念。

为了解决这些问题，OpenAI 对 ChatGPT 进行了一些调整，并提供了一些用户界面上的控制，以帮助用户引导对话的方向。用户可以通过指定上下文、设置指导性的指令或要求模型解释其回答的依据来影响 ChatGPT 的回答。

总的来说，ChatGPT 是一个引人注目的自然语言处理模型。它在模拟人类对话方面取得了显著的进展，并为用户提供了一种与计算机进行深入交流的新方式。随着时间的推移，我们可以期待 ChatGPT 和类似的模型在人机交互领域继续发展，并提供更加智能、个性化的对话体验。

五、人工智能的应用场景

1. 自然语言处理

自然语言处理是计算机处理、理解以及运用人类语言，体现了人工智能的最高任务与境界，只有当计算机具备了处理自然语言的能力时，机器才算实现了真正的智能。与图像相比，自然语言更难、更复杂，不仅需要认知，还需要理解。比如今天晚上，你和你

> 自然语言是人类区别于其他动物的根本标志。没有语言，人类的思维也就无从谈起。

女朋友约会，你女朋友说："如果你早来，我没来，你等着。如果我早来，你没来，你等着！"人类明白这句话的意思，但机器却难以理解。

自然语言处理的应用领域如下。

(1) 机器翻译。通过人工智能实现不同语言间的交流，例如从语音中说一段话，随之将其翻译为另一种文字。再如智能助手，你可以对手机说一段话，它能帮助你完成一些任务。目前应用在搜索引擎、对话机器人、机器翻译、高考机器人、办公智能秘书等。

> 传统金融机构对人力资源的浪费是一个亟待解决的问题，而人工智能技术可以在一定程度上缓解这个问题。金融机构可以利用语音识别、自然语言处理、语音合成等技术，发展可以与用户进行语音对话、解答一般金融问题的客服机器人，有效减少了人力物力的成本。

(2) 知识图谱。基于语义层面对知识进行组织后得到的结构化结果。比如知识的获取与表达、自然语言理解等。

(3) 对话管理。包括自然语言生成。比如闲聊、问答、任务驱动型对话。

现在人工智能在语音方面的应用已经能做到非常自然、灵活，客服机器人能利用人工智能语音识别技术"听懂"你的问题，然后再从智能知识库中寻找答案，最后再通过语音引擎技术，把答案"说"给你。这些都是在很短的时间内完成的，跟真人说话的节奏感、音色声调几乎没有什么差别。

2. 计算机视觉

计算机视觉又叫光学字符识别(optical character recognition，OCR)。OCR利用光学技术和计算机技术把印在或写在纸上的文字读取出来，并转换成计算机能够接受、人又可以理解的格式。OCR是属于图形识别的一门学问。其目的就是要让计算机知道它到底看到了什么，尤其是文字资料。计算机视觉的应用领域如下。

(1) 医疗方面。医疗成像分析被用来提高疾病的预测、诊断和治疗。

(2) 安防及监控领域。在安防及监控领域被用来指认嫌疑人，如车牌识别、安防、人脸等技术。

(3) 购物方面。在购物方面，消费者现在可以用智能手机拍摄下产品以获得更多信息。

未来人工智能计算机视觉有望进入自主理解、分析决策的高级阶段，真正赋予机器"看"的能力，在无人车、智能家居等场景发挥更大的价值。

> 图像识别技术能够把票据上面的文字信息自动提取出来，同时也能够对票据上的防伪标签进行识别。如果对接了各大银行的票据中心，可以更加有效地识别虚假票据，从而提高金融机构的反欺诈能力。

3. 生物特征识别

生物识别技术是指通过计算机将光学、声学、生物传感器和生物统计学原理等高科技手段密切结合，利用人体固有的生理特性，如指纹、静脉、人脸、虹膜等，以及行为特征，如笔迹、声音、步态等来进行个人身份的鉴定的技术。

> 反欺诈领域也广泛应用了人脸图像识别技术，活体识别便是其中最常运用到的一种。

生物特征识别技术涉及的内容十分广泛，包括计算机视觉、语音识别等多项技术。

目前生物特征识别作为重要的智能化身份认证技术，在金融、公共安全、教育、交通等领域都有广泛的应用。

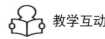 教学互动

举例说明人工智能研究的对象和目的是什么？

答：人工智能研究与开发的对象是理论、技术及应用系统，研究的目的是模拟、延伸和扩展人的智能。我们现在看到的貌似很高端的技术，如图像识别，其实就是人工智能模拟人的看图和听话方面的智能，本质上和模拟人在计算方面的智能目的是一样的，即模拟、延伸和扩展人的智能。

第二节 机器学习的原理

 引导案例

世界上最大的金融资产交易场所

瑞士银行设在美国康涅狄格州的交易所，是世界上最大的金融资产交易场所。整个交易场的面积比一个足球场还大，净空高度超过12米，交易场内曾经布满了一排排的桌椅和超过一万名的资产交易员。可是，2016年人们在这里看到的却是一片萧条景象，原本繁忙的交易场内，桌椅稀稀拉拉，几近门可罗雀。这家交易场原本从纽约华尔街吸引了大批金融工作者，但是，自2011年起，这家交易场裁掉了超过一万名前台交易员。2016年年底，整个交易场地更是被廉价出售。

康涅狄格州交易场的衰落，固然是金融危机后，全美金融业被迫采取诸多结构调整和转型的结果之一，也的确和近年来人工智能算法替代人类交易员的大趋势密不可分。短短5年多的时间里，金融资产交易行业的巨大转型。雇用大量交易员在集中场所进行资产交易的方式，正在从我们这个地球上消失。

有了大数据后，人们可以通过搜索引擎搜索想要的东西。然而也存在这样的情况：我想要的东西不会搜，表达不出来，搜索出来的又不是我想要的。

例如音乐软件推荐了一首歌，这首歌我没听过，当然不知道名字，也没法搜。但是软件推荐给我，我的确喜欢，这就是搜索做不到的事情。当人们使用这种应用时，会发现机器知道我想要什么，而不是说当我想要什么时，去机器里面搜索。这个机器真像我的朋友一样懂我，这就有点人工智能的意思了。

就好像我们人体的神经元、神经系统一样。人工智能的神经网络就是由一个个神经元搭建的系统，多层的神经网络就叫作深度学习。神经网络需要通过大量的数据提取相关性来进行学习。人工智能是最大的一个圈，它除了包含机器学习，还包含非机器学习，如图5.4所示。

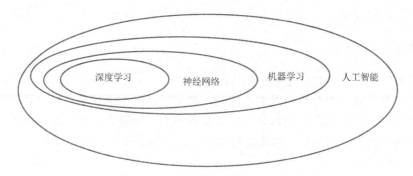

图 5.4　AI 中四个概念的包含关系

一、非机器学习

传统的人工智能属于非机器学习。

非机器学习就是人教机器学习，也叫专家系统。即使用人类专家推理的计算机模型来处理现实世界中需要专家作出解释的复杂问题，并得出与专家相同的结论。

专家系统是用于需要人类专家来解决特定问题的地方，由知识库和推理引擎组成，即从存储的知识库中推断或推理知识。知识库可以用不同的形式表示，如规则、语义网络和决策树，如图 5.5 所示。

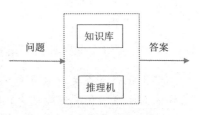

图 5.5　专家系统结构

1. 知识库系统和推理机

(1) 知识库系统。知识库系统的主要工作是搜集人类的知识，将其有系统地表达或模块化，使计算机可以进行推论、解决问题。知识库中包含两种形态：一是知识本身，即对物质及概念作实体的分析，并确认彼此之间的关系；二是人类专家所特有的经验法则、判断力与直觉。知识库与传统数据库在信息的组织、并入、执行等步骤与方法均有所不同，概括来说，知识库所包含的是可做决策的知识，而传统数据库的内容则是未经处理过的数据，必须经由检索、解释等过程才能实际被应用。

例如，知识库储存这样的信息：如果天空很清晰，阳光灿烂，那么雨衣是不需要的。

由于规则以自然语言表示，因此对知识库知识易于捕捉和理解。缺点是专家对同一主题的意见各不相同，不同领域内存在不同类型的专家系统，这使得难以掌握领域知识。并且规则的维护和更新是一个漫长的过程。

如果我们做自动驾驶，就把人类驾驶经验全部总结出来：红灯停，绿灯行，然后一一输入到电脑里，结果就是告诉机器，"如果遇到这种情况，就那样处理"。但问题是我们驾驶遇到的情况多到根本无法穷尽，这条路最终证明走不通。

常用的专家系统一般可以分为 5 类。①基于规则的专家系统：利用一系列规则来表示专家知识。②基于框架的专家系统：这是对基于规则专家系统的自然推广，利用面向对象的编程思想来描述数据结构。③基于案例的专家系统：采用以前的案例求解当前问题的技术。④基于模型的专家系统：通过模型清晰定义、设计原理概念和标准化知识库。⑤基于网络的专家系统：将人机交互定位在网络层次。

(2) 推理机。推理机由算法或决策策略与知识库内各项专门知识进行推论，依据使用者的问题来推得正确的答案。解决推理机的问题的算法可以区分为 3 个层次。①一般途径：利用任意检索随意寻找可能的答案，或利用启发式检索尝试寻找最有可能的答案。②控制策略：有前推式、回溯式及双向式三种。前推式是从已知的条件中寻找答案，利用数据逐步推出结论；回溯式则先设定目标，再证明目标成立。③额外的思考技巧：用来处理知识库内数个概念间的不确定性，一般使用模糊逻辑来进行演算。推理机会根据知识库、使用者的问题及问题的复杂度来决定适用推论层次。

2. 专家系统的缺陷

专家系统不易成功，一方面是知识比较难总结，另一方面总结出来的知识难以教给计算机。比如语言领域和财经领域知识像数学公式一样严格表达出来，语言专家可能会总结出"主谓宾定状补"这些语法规则，主语后面一定是谓语，谓语后面一定是宾语，但是，语言表达千变万化。就拿"主谓宾"的例子，很多时候在口语里面就省略了谓语。别人问：你谁啊？我回答：我张小。

所以，你不能规定在语音语义识别时，要求对着机器说标准的书面语，这样还是不够智能。就像你每次对着手机，用书面语说：请帮我呼叫某某某，这是一件很尴尬的事情。

既然语言领域的专家或者财经领域的专家自己还迷迷糊糊，觉得似乎有规律，就是说不出来，又怎么能够通过编程教给计算机呢？

二、机器学习

机器学习是把人类思考、归纳经验的过程转化为计算机对数据处理计算模型的过程。简单地说就是要设计机器读懂的语言建模。与传统金融风控依赖复杂且严格的规章制度进行欺诈识别不同，互联网金融风控使用机器学习技术，能够积极地学习并识别特殊或异常行为对其进行标注。

机器学习算法能够根据数百万消费者案例，如资产、履约、身份、偏好、社会关系及借贷情况等进行开发和训练，利用算法评估预测用户是否会违约，是否会按时归还贷款等。

用电脑代替人的重要前提是用数字去描述人的各种行为，并且要把这些描述逻辑写成电脑程序，以便电脑可以执行。

通过统计和机器学习等量化技术，可以精确实现潜在客户的识别、客户的获取、客户维系与巩固，提高劳动生产率，把成本降低。

视野拓展

使用机器人来筛选客户效率会很高，因为不需要名单有多高的质量，一台机器人一天可以扫描 800～1000 人，自动和客户交流，中途无须人工介入，一旦系统识别出客户具有贷款意向，瞬间发送至贷款专员手机。这时候贷款专员通过复听对话录音(同时语音自动转化成文本，电话内容一目了然)可以快速了解客户相关情况，第一时间进行跟进，大大提高成交概率。

摩根大通银行通过机器学习，利用决策树技术，办理提前还贷和转化还款方式、降低了不良贷款率，一年为摩根大通银行增加了 6 亿美元的利润。在客户理财产品到期之前，利用 SMS 短信向客户推送专属理财产品，60%以上的客户点开了短信链接，银行降低了 30% 左右的客户流失率。

人工智能的目标是使机器像人一样的聪明。机器学习是人工智能领域中的一种手段，它通过一些机器学习算法来训练我们的机器，让我们的机器能够实现某种人工智能。

(一)机器学习是人工智能的一个子集

机器学习就是赋予计算机一定的独立思考能力。这之所以能够实现，是因为给它大量的数据，由算法处理这些数据，然后从中学习，以便作出预测和决定。这个过程并没有专门的编程，机器能够高效地从现有例子中进行学习，以解决新问题。

那么机器学习能够实现的是哪一种人工智能呢？

人和计算机同样都是由一大批互相连接的信息和存储元素所组成的系统，本身没有区别。所以，计算机科学家基于得天独厚的数学功底，研发出了让计算机像人一样思考的机器学习的理论。机器学习意味着研究人员不会亲手编写软件，确定特殊指令集，然后让程序完成特殊任务。相反，研究人员会用大量数据和算法训练机器，让机器从数据中学习某种规律，这个规律可以帮助我们去完成一个决策，或者直接代替我们去做一个决策。如同我们学会阅读一样。当我们在拿起第一本书之前，并没有非常详细地学习词组和语法。从最开始的童话故事书，到富有哲学思辨的书。我们实际上从阅读中学习了很多新的成语、词组和语法的规则。换句话说，我们处理了大量的数据并从中学习。

Google Photos 就是基于机器学习的产物。同样在百度，图片识别也是应用到机器学习中的视觉处理系统。与此同时，各种各样的企业都开始尝试把自己的产品往机器学习上靠拢。比如金融公司的汇率预测、股票涨跌、房地产公司的房价预测等。

(二)机器学习的训练方法

实现机器学习的方法有多种多样，在程序语言中，我们叫算法，也叫训练方法。目前主流有三种。

1. 监督学习

监督学习是最常见的一种机器学习，并非机器真的学习，而是指机器被人类训练。在机器学习里，我们把输入数据称为训练数据，每组训练数据都有一个明确的标识或结果(标签)，监督学习的目的是建立一个预测模型。在这个过程中，学习算法将预测结果与训练数据的真实结果进行比较，从而不断地调整模型参数，直到模型的预测结果达到预期的准确率。监督学习在手写文字识别、图像处理、信用评级、违约风险预测及股票预测等各个方面有着较为广泛的应用。

> 所谓的监督，就是相当于做练习题的时候有标准答案。每次做完一道题，去对一下答案，看看有没有做对。如果错了，就回过头来再次审视一下自己做题的过程，看看哪里错了，从而提高自己的能力。最后题目都做完了，还要参加考试，以评估我们的水平。机器被训练的时候也是同样的过程，把用于训练的数据集输入进去，同时给出数据集对应的标注(也就是答案)，让机器去练习，从而提高机器的能力。训练结束以后，机器同样要参加"考试"，就是面对一个全新的数据集，看看机器的表现如何，从而给出评价。

例如，想让机器知道什么是猫，什么是狗，一开始我们先将一些猫的图片和狗的图片(带标签)一起进行训练，学习模型，不断捕捉这些图片与标签间的联系，然后进行自我调整和完善，然后我们给一些不带标签的新图片，让该机器来猜猜这些图片是猫还是狗。

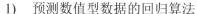

根据预测目标的不同，可以将监督学习分为两类：预测数值型数据的回归算法和预测分类标签的分类算法。

1)　预测数值型数据的回归算法

预测数值型数据的回归算法常用在房价或销售量等方面。假如我们要预测某一地区的房价，我们可能会列出以下的式子进行估计：

房价=0.7×面积+0.19×房子的朝向

这个简单的式子叫回归方程，其中 0.7 和 0.19 称为回归系数，面积和房子的朝向称为特征。有了这些概念，我们就可以说，回归实际上就是求回归系数的过程。在这里我们看到，房价和面积以及房子的朝向这两个特征呈线性关系，这种情况我们称之为线性回归。当然非线性回归情况更复杂。

2)　预测分类标签

监督的工作是选择分类器和确定权值。监督的输出结果，也就是分好类的结果会被直接贴上是好还是坏的标签。也即分类分好了，标签也同时贴好了。类似于中药铺的药匣，药剂师采购回来一批药材，需要做的只是把对应的每一颗药材放进贴着标签的药匣中。

标签体系的建立包括类目标签体系、用户画像和应用场景，它们既相互独立又相互协作。

(1)　类目标签体系是以业务核心为中心建立的。电商平台的业务核心就是商品，教育平台的核心业务就是教育。类目标签体系中需要原始数据标签、统计数据标签、算法数据标签。

(2)　用户画像就是人的维度。用户画像本质上也是一套标签体系，只是有着相同的结构而非相同的内容。在用户画像这套标签体系中，分为静态信息和动态信息两部分。静态信息就是用户的自有属性，动态信息主要是要记录什么人什么时间什么地点做了一件什么事情。

肯定选 B！
因为便宜呀……

(3)　应用场景囊括了所有游离的标签。业务核心之间(多个业务核心的状况下)、业务和用户角色之间、用户角色和用户角色之间，一旦产生交互就可以形成应用场景。在把类目标签体系、用户画像和应用场景都建立好了之后，我们就可以以业务场景为基础写模型了,即完整描述下来一套业务流程,这样就能更加清楚地了解到这三者之间是一种怎样相互协作的关系了。

巴菲特最喜欢投资"便宜"又有潜力的公司，他会研究每个公司的市盈率，搜寻最便宜的股票，买入，然后找寻最好的卖点。根据这种思想，宽客就可以写一个程序，将交易想法告诉给计算机，让计算机扫描所有市盈率的数据，找到原先定义的"便宜"的股票，利用交易算法，让计算机在设定好的条件内自动交易这些股票。这两者就像过去使用手动方式去记录、统计、分析、交易投资产品。

2. 无监督学习

无监督学习是一种机器学习的训练方式，它本质上是一个统计手段，在没有标签的数据里可以发现潜在的一些结构的一种训练方式。

想象一下，一个熊孩子把你珍藏的 50 个 1000 块的拼图混在了一起，你还有勇气再把这 50000 个凌乱的小方块区分开吗？所以说遇到这种情况也只能选用无监督学习了。

无监督学习指的是从信息出发自动寻找规律，并将其分成各种类别。简单地说，就是让机器去做练习，但是不给出答案。就像没有老师的情况下，学生自学的过程。

无监督学习主要用于知识的探索和发现，企图在输入数据中找到隐藏的模式或内在结构。因为在有些情况下，人类也无法知道数据集的答案，或者由于其他的一些困难，无法给数据进行标注，从而就没有答案。即使这样，仍然有一些算法支撑机器基于这样的数据去训练。只不过训练出来的结果有的时候会让人捉摸不透。无监督算法只要知道如何计算相似度就可以开始工作了。

通过人为去分析"洗钱"的违法行为跟普通用户的行为有哪些不同，是一件成本很高很复杂的事情。但是，通过无监督学习，可以快速地根据用户的行为特征对用户进行分类，快速排出正常的用户，更容易找到那些行为异常的用户，然后再深入分析他们的行为到底哪里不一样，更有针对性地对异常行为进行深入分析，是否属违法洗钱的范畴。

典型的无监督学习包括聚类分析和关联分析。

(1) 聚类分析。无监督的核心是聚类。聚类分析是一个把数据对象划分成多个组或簇的过程，尽量使得簇内的对象很相似，而簇与簇之间很不相似，常用于对客户群进行划分(用户画像)和离群点的检测(例如，信用卡欺诈检测)。

无监督的结果只是一群一群的聚类，就像被混在一起的多种中药，一个外行要处理这堆药材，能做的只有把看上去一样的药材挑出来聚成很多个小堆。如果要进一步识别这些小堆，就需要一个老中医(类比老师)的指导了。因此，无监督属于先聚类后定性，有点类似于批处理。

(2) 关联分析。关联分析是在大规模数据集中寻找物品或事物间的隐含关系，这些关系可以有两种形式：频繁项集或者关联规则。频繁项集是经常出现在一起的物品的集合，关联规则暗示两种物品之间可能存在很强的关系。关联分析有一个经典的案例经常出现在数据挖掘的教材里，即"啤酒与尿不湿"的故事，这种分析又被称为"购物篮分析"，也可应用于金融产品的推荐系统中，如表 5.1 所示。

例如学数学，小学老师会先给大量训练，让人学会解题方法。之后面对考试的时候出现不同的题目也能回答。那么机器学习能不能用已经做过的题，来推断没做过的题呢？表 5.2 是二年级练习的口算题。

表5.1　无监督学习与监督学习的比较

监督学习	无监督学习
目标明确	目标不明确
需要带标签的训练数据	不需要带标签的训练数据
效果容易评估	效果很难评估

表5.2　二年级口算题

1×1+1=	2×2+2=	3×4+10=	4×4+5=
3×4+8=	5×1+9=	4×2+6=	5×3+9=
5×4+7=	3×6+6=	2×9+9=	5×4+7=
1×1+2=	1×1+3=	2×3+2=	2×4+2=
2×7+2=	3×5+3=	3×6+4=	6×3+3=
6×4+3=	6×5+3=	6×2+8=	4×5+5=

　　有监督学习可以理解成已经打了标签(有答案)的数学题目，无监督学习就是没有答案的题目。表5.3就是有监督学习和无监督学习的机器学习。

表5.3　监督学习与无监督学习比较

	有监督学习	无监督学习
第一次	1×1+1=? AI：等于1？ 错！等于2！记住！ (AI调整中)	1×1+1=? AI：等于1？
第二次	1×1+1=? AI：等于2！	3×4+8=? AI：等于20？
第n次	……	AI：我发现了，数学题都是先乘法后加法！

3. 强化学习

　　强化学习就是真正地把机器看作是一个具有一定智能的物体，然后把这个智能体扔进一个环境里面去，比如说围棋的棋盘，就是一个环境。当然，这个环境拥有它自身的规则，比如围棋的行棋规则。再给这个智能体设定一些行动命令，比如往围棋棋盘上摆子，提子等。最后，让这个智能体自己摸索如何才能最大概率地赢棋。这个智能体经过多次的尝试以后，就变成了一位围棋高手。注意，这里的智能体并不是记住了围棋的所有变化，而是，学会了判断棋盘上的形势。在围棋领域战胜世界冠军李世石的阿尔法狗就是运用强化学习做出来的。

　　强化学习与监督学习类似，也以使计算机获得对没有学习过的问题做出正确解答的泛化能力为目标。不同的是，监督学习仅仅将输入数据作为检查模型对错的方式，强化学习直接将输入数据反馈到模型，模型必须立刻做出调整，即通过自我评估进行不断学习。

强化学习是对过程的建模，其中心思想就是让智能体在环境里学习。智能体通过分析数据来学习，怎样的情况下应该做怎样的事情，是一种探索式的学习方法，通过不断"试错"来得到改进，这样的学习过程和我们自身的经历非常相似。一小孩子，第一次看到了火，然后走到了火边。

他感受到了温暖。火是个好东西(+1)。

然后他试着去摸。呀，这么烫(-1)。

结论是，在稍远的地方火是好的，靠得太近就不好。

这就是人类学习的方式，与环境交互。强化学习也是一样的道理，只是主角换成了计算机。

强化学习的过程中，处理的是状态，实际上，很多时候状态是连续的、复杂的、高级的。例如 128×128 的画面，那么状态的数目是指数级增长的，而且画面是连续的，就算每秒按 30 帧来算，处理数据的速度根本跟不上游戏画面变化的速度。在图像处理中，用像素的集合体来表示完整的图像。这时，特征选取的好坏对于分类或者预测的结果影响非常大。因此，选取一个什么特征，怎么选取一个特征对于解决实际问题非常重要。人为地选取特征是一件耗时耗力且面对大量未知的东西没有什么规律可循的方法，选取得好不好很大程度上靠经验和运气。既然手工选取特征不太好进行，能不能让机器自动学习一些特征呢，而深度学习非常善于处理高维数据，可以用自动学习特征的方法，并飞快地从中抽取模式。

三、深度学习

深度学习是一种实现机器学习的技术，是用于建立、模拟人脑进行分析学习的神经网络，并模仿人脑的机制来解释数据的一种机器学习技术。它的基本特点是，试图模仿大脑的神经元之间传递，处理信息的模式。简单地说，深度学习就是把计算机要学习的东西看成一大堆数据，把这些数据丢进一个复杂的、包含多个层级的数据处理网络(深度神经网络)，然后检查经过这个网络处理得到的结果、数据是不是符合要求——如果符合，就保留这个网络作为目标模型，如果不符合，就一次次地，锲而不舍地调整网络的参数设置，直到输出满足要求为止。最显著的应用是计算机视觉和自然语言处理领域。

(一)神经网络

神经网络就是其在模拟人的大脑，把每一个节点当作一个神经元，这些神经元组成的网络就是神经网络。

我们以"停止(stop)标志牌"为例，将一个停止标志牌图像的所有元素都打碎，然后用神经元进行"检查"：八边形的外形、消防车般的红颜色、鲜明突出的字母、交通标志的典型尺寸和静止不动运动特性等。神经网络的任务就是给出结论，它到底是不是一个停止标志牌。神经网络会根据所有权重，给出一个经过深思熟虑的猜测——"概率向量"。神经网络是调制、训练出来的，时不时还是很容易出错的。它最需要的，就是训练。需要成百上千甚至几百万张图像来训练，直到神经元的输入的权值都被调制得十分精确，无论是否有雾，晴天还是雨天，每次都能得到正确的结果。

只有这个时候，我们才可以说神经网络成功地自学习到一个停止标志的样子。

然而，神经网络包含这么多的节点，每个节点又包含非常多的参数，整个参数量实在是太大了，需要的计算量实在太大。但没有关系，我们有大数据平台，可以汇聚多台机器的力量一起来计算，就能在有限的时间内得到想要的结果。

1. 神经元

人脑神经元组成了一个很复杂的三维立体结构，在人类神经网络中，这些相互连接的神经元通过发送电信号来通信，发展成为思维和行动。当然，人脑里面不是存储着大量的规则，也不是记录着大量的统计数据，而是通过神经元的触发实现的。每个神经元有从其他神经元的输入，当接收到输入时，会产生一个输出来刺激其他神经元。于是大量的神经元相互反应，最终形成各种输出的结果。

如果机器学习是为了模仿人类的学习方式，为什么不去尝试完全模仿人类的大脑呢?这就是神经网络背后的想法。

于是人类开始从机器的世界，反思人类的世界是怎么工作的。神经网络在设计的时候就是模仿人脑的处理方式，希望其可以按人类大脑的逻辑运行。

科学家通过模仿人脑机理发明了人工神经元，在人工神经网络中，节点扮演神经元的角色，并通过组合分析，在有组织的结构中进行协作，解决问题。技术的进一步发展，多层神经元的连接就形成了神经网络。每个节点或神经元都可以激活网络中的其他神经元，神经元之间的链接或连接称为权重(输入信号乘上系数，就是网络的参数)，每一个神经元都为它的输入分配权重，这个权重的正确与否与其执行的任务直接相关。最终的输出由这些权重加总来决定。

2. 神经网络层

神经网络的结构包含了输入层、隐藏层(也称中间层)、输出层。

节点被安排在不同的层中，每一节点查看图片的每个元素，并对具体的元素进行计算，以便完全理解它。这些计算得出的信号被传递给其他节点。然后，对层中的所有信号进行组合评估，最终预测图片中到底是什么。

例如，我们可以把一幅图像切分成图像块，输入到神经网络的第一层。在第一层的每一个神经元都把数据传递到第二层。第二层的神经元也是完成类似的工作，把数据传递到第三层，以此类推，直到最后一层，然后生成结果，如图 5.6 所示。

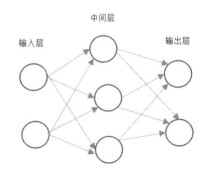

图 5.6　神经网络的构成

(二)深度学习是更深层次的神经网络

深度学习与机器学习中的神经网络是强相关，神经网络也是其主要的算法和手段。或者我们可以将"深度学习"称之为"改良版的神经网络"算法。深度学习就是这样一种在表达能力上灵活多变，同时又允许计算机不断尝试，直到最终逼近目标的一种机器学习方法。从数学本质上说，深度学习与前面谈到的传统机器学习方法并没有实质性差别，都是希望在高维空间中，根据对象特征，将不同类别的对象区分开来。但深度学习的表达能力，与传统机器学习相比，却有着天壤之别。

简单地说，深度学习就是把计算机要学习的东西看成一大堆数据，把这些数据丢进一个复杂的、包含多个层级的数据处理网络(深度神经网络)，然后检查经过这个网络处理得到的结果数据是不是符合要求——如果符合，就保留这个网络作为目标模型，如果不符合，就一次次地，锲而不舍地调整网络的参数设置，直到输出满足要求为止。

假如我们要计算 km 和 m 之间的转换，显然，结果是 5000m。但是，这个变换系数我们是事先已知的。而实际问题却是，输入和输出常常已知，中间的变换或转换规律未知，这就需要我们给出某种规则，可以找到其中的规律，如图 5.7 所示。

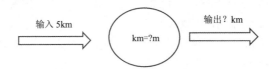

图 5.7　深度学习示意

如果我们不知道转换系数是 1000，此时我们可能会尝试去猜测。给定系数是 500，结果是 2500 比正确结果小了。我们需要进一步调整系数。假设调整为 1200，结果是 6000 比正确结果大了。那么，我们就需要不断缩小这个输出结果与正确结果之间的差距，也就是误差，最终得到正确的结果，或者使误差最小。这个过程，就可以称为简单的神经网络工作的过程。多层的神经网络，我们就叫它深层学习。

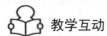

教学互动

问：强化学习与深度学习区别有哪些？

答：强化学习和深度学习是两种技术。强化学习是在一系列的情景之下，通过多步恰当的决策来达到一个目标，是一种序列多步决策的问题。强化学习是一种标记延迟的监督学习。与强化学习属于同一个范畴的是监督学习和非监督学习。深度学习是一种运用了神经网络作为参数结构进行优化的机器学习算法。深度学习是强化学习使用最多的拟合方式(拟合就是把平面上一系列的点，用一条光滑的曲线连接起来。因为这条曲线有无数种可能，从而有各种拟合方法。拟合的曲线一般可以用函数表示，根据这个函数的不同有不同的拟合名字)。

第三节　人工智能在金融领域的应用场景

引导案例

克鲁泽提供智能服务

新一轮科技革命潮流中，人工智能与金融领域的结合从概念形态逐渐进入落地应用阶段，智能服务机器人克鲁泽作为多元化、智能化的重要代表来到了陆家嘴的中国银行上海中心大厦支行、上海市分行。

　　位于国家会展中心内的中国银行虹桥会展中心支行，是周边规模最大、综合服务能力最强的银行网点，更是向世界展现智能网点建设成果、金融科技实力、新时代银行理念的重要窗口。

　　在这里，克鲁泽提供智能服务。在高峰时期，银行客流量非常大，厅堂经理无法及时接待每位客户，或对业务咨询给予足够详细的解答。克鲁泽可以通过智能语音交互回答客户的业务咨询，协助完成厅堂工作，缓解高峰时段排队问题，优化工作效能。

　　克鲁泽还为来访人员提供迎宾及引导服务。中国银行虹桥会展中心支行面积近3000平方米，区域广、功能区丰富，对网点陌生的客户往往需要工作人员指引才能找到特定区域。

　　搭载人脸识别技术，当客户进入网点厅堂时，克鲁泽会主动迎宾，并问询客户需要办理的业务，再配合网点定制的迎宾界面，客户可以接收到银行即时传达的宣传信息。

　　基于机器人导航定位、语音交互、视觉系统等技术，克鲁泽了解客户业务意图后，能将客户精确导航指引到相关区域，同时详细介绍功能区块说明，不仅发挥分流作用，还让网点功能区和综合服务资源得到充分利用。

　　克鲁泽定制中国银行"中国红"主题的UI界面，打通了手机银行等流量入口，能够呈现金融产品和增值服务项目等。在确认客户身份之后，克鲁泽还可以进行银行产品和服务的精准营销。

　　除了办理金融业务，克鲁泽还嵌入生活趣味模块，通过融入生活场景元素，让网点更贴近时代，提供更有品质的金融服务。对接银行增值服务数字化资源，克鲁泽还可以实现线上线下联动。

　　新冠疫情期间，机器人作为提供"无接触服务"的最佳载体，减少了人员近距接触带来的感染风险，筑牢隔离疫情的第一道防线。

　　克鲁泽通过多种服务，让银行的智慧服务流程更智能，也更人性化。

　　人工智能正迅速进入我们的生活，风驰电掣般改变着金融、医疗、保险、汽车、安防等各个行业。

　　其中金融被认为是人工智能落地最快的行业之一。

一、智能投资顾问

　　智能投资顾问简称智能投顾，又称机器人投顾，是自动化的一类应用形式，狭义理解是机器人投资顾问，即利用计算机进行投资管理；广义智能投顾是利用互联网进行资产管理，脱胎于帮助用户制订投资计划的在线理财。

　　智能投顾兴起于20世纪70年代的美国。投资者对于智能投顾的需求主要体现在"情绪管理"和"投资建议"。

　　在金融领域，人工智能最早的应用场景在智能投资顾问领域。现在智能投顾逐渐成为金融行业很常见的场景。智能投顾公司有三类，一是智能投顾服务初创公司，二是互联网公司，三是传统金融机构。前两类公司适用相对简单、标准化的投资产品，满足客户同质化的理财需求；传统金融机构适用"线上+线下"的智能投顾产品，充分利用网点优势。

1. 智能投顾是一种算法交易

　　智能投顾是一种机器学习算法，这些算法是为了根据用户的目标和风险容忍能力来校准金融投资组合而构建的。

算法交易指利用复杂的人工智能系统能极其迅速地作出交易决策，智能投顾能根据客户收益目标的变动和市场行情的实时变化自动调整投资组合，始终围绕客户的收益目标为客户提供最佳投资组合。根据客户的风险承受能力、财务状况、收益目标等，结合投资组合理论，为客户提供资产配置的建议，而且持续跟踪并动态调整。

算法交易系统通常每天有几万甚至数十万笔交易，因而高频交易也被视为算法交易的一个分支。虽然大多数对冲基金和金融机构并没有公开披露他们的人工智能交易方式，但机器学习和深度学习在校准实时交易决策中扮演着越来越重要的角色。

智能投顾这样的算法可以用于为客户调整投资组合提供建议。当前已经有不少保险推荐网站采用人工智能技术为客户推荐针对性的车险和家庭保险。未来，更加个性化和精准化的智能应用及助手会比人类投资顾问更值得相信、更客观和可靠。

正如亚马逊的 Alexa 及 Netflix 的人工智能推荐系统比所谓人类的"专家"能更好地为用户推荐书籍和影视剧，不断发展的金融服务智能助手也能像它们一样为客户推荐金融产品，而且目前保险行业已经出现这一趋势。

2. 智能投顾本质上是技术代替人工

人工智能技术为各行业带来的最大优势是降本增效。在智能投研上，人工智能为投研工作者节省了 50%的数据整理时间。在智能医疗领域，智能读片为影像科医生节约了 80%的时间，且效率提升了 120 倍。在投资组合管理方面，支持人工智能的个人金融情报应用软件同样帮助消费者管理其财务状况，分析支出情况，自动完成纳税申报，并通过业务模式提供财务建议。据高盛集团 2016 年 12 月发布的报告指出，在金融行业，"保守估计，到 2025 年时，机器学习和人工智能可以通过节省成本和带来新的盈利机会创造大约每年 340 亿~430 亿美元的价值，这一数字因为相关技术对数据利用和执行效率的提升，还具有更大的提升空间"。

当客户输入自己的收益目标(比如预计 65 岁退休时会有 150 万元的存款)、年龄、收入以及当前资产，智能投顾会将客户的投资分散到资产类别和金融工具中，以合适的资产类别和金融工具进行组合。然后，系统会根据用户目标的变化以及市场上的实时变化进行调整，并始终致力于为用户的原始目标找到最佳选择，以实现客户的收益目标。

最著名的莫过于著名数学家詹姆斯·西蒙斯创立的大奖章对冲基金，该基金以电脑运算为主导，用量化策略从庞大的市场中筛选数据，寻找统计上的关系，找到预测商品、货币及股市价格波动的模型，最终作出短线交易的决策。公开资料显示，在 1989—2007 年的跨度里，大奖章基金的平均年收益率高达 35%，远高于股神巴菲特 20%的平均年复合回报率。

▌▌▌ 视野拓展

美国银行借助人工智能的改变

随着人工智能的发展，人工智能的触角正在慢慢渗透到专业门槛极高的投资领域，人工智能与投资领域的结合正悄悄来临。一些国际大行与金融机构已经纷纷开始大力布局人工智能投资业务，人工智能正在逐渐取代一些金融投资行业的基础工作，美国最大的证券零售商和投资银行之一的美国银行(Bank of America Co，BAC)更是走在最前沿的代表之一。

在金融业可能也备受冲击的人工智能大潮下，美国银行到底借助人工智能做了如下改变。

1. 大平台+智能投顾形式

早在 2016 年 10 月，美国银行就介绍并计划推行经纪子公司投资(Merrill Edge Guided Investing)服务，这项新的机器人顾问服务旨在把折扣经纪公司(Merrill Edge)的在线经纪平台与美林人工顾问(Merrill Lynch)的理财技能结合起来，提供在线服务计划。事实上，并不是所有的投资者都一样，有些喜欢独立做事，还有人喜欢工作顾问，其他人寻求两者的结合……但所有的客户都在考虑如何、何时、何地寻求指导。所以，平台旨在将美林在线平台的能力与其投资顾问的专业知识结合起来，满足当前客户对自动化投资建议的兴趣，为客户提供更人性化的机器人顾问服务。

通过向用户询问有关其年龄，风险承受能力，投资目标和时间范围的问题，然后使用人类的投资决策，提出投资建议。该服务旨在帮助较小的投资者投入少量资金，例如投资者可以在旧的退休计划账户从$5000 开始投资。平台管理资产的年费用为 0.45%。

2. 推出机器人在线投资顾问服务

2016 年 10 月拉斯维加斯举行的金融业大会上，美林经纪公司(Merrill Edge)首次公布亮相了其计划向客户提供的机器人投资顾问工具。

一个名叫埃里卡(Erica)的虚拟助手，不仅仅是回答客户提出的问题，而是使用人工智能，预测分析和认知消息来帮助客户执行付款、支票余额、节省资金和偿还债务，引导人们查看他们的 FICO 分数，帮助消费者创造更好的理财习惯。它将使用人工智能为客户提出改进财务的建议，客户将能够在手机上通过文字和声音与它进行交谈。

美林公司拥有 14416 名财务顾问，其金融中心拥有 2000 名财务解决顾问，以及 1000 位提供支持(主要是通过电话)的金融解决方案顾问在线经纪客户。埃里卡的目的是简化银行流程，而不是取代工作，因为这种类型的技术还很年轻，相应地限制了它所能做的。随着时间的推移，美国银行的程序员将添加新功能，并使埃里卡更聪明。

例如，埃里卡可能会向某人发送一个预测性文字："米歇尔，我找到了一个很好的机会，减少你的债务并节省 300 美元。"或者埃里卡可能会建议您采取措施来解除她注意到的下滑信用评级，它可能也会建议客户在信用卡余额很多的情况下支付更多，以减少利息支出。

面临财富管理行业财富转移下一代的问题，这一数字咨询服务会使美国银行更有力地吸引和留住年轻客户。通过埃里卡，美国银行希望将一般个人服务的一些优点和通常保留给顶级客户的建议扩大到普通公众。2017 年 2 月，美国银行正式对外推出了机器人投资顾问服务。

 案例透析

完全自动化的机器人分行

像许多其他美国的银行一样，美国银行也一直在削减整体分支机构，以降低成本。

美国银行已经在明尼阿波利斯开设了占地面积更小，没有现场员工的完全自动化的分支机构机器人分行，另外两家在丹佛。美国银行的传统分支机构运行约 5000 平方英尺。新的机器人分支机型大约是这个规模的四分之一。"机器人分行"旨在出售抵押贷款，信用卡和汽车贷款，而不是简单的交易，例如兑现支票。

自动分支机构仅限于 ATM 和视频会议室。与苹果零售店(直营店)类似，客户可以通过银行的手机应用程序预约。一旦你预先安排了你的会议，你可以在机器人分行，并与一个远程工作的银行雇员进行一对一的视频对话。作为安全措施，视频会议室只能使用美国银行 ATM 或借记卡进行访问。

人工智能还远未撬动金融行业的根本性变革，美国银行对人工智能的运用，目前也主要集中在智能投顾、无人机器人分行、智能对账等几个业务上。在不远的未来，美国银行还会借助人工智能技术推出什么更智能化、更自动化的投资服务、金融服务，谁也不知道，因为谁也不能预料人工智能的发展会走到哪一步。

启发思考：

人工智能在智能投顾等方面的作用有哪些？

二、智能风控

伴随着互联网金融的出现，金融业务面临的风险挑战越来越大，智能风控一定程度上突破了传统风控的局限，在利用更高维度、更充分的数据时降低了人为的偏差，减少了风控的成本。

银行、保险和证券是金融机构的三驾马车，机器学习在其领域的风控应用如下。

(一)人工智能应用于保险领域

1. 人工智能介入保险的服务场景

人工智能介入保险的服务场景如下。

(1) 保险企业。人工智能主要针对保险公司产品精算部门，应用机器学习算法对大数据分析，用以创造更多保险产品。

(2) 行业协会。人工智能检测系统向银保监会提供服务，进行保险产品市场监管，进行产品之间精细化比对，行业预警。

(3) 服务消费者。人工智能的引入将帮助传统保险公司解决困扰多年的行业痛点。通过聚焦用户，为不同用户提供不同需求的保险产品咨询服务。应用人工智能的自然语言处理技术，提供多轮会话、FAQ 等智能服务。

例如，传统模式下投保人购买一份保险，往往需要诸多环节，不仅时间冗长，而且透明度不高，用户难以直接了解自身投保情况。人工智能的出现，可以很好地解决这一系列问题。

2. 人工智能在提高工作效率方面的应用

人工智能在提高保险工作效率方面的应用如下。

(1) 满足识别表单票据需求。保险行业存在大量的表单票据需求。如寿险行业存在大量的医疗表单票据需要识别，如图 5.8 所示。

甲功 5 项

解放军第三二三医院检验报告单　　　　　　　门诊

姓　名：李某某	ID 号：10008416	采样日期：2020-11-12	样本编号：20201112G0270009
性　别：女	科　别：	标本种类：血清	临床诊断：
年　龄：48	床　号：	送检医生：张一	备　注：

No 中文名称	英文名称	结果		参考值	单位
1 三碘甲状腺原氨酸	T3	2.2		1.3-3.1	nmoI/L
2 甲状腺素	T4	155.90		66.181	nmoI/L
3 促甲状腺激素	TSH	<0.01	↓	0.34-5.4	uIU/mL
4 甲状腺素过氧化物酶	TPO	355.5	↑	0-34	IU/mL
5 甲状腺球蛋白	TG	<0.01		0-85	ng/mL

图 5.8　医疗表单票据

　　人工智能技术非常适合处理收据和其他财务文件等重复性工作，这些工作通常需要消耗大量的人力资源，并且常常因为人力耐心和毅力方面的不足而造成错误。

　　过去这些录入工作大多由 TPA 来完成，全部采用人工录入。一方面高昂成本挤占大量利润空间。如人力、IT 设备、办公场地等成本逐年增加。另一方面人工录入周期长，录入工作需要排期，从收件到录入到完成理赔平均需二十多天。

视野拓展

车险行业涉及的内容更多。在普通的实名认证银行卡识别等的基础上，还涉及车票识别、车辆 vin 码识别、行驶证驾驶证识别等。

　　在引入深度学习 OCR 技术之后，各色各样的医疗理赔材料识别录入可以转型为自动化采集，数据采集成本大大降低，效率提升数十倍。不仅如此，还让线上快速理赔成为可能。

　　(2)　智能定损和在线理赔。以往车辆出险都是需要保险公司现场出险。哪怕是轻微剐蹭，都要花上好半天工夫来解决，保险公司和理赔用户在此期间都耗费了大量的时间成本。

　　在人工智能技术的帮助下，视频查勘+智能定损，让线上快速理赔成为可能。保险公司运用图片识别、生物识别等技术，通过三维影像图像智能识别，自动测量损失情况，结合车型数据进行智能理赔。小磕小碰的损伤远程就可以完成定损理赔，保险公司不需要派人到现场，理赔人可以快速拿到赔偿而无须长时间等候，极大地提高案件处理效率。

(二)人工智能与银行

　　人工智能可以覆盖银行业的整个流程。目前人工智能在国内银行业的应用集中在风控的征信及反欺诈领域。

1. 金融机构征信

　　征信是指专业化的、独立的第三方机构为个人或企业建立信用档案，依法采集、客观记录其信用信息，并依法对外提供信用信息服务(信用报告、信用评估、信用信息咨询等)的一种活动，它为专业化的授信机构提供了信用信息共享的平台。

一些大银行有能力和技术也有足够的数据用以训练算法。例如数以百万的消费者数据(年龄、职业、婚姻状况等)、金融借款和保险情况(是否有违约记录、还款时间、车辆事故记录等)，这些信息训练机器学习。然后用训练后的算法评估潜在趋势，并不断进行分析以检测可能影响未来借贷的趋势，比如过去几年客户的违约率是不是越来越高？

同时，智能风控公司基于大数据和人工智能为金融机构提供贷前、贷中、贷后全流程智能风控服务。贷前如营销获客、信用评估；贷中如实时交易监控、动态风险预警；贷后如监管合规、监控预警等。

2. 欺诈检测

随着线上金融交易的快速增加，各类新兴欺诈行为日益猖獗，信用风险防控压力增大，这都对银行风控提出了新的要求，而智能风控有助于全面提升银行风控能力。金融欺诈检测系统通过基于图谱的复杂网络技术，依据申请人、手机号、设备、IP 地址等各类信息节点，构建基于规则和机器学习的反欺诈模型实时识别，将有助于实现智能实时反欺诈。

(1) 身份识别。身份识别简言之就是身份核验，核心人工智能产品是卡证识别和人脸识别。

有效身份证件包括：身份证、临时身份证、军官证、护照、港澳居民来往内地通行证、台湾居民来往大陆通行证等。智能身份识别(即生物识别技术)目前主要使用指纹和人脸识别技术，人脸识别用 1∶1 比对功能，再加上活体检测，以此确认本人和证件照片或者公安库中存储的高清人像是不是同一个人。

> 以判定伪报用户的人工智能手段为例，在审批授信过程中，人工智能会通过人脸识别与设备指纹来判定用户是否伪报。人脸识别是部分场景的入门一级，当用户进行人脸识别和活体测验时，人工智能会设置一个通过度，比如只有相似度超过 60% 才可通过基本测试，不通过者人工智能会写上相应标签作为风险指标。

📖 视野拓展

人工智能在反欺诈领域的应用

验证设备指纹从反欺诈角度讲是非常有用的。以前用户在电脑上或者在填写纸质的申请表上是没有设备指纹的，因此也会错过很多欺诈风险的识别方式。在金融科技的智能信贷中，90% 以上的客户来自移动端，每个手机都有自己独一无二的标识、编号等，人工智能将这些称为设备指纹。由此，人工智能可以监测到同一个设备发出的指令。同一设备有没有当天来申请多笔？或者不同的申请人使用同一个设备申请？这些设备指纹信息可以作为额外的反欺诈标签被捕捉。

人工智能还设计了一套风险安全体系，通过异地登录、设备指纹、GPS、时点、IP 指标，预测用户风险。比如一个用户上午还说在北京，然而中午就到美国了，用户是否存在异常的异地登录？这时机器会让你做一些额外的核实。虽然当用户出现一些程度上的信息不符时，并不代表 100% 欺诈，但是它会预测出一个欺诈概率，比如"10% 欺诈风险""60% 欺诈风险"。由此对一些高危的行为进行一些管控，有利于预测并及时防范欺诈。

同时，当机器发现某个用户表现一直比较好，比如用户复贷率高且没有任何违约的倾向，人工智能也会主动给他一些降费率、提额度等奖励，或者通过对他的了解，给他推荐其他最适合的金融服务。

当然，人工智能在金融的应用不可能100%正确。比如，它预测出来50%的可能性会逾期，但是它实际可能只有40%，而最终表现甚至可能并没有逾期。但这并不是说人工智能的技术不好，只能说模型多少都会有偏差——人工智能对未来的预判就是想要不断接近真实。

(2) 多种资质证明/表单/票据的识别。银行的业务用得最多的是营业执照识别、开户许可证识别，还有银行支票、承兑汇票识别、进账单、出账单，各种五花八门的凭证识别……

机器人可以将流程自动化，通过智能软件完成原本由人工执行的重复性任务和工作流程，以更低的成本和更快的速度实现自动化，对证明、表单、票据自动验证。

视野拓展

人工智能应收账款解决方案

拥有大量客户的大公司通常会收到没有相关上下文信息的付款，比如来自哪个客户的款项，是什么付款，债务人是谁。不完整的汇款信息通常会导致艰巨而昂贵的对账流程，对账是一个漫长而资源密集的任务。

美林银行领先的 Fintech 与供应商 HighRadius 合作，推出软件 Fintech HighRadius，以加快银行大型业务客户的应收账款对账。

实施的企业的智能应收账款由 FinTech 企业软件及服务公司 HighRadius 提供支持，采用人工智能，机器学习，和光学字符识别来确认付款人，将付款人与非上下文付款相对照匹配，同时将其与应收账款相对照匹配。

通过四个步骤实现了直接对账：

(1) 识别付款人并将其付款联系到单独收到的汇款。

(2) 从电子邮件、电子邮件附件、电子数据交换(EDI)和付款人门户网站提取汇款数据。使用丰富的汇款数据来支付开立应收账款。

(3) 创建客户端上传到其 ERP 系统的应收账款过账文件。

此外，它还让公司可以向那些债务未偿还的客户发送自动提示。通过利用此解决方案，美林旨在降低其大型业务客户的成本。

3. 人工智能贯穿智能信贷全流程

人工智能运用在智能信贷中的基本模型流程中，运用大数据和人工智能，可以在线上构建贯穿反欺诈与客户识别认证、授权审批和定价分析、贷后管理与逾期催收的全流程风控模式。例如，人脸识别技术可以用在金融网点进行人流客流分析、要客识别、潜客挖掘、异常预警、消防预警等。像语音识别、NLP、智能机器人等人工智能技术也多有应用。

案例透析

人工智能运用信贷业务全流程

零售信贷业务的流程为展业、申请、审核、贷后。人工智能运用在全流程，包括风险定价、反欺诈、客户行为预测、贷后管理等，能够帮助预测最佳的用户分层方式。

传统的贷款展业是依靠线下拓客的，例如派传单、扫楼、投放灯箱广告等。有了人工智能的加入，可以利用大数据的调用、分析、处理，精准地找到这些潜在客户。

传统贷款客户申请需要到网点进行现场签约办理，而有了人工智能之后，客户可以直接在 App、小程序申请，通过人脸识别等进行反欺诈工作。

传统贷款业务的审核，需要线下尽职调查，审核纸质档的资料。传统零售信贷的审批流程大约需要 1 周时间，走完银行零售业务中的一系列流程：客户先申请，跑很多机构递交一些证明性纸质材料，比如住址证明、银行流水等；再做录入；运营部门再做复核；再做审批处理；再做尽职调查和最终审批。因为每个步骤都需要去一步一步通过，所以不论怎么优化，也难以再提高速度。

但人工智能与大数据结合后，可以让金融机构快速处理电子化的数据，大幅提高这一阶段的效率，读秒将这个时间缩短到了 10 秒，未来更快的速度也会被行业其他公司以及读秒自身不断突破。

而定价与反欺诈流程的人工智能渗透性最强。风险水平决定信贷定价——如果给低风险的人定价过高，那么低风险者不会有借贷意愿；如果给较高风险者定价过低，逾期可能不足以平衡损失和收益。

很多银行贷后还会安排专人到线下进行走访跟踪，而现在则可以利用金融科技提供贷后服务。有疑问还可以通过人工智能客服快速应答。

从批准借贷到管理资产，再到风险评估，机器学习在金融生态体系中的作用越来越不可或缺。金融行业核心是风险控制。无论是投资还是贷款，只有控制好了风险，才能有利可图。风险太高，一旦赢了回报固然很大，但是一旦输了就血本无归；风险太低，收益率连通货膨胀都跑不赢，又是赔本赚吆喝。所以，如何能够在风险的高与低之间找到一个平衡点，既能避免血本无归又要保证收益最大化。这就是风险控制的重要性。对于个人投资如此，对于金融机构给机构或者个人放贷款也是如此。这就是金融行业的最核心问题。

启发思考：

分析人工智能到底是如何做风险控制的？

(三)人工智能与证券公司

在证券业实现从传统以经纪业务为主的证券经纪公司向为客户提供一揽子综合金融服务的全能型投行的转型中，金融科技创新起了举足轻重的作用。

人工智能可以通过收集用户信息预测股民的风险偏好，帮助证券交易员来更好地操盘，另外也可以将人工智能引入审计方面的应用，实时监控公司的内控系统。

财务报表是非常严谨的，财报识别工作通常需要消耗大量的人力资源，并且常常因为人力耐心和毅力方面的不足而造成错误。而人工智能技术非常适合处理收据和其他财务文件等重复性工作。同时，人工智能技术财报识别平台还具有自动配平功能，配不平的区域会智能提醒，方便校验……

智能、高频的交易方式加剧了证券市场的复杂性，也考验着监管者的监管能力和监管资源。证券监管的规则供给速度远远低于金融创新的频率，证券监管可以通过人工智能技术在更短的时间内识别异常交易并发出风险预警。以证券交易所的智能监管为例。我国上交所深入研究运用机器学习技术，对投资者进行全息高清画像，试图实现对投资者的全方位图形化展示。同时，利用知识图谱技术对账户、交易、终端设备等进行多元维度的关联分析，进而更准确、高效地识别违法违规账户。

三、智能营销

与风控一样，营销也是金融机构对于科技公司需求比较旺盛的领域，优质的营销活动可以为公司带来丰厚的市场份额和市场回报。金融行业通过智能营销，可以将海量存储数据变现为营销价值，通过用户画像、用户分层、用户定位实现金融行业营销的精准化、场景化、个性化，优化营销的质量与效率，降低人力成本。

对于传统金融机构来说，智能营销的应用给营销的体验、渠道和决策等各个层面带来全新变革。

1. 在营销体验层面

标准化的产品以群发的方式进行推送无法满足不同个体的差异化需求。"千人一面"的标准化金融产品再也卖不动了。而融合大数据、人工智能等新技术的智能营销，可以通过收集客户交易、消费、社交、信用等行为数据，深度分析用户需求和偏好，实现对客户需求的精准把握，从而建立起精准营销解决方案，提供千人千面、个性化的贴心服务。

2. 在营销渠道层面

智能营销改变了以线下网点为主的渠道模式，拓展了网点外的营销，并实现网点内和网点外互联。同时，智能营销还实现了线上线下的互联互通，通过线上社交营销、智能客服等全渠道覆盖，显著提升存量客户触达率。

3. 在营销决策层面

智能营销可以让金融机构拥有智能化的客户数据管理及分析能力，从而建立以客户数据洞察为基础的营销决策体系。通过客户数据管理及分析体系的完善，实现更加清晰的客户画像；借助数据分析在营销各环节的支撑，为各级营销管理人员提供决策分析。

与此同时，还专门打造了金融智能化解决方案，以期通过精准的客户画像，为金融机构设计更符合目标用户群的新产品，进一步提升营销的精准性和有效性。

智能营销利用云呼叫中心、外呼机器人、SCRM 系统等致力于革新营销模式。

京东金融旗下的"借钱"和"银行+"平台业务，利用京东的电商数据和营销渠道，帮助金融机构更好地营销贷款和理财产品，找到目标客户。营销场景中常用的模型方法有客户画像、生命周期和推荐系统，其中客户画像和生命周期都是基于客户的历史数据，利用聚类和评分卡的方式，将客户划分到不同人群和营销阶段，从而建立多个子模型；推荐系统中多分类模型和协同过滤，可以综合考虑用户的购买习惯和产品特性，给客户推荐最大概率购买的金融产品。

智能外呼机器人可自动从海量号码中进行筛客，并将线索跟人工坐席打通实现自动分配，实现销售线索全过程管理。同时，智能外呼机器人日均可拨打 800～1200 次电话，是人工外呼电销效率的数倍，并基于智能化能力支撑，通过预测式外呼、空号检测、智能打断等手段可有效提升拨打效率与效果。

通过 SCRM 系统进行智能分析，记录客户生命周期，全面了解用户，再通过得助智能决策引擎，从策略与客户画像维度进行挖掘，找到有效的转化模型与客户触达方式。通过收集客户交易、消费、社交、信用等行为数据，深度分析用户需求和偏好，从而建立起精准营销解决方案，优化传统金融行业对客户的筛选与精准服务。

视野拓展

国内主要智能营销公司

尽管人工智能还处在"弱人工智能"阶段，智能金融出现的时间也比较晚，但在国家政策的积极扶持和各公司、实验室对场景技术的深入研究下，智能金融会迎来更安全、更值得信任的发展。

国内先锋企业有品友互动、百分点和第四范式。品友互动的数字广告管理平台和人工智能营销决策产品，可帮助广告主实现自身人工智能营销决策能力的构建。百分点基于大数据操作平台，构建端到端的营销方案，为企业提供营销引擎和营销管家两种服务模式。第四范式基于"先知"平台，通过机器学习技术，分析海量数据，优化规则引擎(策划方案制定和实施规则)，进行个性化推荐和精准投放，目前为广发银行等提供解决方案。在广发银行的线上理财营销活动中，针对某一款理财产品，第四范式的精准推荐模型在不同的资产段，营销的响应率提升了200%～1100%，金额提升了50%～500%。在显著提升响应率与收入的同时，也有效提升长尾客户的客户价值与留存率。

四、智能客服

智能客服，通过语音识别、智能互动、声纹库等技术，取代传统的呼叫中心职能，包括客户服务、催收服务等。

1. 智能客服主要作用是节约人工成本

人工客服存在培训成本高、服务效果难以统一，以及流动性大的问题。以大数据、云计算特别是人工智能技术为基础，依靠知识图谱回答简单重复性问题，减少人工客服使用，提升客服效率及效果，目前，客服机器人已替代40%～50%的人工客服工作。随着技术的不断完善，更多的客服工作将依靠人工智能完成。使得大量简单话务被智能机器取代，极大地节约客服人工成本。某证券公司2017年开始使用智能客服，2018年服务客户数约105万次，占全部客服订单41.2%，预估节约人力成本294万元。2019年服务客户次数约93万次，占全部客服订单46.6%，节约人工成本约260万元。

智能客服以人工智能技术为内核，通过人脸、声纹等生物认证技术和大数据匹配，可远程核实客户身份信息，实现在线一次性业务办理服务，目前已广泛应用于银行、证券、保险等金融服务领域。从实践来看，通过构建起百万级的金融问题库，人工智能客服支持文字、语音、图片等多种模式的机器人交互，拥有93%的机器答复率和95%的回答正确率，极大地提高了服务效率和客户体验，释放了人工资源。据统计，2016年年末国内银行业客服中心从业人员为5.36万人，按照人均成本20万元/年、智能客服90%替代率测算，仅智能客服一项将为银行业每年节约近百亿元成本。

2. 智能客服改善了服务体验

智能客服解决了人工客服存在的问题，如24小时无间断的在线服务、始终如一无限耐心的解说态度等。虽然从目前整个客服市场的应用来看，人工在线客服仍然是企业使用率较高的方式，智能客服系统的应用很少。但随着数据库的不断完善以及科技的不断发展，智能客服将大放异彩，以科技驱动业务的金融科技行业更是如此。

蚂蚁金服、拍拍贷、玖富、麦子金服、掌众金服等在内的金融科技企业智能客服系统开始布局，这些头部企业在智能客服领域的探索和业务应用对整个行业的未来发展具有重要的实践意义和价值。

例如，在银行的整个客户呼叫中心服务体系中，网上银行、自主服务、人工坐席服务分别提供了不同层次和质量的服务。网上银行和自助服务提供了超 95%的非现场服务，人工坐席服务则提供了更为有力的支撑。呼叫中心受理业务不到柜台的十分之一，由此构成的完整的服务体系，成为银行平衡服务效率、服务水平和服务成本的润滑剂。除了银行领域，人工智能在保险、证券也有着广泛应用，如蚂蚁金服推出的车险定损人工智能技术——定损宝，已经从基于图像识别的 1.0 版本升级到基于视频定损的 2.0 在线理赔智能解决方案。未来还可能进一步跟物联网、区块链相结合，通过传感器自动识别车辆损伤情况，自动上链，并实现无感理赔。

课 程 思 政

经过多年的持续积累，我国在人工智能领域取得重要进展，国际科技论文发表量和发明专利授权量已居世界第二，部分领域和相关技术实现重要突破。语言识别、视觉识别技术世界领先，适应自主学习、直觉感知、综合推理、混合智能和群体智能等初步具备跨越发展的能力，中文信息处理、智能监控、生物特征识别、工业机器人、服务机器人、无人驾驶逐步进入实际应用，人工智能创新创业日益活跃，一批龙头骨干企业加速成长，在国际上获得广泛关注和认可。加速积累的技术能力与海量的数据资源、巨大的应用需求、开放的市场环境有机结合，形成了我国人工智能发展的独特优势。

作为新一代的大学生面对新形势新需求，必须主动求变应变，牢牢把握人工智能发展的重要历史机遇，紧扣发展、研判大势、主动谋划、把握方向、抢占先机，引领世界人工智能发展新潮流，服务经济社会发展和支撑国家安全，带动国家竞争力整体跃升和跨越式发展。

综合练习题

一、概念识记

人工智能　算法　算力　数据　无监督学习　监督学习
深度学习　神经网络　智能投顾　智能营销　智能客服　智能风控

二、单选题

1. 人工智能最终的突破在于(　　)。
　　A. 算力　　　　　　B. 数字　　　　　　C. 数据　　　　　　D. 算法

2. 下面说法错误的是( )。

    A. 神经网络只是借助了动物的神经系统

    B. 机器学习包含神经网络

    C. 机器学习是模拟人类的学习

    D. 机器学习是实现人类的学习行为

3. 人工智能的目的是让机器能够( )，以实现某些脑力劳动的机械化。

    A. 具有完全的智能   B. 和人脑一样考虑问题

    C. 完全代替人   D. 模拟、延伸和扩展人的智能

4. 专家系统是以( )为基础，以推理为核心的系统。

    A. 专家   B. 软件   C. 知识   D. 解决问题

5. 下列哪个应用领域不属于人工智能应用?( )

    A. 人工神经网络   B. 自动控制

    C. 自然语言学习   D. 专家系统

6. 1997 年 5 月 12 日，轰动全球的人机大战中，"更深的蓝"战胜了国际象棋之子卡斯帕罗夫，这是( )。

    A. 人工思维   B. 机器思维   C. 人工智能   D. 机器智能

7. 人工智能研究的基本内容不包括( )。

    A. 机器行为   B. 机器动作

    C. 机器思维   D. 机器感知

8. 专家系统是一个复杂的智能软件，它处理的对象是用符号表示的知识，处理的过程是( )的过程。

    A. 思考   B. 回溯   C. 推理   D. 递归

9. 盲人看不到一切物体，它们可以通过辨别人的声音识别人，这是智能的( )方面。

    A. 行为能力   B. 感知能力   C. 思维能力   D. 学习能力

10. 一些聋哑人为了能方便与人交流,利用打手势来表达自己的想法,这是智能的( )方面。

    A. 思维能力   B. 感知能力   C. 行为能力   D. 学习能力

11. 自然语言理解是人工智能的重要应用领域，下面列举中的( )不是它要实现的目标。

    A. 理解别人讲的话   B. 对自然语言表示的信息进行分析概括或编辑

    C. 自动程序设计   D. 机器翻译

12. 人工智能诞生于哪一年? ( )

    A. 1955   B. 1957   C. 1956   D. 1965

13. 机器翻译属于下列哪个领域的应用? ( )

    A. 自然语言系统   B. 机器学习

    C. 专家系统   D. 人类感官模拟

14. 智能机器人可以根据什么得到信息( )。

    A. 思维能力   B. 行为能力   C. 感知能力   D. 学习能力

15. 自然识别系统属于人工智能哪个应用领域? ( )

A. 自然语言系统　　　　　　　　B. 机器学习

C. 专家系统　　　　　　　　　　D. 人类感官模拟

16. AI 的英文全称是(　　)。

A. automatic intelligence　　　　B. artificial intelligence

C. automatic information　　　　D. artificial information

17. 要想让机器具有智能，必须让机器具有知识。因此，在人工智能中有一个研究领域，主要研究计算机如何自动获取知识和技能，实现自我完善，这门研究分支学科叫(　　)。

A. 专家系统　　　B. 机器学习　　　C. 神经网络　　　D. 模式识别

18. 下列哪个不是人工智能的研究领域(　　)。

A. 机器证明　　　B. 模式识别　　　C. 人工生命　　　D. 编译原理

19. 下列哪部分不是专家系统的组成部分？(　　)

A. 用户　　　　　B. 综合数据库　　C. 推理机　　　　D. 知识库

20. 以下推理不正确的是(　　)。

A. 如果下雨，则地下是湿的；没有下雨，所以地上不湿

B. 如果 X 是金属，则 X 能导电；铜是金属，所以铜能导电

C. 如果下雨，则地下湿；地下不湿，所以没有下雨

D. 小贝喜欢可爱的东西；哈士奇可爱，所以小贝喜欢哈士奇

三、多选题

1. 人工智能经典的应用场景包括在(　　)方面。

A. 用户画像分析　　　　　　　　B. 基于信用评分的风险控制

C. 欺诈检测　　　　　　　　　　D. 智能投顾

2. 机器人在分析以下(　　)结构化的数据，速度都是远强于人类的。

A. 图表　　　　　B. 数字　　　　　C. 文字信息　　　D. 人的情绪

3. 人工智能技术的商业化在金融行业得到应用的有(　　)。

A. 人像识别　　　　　B. 图像识别技术　　　　C. 语音识别

D. 自然语言理解　　　E. 用户画像

4. 下列是人工智能的研究领域(　　)。

A. 机器证明　　　B. 模式识别　　　C. 人工生命　　　D. 编译原理

5. 以下哪些属于生物特征(　　)。

A. 气味　　　　　B. 键盘敲击　　　C. 步态　　　　　D. 声音

6. 人工神经网络特点和优越性主要表现在(　　)。

A. 自我学习功能　　　　　　　　B. 自动识别功能

C. 高速寻找优化解读功能　　　　D. 联想存储功能

7. 人工智能侧重于使机器模拟人的意识和思维，让计算机具备人类(　　)知识。

A. 推理　　　　　B. 知识　　　　　C. 规划　　　　　D. 学习

8. 人工智能侧重于使机器模拟人的意识和思维，让计算机具备人类以下(　　)知识。

A. 交流　　　　　B. 感知　　　　　C. 移动　　　　　D. 操作物体的能力

9. 银行前台的人工智能应用主要偏重于以下(　　)用户体验。

A. 智能化　　　　B. 个性化　　　　C. 普遍化　　　　D. 精准化

10. 几乎所有产业都需要以下( )技术。

    A. 人像识别   B. 智能客服

    C. 用户数据分析   D. 知识图谱。

11. 智能风控主要是依托高维度的大数据和人工智能技术对风险进行及时有效的识别、预警、防止,包含( )。

    A. 数据收集   B. 行为建模   C. 用户画像   D. 风险定价

12. 计算机能够模拟人的( )思维过程和智能行为。

    A. 如学习   B. 推理   C. 思考   D. 规划

13. 下列哪个应用领域属于人工智能的应用?( )

    A. 人工神经网络   B. 自动控制

    C. 自然语言学习   D. 专家系统

14. 机器学习包括( )。

    A. 监督学习   B. 半监督学习

    C. 无监督学习   D. 强化学习

15. 下列关于人工智能的叙述正确的有( )。

    A. 人工智能技术它与其他科学技术相结合极大地提高了应用技术的智能化水平。

    B. 人工智能是科学技术发展的趋势。

    C. 因为人工智能的系统研究是从20世纪50年代才开始的,非常新,所以十分重要

    D. 人工智能有力地促进了社会的发展

16. 自然语言理解是人工智能的重要应用领域,下面列举中的( )是它要实现的目标。

    A. 理解别人讲的话   B. 对自然语言表示的信息进行分析概括或编辑

    C. 欣赏音乐   D. 机器翻译

17. 人工智能研究的基本内容包括( )。

    A. 机器行为   B. 机器动作   C. 机器思维   D. 机器感知

18. 人工智能是知识与智力的综合,其中下列不是智能的特征的是( )。

    A. 具有自我推理能力   B. 具有感知能力

    C. 具有记忆与思维的能力   D. 具有学习能力以及自我适应能力

19. 自然语言理解是人工智能的重要应用领域,下面列举中的( )是它要实现的目标。

    A. 理解别人讲的话   B. 对自然语言表示的信息进行分析概括或编辑

    C. 机器翻译   D. 自动程序设计

20. 下面属于人工智能研究基本内容的是( )。

    A. 机器感知   B. 机器学习

    C. 自动化   D. 机器思维

四、判断题

1. 监督学习是没有明确目的的训练方式,你无法提前知道结果是什么,而无监督学习则是一种目的明确的训练方式,你知道得到的是什么。 ( )

2. 监督学习不需要给数据打标签,而无监督学习需要给数据打标签。 ( )

3. 机器学习有两种,一种是监督学习,另一种是非监督学习。 ( )

4. 无监督学习由于目标明确,所以可以衡量效果,监督学习几乎无法量化效果如何。

                                                           ( )

5. 从根本上说，深度学习和所有机器学习方法一样，是一种用数学模型对真实世界中的特定问题进行建模，以解决该领域内相似问题的过程。 （　　）

6. 智能投顾就是基于用户的资产状况及风险偏好，通过投资模型及投资组合智能调仓，为用户提供私人智能理财顾问。 （　　）

7. 人工智能从概念到产品的爆发需要具备三个条件，即算法、算力、数据。 （　　）

8. 算法、算力、数据这三者在不同阶段发挥的作用相同。 （　　）

9. 数据必须依赖云计算，不可能是局域网的。 （　　）

10. 大数据就是大规模的数据。 （　　）

11. 数据量大，并不代表着数据一定有可以被深度学习算法利用的价值。 （　　）

12. 人工智能目的就是让机器能够像人一样思考，让机器拥有智能。 （　　）

13. 机器学习是人工智能的一个子集，它是由一系列的技术组成，这些技术使计算机能够从数据中找出问题并交付人工智能应用程序。 （　　）

14. 机器学习是要基于大量数据的，也就是说它的智能是用大量数据喂出来的。（　　）

15. 深度学习涉及范围是最广的，神经网络次之，机器学习最小。 （　　）

16. 机器学习包含了神经网络，神经网络中又包含了深度学习。 （　　）

17. 强化学习是一种探索式的学习方法，通过不断"试错"来得到改进。 （　　）

18. 深度学习的思想来源于人脑的启发，是人脑的模拟。 （　　）

19. 深度学习是一种实现机器学习的技术。 （　　）

20. 机器学习的理念就是给程序算法输入大量的数据，让它自己寻找答案。 （　　）

五、简答题

1. 简述机器学习同深度学习之间的关系。
2. 举例说明计算机视觉可以应用在哪些领域。

六、实战演练

看图 5.9，分析机器学习在银行信用风险管理中所起的作用有哪些。

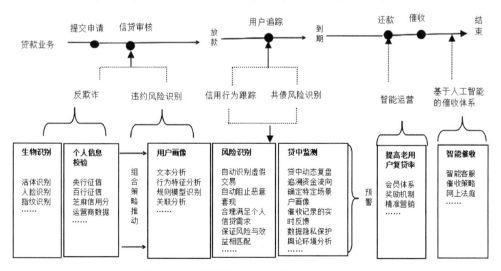

图 5.9　机器学习在银行信用风险管理中作用

应 用 篇

第六章
第三方支付

学习目标

知识目标

了解第三方支付的产生背景、支付方式的演变、第三方支付的业务流程、银联及网联的产生;掌握第三方支付的含义。

能力目标

能够准确对第三方支付进行分类;能够正确判断第一方支付、第二方支付、第三方支付、第四方支付。

第一节　第三方支付概述

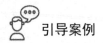

引导案例

贝宝

　　贝宝(PayPal)是世界第一家支付公司，也是世界上使用范围最广的第三方支付公司。贝宝支持 200 多个国家和地区的用户，全球活跃用户接近 2 亿，通用货币涵盖加元、欧元、英镑、美元、日元和澳元等 24 种。

　　1998 年在美国的斯坦福大学，一位叫马克斯·列夫琴(Max Levchi)的程序员被一场名为"市场全球化和政治自由之间的联系"的演讲所打动。演讲结束后马克斯主动找到演讲者彼得·蒂尔(Peter Thiel)，与他讨论了当前支付领域的种种痛点，想尝试用一种新的技术(数字钱包)来代替现金，实现个人对个人的支付。

　　康菲尼迪(Confinity)支付公司就这样在两位年轻人简短交流和几次思想碰撞后诞生了。该公司的初衷是为客户和商家进行网上交易提供一个方便的工具。

　　2000 年，埃隆·马斯克(Elon Musk)为解决在网上快捷转账业务上的竞争，将 X.com 公司与康菲尼迪公司合并，这家新公司于次年 2 月更名为贝宝。

　　2002 年 10 月，全球最大拍卖网站亿贝(eBay)以 15 亿美元收购了贝宝，贝宝便成为亿贝的主要付款途径之一。2005 年，贝宝(中国)网站开通，名称是"贝宝"，但是贝宝(中国)和贝宝实际上是两个相互独立的账户，因为贝宝(中国)使用人民币作为唯一的支付货币。

　　有趣的是，贝宝自 2002 年出售给亿贝之后，大部分重要员工纷纷离职创业，贝宝也因此一举成为硅谷史上创造创业者群体最多的一家公司，这些人被誉为"贝宝黑帮"。

一、支付方式的演变

　　经济中的基础活动是交易，交易的完成需要支付，支付是发生在购买者和销售者之间的金融交换，是社会经济活动所引起的货币债权转移的过程。

　　支付需求本身不是天然存在的，而是随着人类社会出现经济活动的交易后才产生的，并且随着商品社会的发展而建立和完善。在以物易物的社会中，交换双方是以物品的相互转移实现物品所有权性质的交换，其间并不存在任何支付行为和需求，只有当货币这种一般等价物作为交易媒介出现时，才有了支付的需求和活动。

(一)第一方支付

　　第一方支付也叫货币支付，是买家向卖家支付货币的一种支付行为。货币支付是最古老的支付方式，如图 6.1 所示。

　　从最早出现货币的时候，人们就开始使用并且长期依赖于这种支付方式。在现代社会，商务流通更加频繁，涉及金额巨大，货币支付方式也会逐渐削弱，但是货币支付不会被淘汰，货币会作为其他支付方式的辅助形式继续存在下去，并在某些场合独立完成支付的大任。

(二)第二方支付

第二方支付是依托银行的支付方式。在网上购买商品选择银联卡支付就是第二方支付，如图 6.2 所示。

图 6.1 第一方支付示意图   图 6.2 第二方支付示意图

目前，第二方支付正从日常和小额支付中淡化并转向巨额交易和政策性金融。

(三)第三方支付

第三方支付是通过第三方平台支付的一种支付行为。第三方支付平台是指和银行签约，独立于银行且有央行颁发的第三方支付牌照的机构，如图 6.3 所示。

当买卖双方在缺乏信用保障或法律支持的情况下，买方将货款付给买卖双方之外的第三方，第三方提供安全交易服务。第三方支付的实质是在收付款人之间设立中间过渡账户，使汇转款项实现可控性停顿，只有在双方意见达成一致后才能决定资金去向。

图 6.3 第三方支付示意图

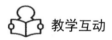 教学互动

问：为什么叫"第三方"支付？

答：之所以称为"第三方"，是因为这些平台并不涉及资金的所有权，而只是起到中转作用。"第三方"支付是在买家和卖家之间建立的一个中立的支付平台，为买卖双方提供资金代收代付，促进交易的完成。

(四)第四方支付

第四方支付是相对第三方而言的，也叫聚合支付，第四方支付集成了各种第三方支付平台、合作银行、合作电信运营商和其他服务商接口，集合了各个第三方支付及各种支付渠道的优势，能够根据商户的需求进行个性化定制，形成支付通道资源互补优势，满足商户需求，提供适合商户的支付解决方案。图 6.4 所示就是通过聚合后形成的支付服务集成。

与第三方支付介于银行和商户之间不同，第四方支付对第三方支付进行了信息的整合，介于第三方支付和商户之间，且没有支付许可牌照的限制。总体来讲，第四方支付重点在于支付服务的集成，具有无可比拟的灵活性、便捷性和支付服务互补性，是对第三方支付平台服务的拓展。第四方支付满足了客户的多方位需求，在未来具有可观的发展前景。

当我们在便利店准备付款的时候，可以根据商家收银台上贴着微信和支付宝的收款二维码或桌面上摆着的 POS 机，选择不同的付款方式付款。但是对于商家来说，微信、支付

宝、POS 机是不同的支付平台，而每个平台都有自己的流程和管理手段，中小商家们往往难以应对。

图 6.4　第四方支付示意图

聚合支付将网银、线下 POS 机和面对面转账全部聚合在简单的二维码操作中，商家通过聚合支付 App 就能够对所有平台的支付情况一目了然。同时，聚合支付把握账号体系和用户体系，无论是线下连锁店铺还是线上商城，每一个网点都有独立的子账户，在用户付款时聚合支付能够区分收银主体，然后结算到指定账户，并提供结算凭证和对应信息。

二、第三方支付的产生

(一)第三方支付的萌芽时代(1998—1999 年)

这一阶段被定义为网关支付阶段。

电子商务的出现使得人们不用见面就可以完成交易的整个过程，大幅节约了交易成本，提高了交易效率。作为中间环节的网上支付，是电子商务交易双方最为关心的问题，但由于信用问题，却一度成为限制中国电子商务进一步发展的瓶颈。显然，如果一种支付方式能够解决网上支付的信用和安全问题，那么这种方式的市场潜力就是无限的。

第三方支付平台在商家与消费者之间建立了一个公共的、可以信任的中介，一方面连接银行处理资金结算、客户服务、差错处理等一系列工作；另一方面又连接着众多的商户和消费者，通过第三方支付的接入，满足了电子商务中经营者和消费者对信誉和安全的要求。第三方支付在此背景中由此产生。

1. 跨区域支付的内在需求增大

(1) 人们收入增加。1992 年，我国市场经济体制改革后，产品价格基本放开，由经营者自主定价；农村地区家庭联产承包制度稳定落实，农民增收；乡镇企业获得第一个发展高峰期的同时也带动了城市工业、建筑业的发展；消费者的购买能力大幅提高。

(2) 商品种类地域分布不平衡。沿海地区(如广东、上海)的先发优势以及对外开放，加强了与外界的贸易和信息交流。随着产品日益丰富和价格的地域差别越来越明显，消费者从多样性和成本考虑，不仅对远程合意商品有需求，中小供应商对扩大市场范围也有需要。

2. 传统支付方式具有一定局限性

(1) 传统支付方式具有时间和地点限制。当时，汇款需要去银行或邮局，而银行或邮局的工作时间固定为 8 小时/天，邮局汇款到账一般要 3 天以上；要远程邮购物品，一定需要去邮局办理，而如果邮局营业网点太少或距离较远，那么办理业务就极为不便。

(2) 传统支付方式存在信用风险。客户想要购买在杂志、报纸看到的感兴趣的商品，因为对卖方不了解，如果先汇款，就意味着要承担卖家不发货或者买到劣质商品的风险。对卖家来说，如果是货到付款，就意味着会存在收不到货款的风险。

以上这些是限制远程交易量的重要原因。为迎合同步交换的市场需求，第三方支付应运而生。

3. 网上交易与支付中介示范平台产生

1998 年 11 月 12 日，由北京市政府与中国人民银行、信息产业部(现为工业和信息化部)、国家内贸局(现已撤销，相关职能并入商务部)等中央部委共同发起的首都电子商务工程正式启动，确定首都电子商城为网上交易与支付中介的示范平台。

1999 年 3 月，首都电子商城(后更名为首信易支付)正式投入运营，标志着我国第一家第三方支付平台成立。

总体来说，这一阶段的第三方支付主要采用服务交易的支付网关模式，支付公司只提供资金支付的中转服务，属于被动响应的服务方式。

(二)第三方支付的形成阶段(2000—2005 年)

这一阶段被定性为信用中介阶段。

1. 第三方支付厂商陆续出现

2000 年 7 月，上海环迅电子商务公司(以下简称环迅支付)在上海正式成立，第三方支付厂商充当了各家商户和银行之间连接的"中转站"。2001 年，环迅支付实现了与 VISA、MasterCard 的系统对接，成为当时国内唯一支持 VISA 和 MasterCard 的在线实时支付服务平台。为了扩大用户的使用范围，2002 年环迅支付与 20 家银行实现对接，支持近 40 种银行卡的在线支付，由此在国内首开网上支付之滥觞。由于电子商务在中国的缓慢发展，其影响力一直不大。

2. 银行卡的普及使在线支付成为常态

因为银行卡与现金相比更安全、更便于携带，加上中国人民银行和商业银行的广泛宣传，到 20 世纪末，银行卡用户已颇具规模。由企业网银推广到个人网银，突破了在线交易的时空限制，只要连接互联网，在线支付随时得以实现。

2002 年，中国银联电子支付服务有限公司(ChinaPay)成立(银联电子支付服务有限公司和银联商务有限公司都是中国银联控股的公司，后者负责银行卡业务)，拥有面向全国的统一支付平台，主要从事以互联网等新兴渠道为基础的网上支付、企业

> 在我国，规模较大的第三方支付企业有支付宝、财富通、银联在线、拉卡拉等。

B2B 账户支付、电话支付、网上跨行转账、网上基金交易、企业公对私资金代付、自助终端支付等业务。银联电子支付满足了企业和个人的网上支付需求。

3. 引入国外信用中介模式

信用中介模式的价值在于促成交易。与支付网关模式不同，信用中介的模式能够通过第三方的介入有效解决在线交易中的信任问题，促成交易。国外第三方支付公司成型交易中介模式以及其稳定的运营方式为国内突破单一的网关型支付模式提供了借鉴。

2002 年，美国最大的电子商务公司亿贝(eBay)收购了国内的易趣网，标志着信用中介模式的引入。2004 年阿里巴巴引入信用中介推出"支付宝"，进一步推动了第三方支付在我国的快速形成，第三方支付业务进入高速发展时期。

2005 年 9 月，腾讯依据其即时通信软件的庞大客户群体，推出拍拍网，同阿里巴巴一样，腾讯也提供信用中介服务。信用中介模式的拓展，解决了线上交易中最核心的信任问题，为第三方支付业务的高速发展解决了最大障碍。

(三)第三方支付的普及时代(2006—2009 年)

这一阶段被定性为行业支付阶段。

第三方支付机构在这个阶段已拓展到航空业、保险业，并逐步渗透到各行业。此时的第三方支付不仅带有清算服务的特性、信用中介服务功能，同时还兼具了部分融资的特性，进而释放了全新的资金理念。这一阶段针对第三方支付的管理正在形成，为第三方支付的监管奠定了基础。

(四)第三方支付的高速发展阶段(2010 年至今)

这一阶段被定性为规范与监管阶段。

互联网在硬件和软件方面的逐年提升为金融环境提供了必要条件。2015 年，央行出台了一系列管理办法及配套细则，第三方支付机构被纳入央行支付监管体系。

截止到 2019 年 12 月，央行共计发放了 272 张第三方支付牌照。其中注销 34 张，有问题 1 张，目前有效牌照 236 张。登录中国人民银行官网，点击"政务公开目录"栏目，打开"行政执法信息"分目录下面的"行政审批公示"，点击"已获许可机构(支付机构)"便可查看到目前已获资质的第三方支付公司。

三、第三方支付的分类

第三方支付狭义上是指具备一定实力和信誉保障的非银行机构，借助通信、计算机和信息安全技术，采用与各大银行签约的方式，在用户与银行支付结算系统间建立连接的电子支付模式，即第三方网络支付(本书所探讨的重点)。

根据央行 2010 年在《非金融机构支付服务管理办法》中给出的非金融机构支付服务的定义，从广义上讲，第三方支付是指非金融机构作为收、付款人的支付中介所提供的网络支付、预付卡、银行卡收单以及中国人民银行确定的其他支付服务。广义的第三方支付已不仅仅局限于最初的互联网支付，而是成为线上线下全面覆盖、应用场景更为丰富的综合支付工具，如图 6.5 所示。作为央行电子支付体系的重要组成部分，第三方支付能够有效提升资金流动的效率并降低资金流动的成本，是实现资金流信息化的重要途径。

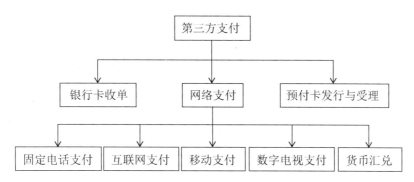

图6.5　第三方支付类型示意图

在 2011 年 5 月，央行核发第一批的支付许可证中，包括支付宝(中国)网络技术有限公司等在内的几家第三方支付企业的业务范围包括"货币汇兑"。2012 年 7 月，4 家一度获准发展货币汇兑业务的第三方支付企业换发了新的支付业务许可证，新牌照中无一例外地将"货币汇兑"从原有业务范畴中剔除。尔后获得支付牌照的第三方支付中也没有一家涉及"货币汇兑"。

(一)网络支付

网络支付也叫线上支付，是指依托公共网络或专用网络在收付款人之间转移货币资金的行为，网络支付属于电子支付的一种。网络支付又分为面向个人的支付平台(如支付宝、财付通、银联在线等)和面向企业提供的支付解决方案(如快钱、汇付天下等)。

几家大的支付机构，如支付宝、微信支付(财付通)、易付宝等既是互联网支付又是移动支付。

1. 电脑支付和移动支付

支付最早是以支付介质区分的，因为早期电脑跟手机区别很大，所以，使用电脑支付称为互联网支付，使用手机支付称为移动支付。但随着电脑越来越移动化，手机越来越电脑化，电脑端、手机端已经成为客户支付的两个端口。

电脑支付是最先兴起的互联网支付方式，该方式推动了电子商务产业的发展。

移动支付是指用户使用移动设备(手机、掌上电脑和移动电脑等)对所消费的商品或服务进行账务支付的行为，其手段包括 NFC、二维码、App 等。

▮▮▮ 视野拓展

解释：NFC 支付

近场通信(near field communication，NFC)支付是新兴的一种移动支付方式。采用 NFC 技术通过手机等手持设备完成支付，支付的处理在现场进行，即消费者在购买商品或服务时，无须移动网络，而是使用 NFC 射频通道实现与电子付款机(Point of Sale，POS)或自动售货机等设备的本地通信。通过近距离无线通信技术，使电子设备之间通过非接触式点对点数据传输交换数据。

2. 固定电话支付和数字电视支付

固定电话支付是指消费者使用电话或其他类似电话的终端设备，通过银行系统从个人银行账户里直接完成付款的支付方式。

数字电视支付是面向家庭用户的支付，消费者在家中借助电视遥控器即可完成电视购物、费用缴纳等自助支付业务，该方式为大众提供了一种更为安全、便捷的支付手段。

相比电脑支付和移动支付，固定电话支付和数字电视支付，没有发展起来，比较小众。

(二)预付卡

预付卡是指由发行机构发行的，可在商业服务业领域使用的债权凭证，包括采取磁条、芯片等技术制作的消费卡、积分卡、会员卡。

目前，市场上流通的预付卡主要分为两大类：单用途预付卡和多用途预付卡。

1. 单用途预付卡

单用途预付卡只能在本企业或同一品牌商业连锁企业使用(如沃尔玛或家乐福发放的购物卡)，单用途预付卡支付流程，如图 6.6 所示。

2. 多用途预付卡

多用途预付卡主要由第三方支付机构发行，该机构与众多商家签订协议，布放受理 POS 机，消费者可以凭该卡到众多的联盟商户进行跨行业刷卡消费。

先存钱进去，然后凭卡支付，无需现金(如超市储值卡、旅游预付卡等)，这样的方式一方面为消费者带来方便，避免了携带现金的麻烦与风险，另一方面也为发行企业带来了可观的预收现金流，可以更好地支持企业的运作。

预付卡与银行卡不同之处是，预付卡不与持卡人的银行账户直接关联。多用途预付卡的支付流程，如图 6.7 所示。

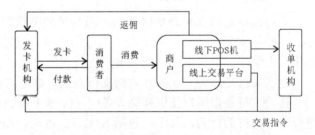

图 6.6　单用途预付卡支付流程　　　　图 6.7　多用途预付卡支付流程

目前，国内预付卡消费主要集中于零售业。从全国范围来看，预付卡市场发展的地区性差异明显。北京、上海等地起步早，参与者众多，竞争也最激烈，在当地已形成了个别有影响力的主导品牌，例如上海的"斯玛特"、北京的"资和信"。

预付卡的盈利来源于支付时的手续费、沉淀资金的投资收益以及过期预付卡里的剩余资金的隐秘收入。

📖 **视野拓展**

资和信商通卡由资和信电子支付有限公司发行，其系列产品包括普通商通卡、员工福利卡等，是北京地区市场占有率和知名度最高的预付卡产品，现已拥有百万计的用卡客户，年发卡量超过 500 万张。

商通卡商户网络涉及零售百货、家具家居、汽车服务、餐饮、美容健身、医疗健康、旅游酒店及教育服务等众多领域，已经成为一款安全可靠、购买方便、服务专业，并且能在全国范围内通用的预付卡。

(三)银行卡收单业务

1. 狭义的银行卡收单

狭义的银行卡收单就是 POS 机收单业务。POS 机是安装在特约商户能够与金融机构联网实现非现金消费、预授权、余额查询和转账功能的电子设备。

狭义的银联卡收单可以分为三方模式和四方模式。

(1) 三方模式。在这种模式中，商户接受卡组织发行的卡片，商户将每一笔包括客户账号、支付金额等在内的购买信息发送给卡组织，卡组织支付给商户，然后将每段时期(通常一个月)消费者的支付记录发送给持卡人，而后持卡人按约定方式结账。

在三方模式下，存在三个市场主体，商户、消费者与卡组织。早期做收单业务只有或者说只能是银联一家，商家通过银联商务公司(银联的下属企业)申请银联 POS 机，因此，银行卡收单也可以笼统地认为就是银联商务的 POS 机收单业务。收单支付的流程，如图 6.8 所示。

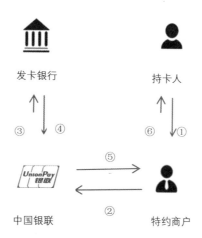

图 6.8 收单支付的流程

注：①持卡人到商户刷卡消费；②特约商户上传交易数据到银联；③银联传送交易数据到发卡行；④发卡行确认交易数据；⑤银联传送交易数据到商户；⑥商户提供产品或服务。

(2) 四方模式。由于三方模式的卡组织具有封闭性质，大大阻碍了其市场范围的扩大，从各国支付产业发展趋势来看，其逐渐被四方模式取代。而这种取代的最根本的原因在于四方模式进一步将分工细化了，卡组织专职于做清算，而支付则交由更多的合作者(银行)来完成，从而大大拓展了市场范围，规模报酬的递增降低了提供服务的成本。

简单来说，商户在银行(开户行)开设结算账户，银行为商户安装 POS 机，消费者就是持卡人，在商户进行消费时，通过刷卡方式进行支付，收单行(也就是银行)负责扣减一定的手续费后，再将消费资金计入商户账户。四方模式银联收单支付的流程，如图 6.9 所示。

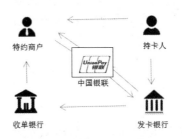

图 6.9　银联收单支付流程

简单地说，整个过程就是消费者手持银行卡，通过终端将交易数据传送给银联，银联收单请求，转发到指定的发卡行，发卡行确定后回复银联，银联再将结果传送给 POS 机，最后，消费者收到扣款通知。

　　一个新开业的超市，在建设银行办理了 POS 机业务，消费者小王(持卡人)来超市购买了 100 元的大米，在收银台进行付款时，如果小王使用建设银行(发卡行)的储蓄卡(或信用卡)在 POS 机付款，那么 POS 机会将付款数据发送到建设银行，建设银行收到请求后进行确认并直接进行处理，这时发卡行和收单行都是建设银行。如果小王使用中国银行(发卡行)的储蓄卡(或信用卡)在 POS 机付款，那么 POS 机会将付款数据发送到建设银行，建设银行将数据转接到中国银行，两个银行在结算后(银联卡清算)，将消费资金转入该超市在建设银行的指定账户上。

2. 广义的银行卡收单

广义的银行卡收单还包括了第三方 POS 机运营商间联模式，广义银联收单内容，如图 6.10 所示。

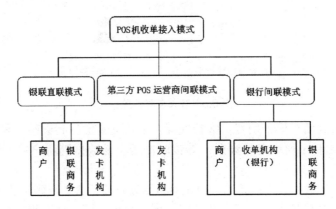

图 6.10　广义银联收单内容

2010 年，人民银行放开了国内银行卡收单市场，承认了非金融机构在支付领域的合法经营地位，并对非金融机构从事收单业务实行了准入许可的牌照管理。而在此前，收单市场的主体主要是各商业银行和中国银联的下属公司银联商务。

第二节　第三方支付的业务模式

 引导案例

亚马逊"刷手"结账

2018 年 1 月 22 日，亚马逊对公众开放了"拿了就走无须结账"的无人店 Amzon Go，但顾客首次进店仍需下载 App、登录亚马逊账号并扫描二维码。对于亚马逊来说，这个速度还是太慢了。

不久，亚马逊公司研究了一项新的支付模式，消费者要在实体店的结账终端将信用卡信息与自己的手掌联系起来，结账的过程只需晃一下手，扫描仪在 0.3 秒内即可验证顾客，完成支付动作，消费者无须使用其他任何设备。手读(hand-reading)误差仅有百万分之一，未来误差会进一步缩小到一亿分之一。与指纹技术不同，手读不需要顾客将手实际放在扫描仪上，而是可以远程读取其签名。

该技术于 2018 年 12 月 26 日由美国专利商标局(US Patent & Trademark Office)公布。

目前，亚马逊已经开始在其无人便利店中推广该技术，顾客可以使用他们的移动设备在实体店的旋转门上办理手续，然后在没有收银台的情况下购买产品。

从指纹支付到扫码支付，再到现在的刷脸支付、无感支付，都是为了减少消费者排队结账的时间，提高零售门店的运营效率，而这些便捷的背后其实都离不开强大的第三方支付支撑。

一、第三方支付的参与者

(一)第三方支付主体

第三方支付参与主体有第三方支付平台、终端用户、商户、内容服务提供商、银联、清算中心、银行、网联、电信运营商、储值服务商，如图 6.11 所示。

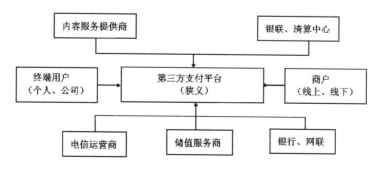

图 6.11　第三方行支付参与主体

1. 第三方支付平台

第三方支付平台是指平台提供商通过通信、计算机和信息安全技术，在商家和银行之间建立连接，从而实现消费者、金融机构以及商家之间货币支付、现金流转、资金清算、查询统计的一个平台。

第三方支付平台是第三方支付这种支付方式得以实现所必需的媒介，是看得见的第三方支付形式。

2. 终端用户

终端用户包括个人客户、公司客户，作为普通的购物者，都充当着客户的角色。终端用户可以通过第三方支付在线上和线下完成交易。

(1) 线上购物。线上购物是指客户在商户提供的平台中使用第三方支付进行付款购物。

(2) 线下购物。线下购物是指客户在线下商场、商超、商店等购物时使用 POS 机、智能 POS 机等设备刷卡交易。

3. 商户

商户的源头是客户，商户有小商户和大商户。小商户一般为微商代理、小超市的业主、连锁饭店、连锁企业等，这类商户一般都是通过代理商来接入到第三方支付的系统中；大型商户，比如滴滴、美团这类大型商户一般都有对应的优惠政策，由第三方支付和大型商户直接签约，是第三方支付争夺对象。

4. 内容服务商

内容服务商指硬件设备和软件技术提供商。

硬件设备主要是支付终端解决方案，如 POS 机、移动读卡器、NFC 设备等。软件技术即系统解决方案，涉及在线第三方平台的构建，以及与每个金融机构的接口，即支付网关，如移动 App、微信、支付宝等。

5. 银联、清算中心

银联、清算中心是指在银行业务往来及货币兑换过程中，对各种货币汇率的结算及各种商户通过终端支付资金到商户账户的一种清算。

6. 电信运营商

电信运营商是指提供固定电话、移动电话和互联网接入的通信服务公司。中国五大电信运营商分别是中国电信、中国移动、中国联通、中国广电、中信网络。中国移动通信集团公司是全球第一大的移动运营商。设备厂商有华为、爱立信、中兴等。

7. 储值服务商

储值服务商是指发行预付卡、储值卡的第三方支付服务商。

8. 银行、网联

银联、网联是连接各大银行的桥梁，银联转接线下支付，网联转接线上支付，第三方支付平台可任意选择接入其中的一种，但不得直连银行，银行充当第三方支付的最后收款人(付款人)。

　　网联采用分布式云系统对支付业务进行穿透式监管,并应用大数据及人工智能技术,对海量支付数据进行深度智能化监管分析决策,有效保障了我国支付业务的安全性。支付机构利用智能算法制定反欺诈场景模型与规则账户、洗钱特征模型、智能风险监测模型和异常行为安全极限,减少支付欺诈、洗钱等违法行为的发生。

(二)第三方支付功能

　　一个完整的支付系统包括以下几个方面。

(1) 应用管理。应用管理同时支持公司多个业务系统对接。

(2) 商户管理。商户管理即支持商户入驻,同时商户需要向平台方提供相关的资料备案。

(3) 账户管理。账户管理即渠道账户管理,支持共享账号(个人商户)及自有账户。

(4) 支付交易。支付交易提供生成预支付订单、退款服务。

(5) 对账管理。对账管理能够实现支付系统的交易数据与第三方支付渠道交易明细的自动核对(通常 T+1),确保交易数据的准确性和一致性。

(6) 清算管理。清算管理即计算收款交易中商户的应收与支付系统收益。

(7) 结算管理。结算管理即根据清算结果,将资金划拨至商户对应的资金账户中。

(8) 渠道管理。渠道管理支持微信、支付宝、银联、京东支付等多种渠道。

二、第三方支付的业务流程

(一)支付环节

　　一个完整的支付过程包括代收、清(结)算和代付三个环节。

1. 代收

　　代收指第三方支付平台把资金从买方的银行卡转移到第三方支付平台银行账户(或卖方银行账户)的过程。第三方支付公司经营代收业务,实际收到的客户委托预收(代付)货币资金,即备付金,必须托管在指定商业银行(存管银行)开立的专用存款账户,第三方支付公司不能挪用。

2. 清(结)算

　　清算和结算均是清偿收付双方债权债务关系的过程及手段,清算的参与者是银行或者直连的金融机构,跟商户和客户没有直接关系。在支付活动中,同一个银行内账户资金往来可直接结算,而涉及不同银行之间账户资金往来的,需要先清算再结算。清算不涉及债权债务关系的转移。

　　清分是指清算的数据准备阶段,是对网络交易数据(笔数、金额、轧差净额等)进行分门别类的记录、整理、汇总的过程。简单地说,清分做的事情是算清楚各方的账目,结算是将算好的钱实际挪到账户上,是银行和客户之间的资金转账行为。清算=清分+结算。

　　第三方支付行业里,一般只会有清分和结算两级概念,但有时也把清算和清分都叫作清算。

3. 代付

代付可以理解为第三方支付公司在完成清结算之后，结清交易当事人之间的债权债务关系并最终完成资金转移的过程。

(二)支付过程

支付的过程就是货币从一方到另一方债权的转移。第三方支付就是帮用户完成从银行卡划款给商户的交易，其流程如图 6.12 所示。

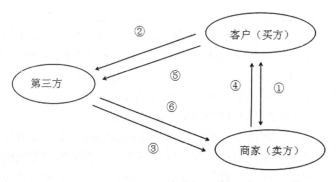

图 6.12 第三方交易流程

图 6.12 中的各个流程分别是指：

① 客户在电子商务网站上选购商品，下订单达成交易；

② 客户选择具体的某一个第三方作为交易中介，在第三方支付的页面上选择合适的支付方式，点击后进入银行支付页面进行支付，将货款划到第三方账户；

③ 第三方支付平台将客户已经付款的消息通知商家，并要求商家在规定时间内发货；

④ 商家收到通知后按照订单发货；

⑤ 客户收到货物并验证后通知第三方；

⑥ 第三方将其账户上的货款划入商家账户中，交易完成。

📚 **视野拓展**

我国第三方支付的发展案例

唯品会全资收购浙江贝付，正式获得了第三方支付牌照。拥有支付牌照后，唯品会可以形成支付闭环，进一步完善电商生态。打通闭环后有利于数据留存与挖掘，最终目标指向的是更具商业价值的精准营销、风险控制和产品优化，甚至是企业转型迭代。

美团点评完成对第三方支付公司钱袋宝的全资收购，借此获得第三方支付牌照，落实了 O2O 商业闭环的关键环节。获得第三方支付牌照有利于为用户、商户提供更加安全、便捷的服务，未来继续秉承"开放共赢"的原则，和各银行金融机构、卡组织以及其他支付机构开放合作，为用户、商户提供多样化的选择。

三、第三方支付的系统架构

架构决定需求和设计，好的架构应该满足逻辑完整、业务功能明确、可扩展(发展方向明确、业务边界清晰)、灵活(非耦合)等特点。

互联网支付系统是由众多关联子系统构成，通过多个子系统间协同合作完成支付流程的系统集。从前端用户的视角来看，支付是一个很简单的动作：绑定银行卡、手机短信验证或直接输入支付密码即可。但从整个系统来看，支付的过程实际涉及了众多支付子系统的协同以及复杂的系统逻辑。例如，远程连接、分布式计算、消息机制、全文检索、文件传输、数据存储、机器学习等，以上的每个子系统都不是孤立的，而是通过产品架构相互关联。

第三方支付的外部合作，涉及银行、银联、网联、商户、用户、公安、电信运营商、安全防控公司、服务器运营商等，而内部的具体业务，大致分成入金类业务、出金类业务、清算对账类业务、差错处理类业务。因为支付业务涉及方方面面，所以导致了复杂的技术架构。

> 第三方支付的灵活性在于可根据业务需求，开设各类中间账户，根据业务指令，实现资金的可控性停顿与清结算，满足不同场景需求。

架构不是静态的，而是动态演化的。只有能够应对环境变化的系统，才是有生命力的系统。所以，即使你掌握了以上所有的业务细节，仍然需要演化式思维，在设计的同时，借助反馈和进化的力量推动架构的持续演进。

一个典型的支付流程涉及十多个子系统，一般来说，各家支付系统都会结合公司自身业务和系统架构特点，通过不断地演化形成公司特有的支付系统。但无论怎样变化，基本的模块和逻辑是相通的。

支付系统可以划分为三个层级，最上层是面向用户端使用的前端产品服务层，中间层属于支付系统核心部分，最底层是一些提供基础服务的系统模块，如图 6.13 所示。

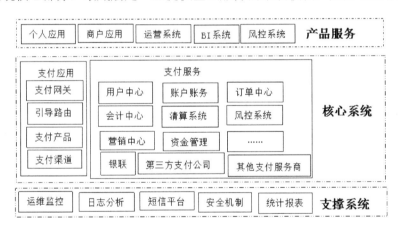

图 6.13　支付系统的层次

(一)产品服务层

产品服务层也叫应用层，是通过支撑层、核心层提供的服务组合起来，对最终用户、商户、运营管理人员提供的系统。它包含面向个人的应用如支付宝 App、商家收银产品，例如 POS 机、商户对账平台、代理商渠道管理平台、支付系统内部运营人员使用的运营管理平台，以及 BI 报表等独立系统。产品架构与技术架构相辅相成，技术架构决定技术框架和性能。

(二)核心层

核心层一般可以分成支付业务处理模块和支付服务模块,支付业务处理模块负责实现支付的主流程,从发起支付到与支付渠道对接并最终返回支付结果。支付服务系统模块负责提供与支付业务相关的其他服务,例如用户管理、订单管理、记账、对账、清算等。

1. 支付业务处理

(1) 支付网关。在一个完整的交易过程中,银行内部网需要与互联网进行交互。为了保证银行系统和支付活动的安全性,需要在银行内部网(金融专用网)与互联网之间建立一道安全屏障,以隔离银行网和互联网,通常我们将其称为支付网关。因此,支付平台只作为支付通道将买方发出的支付指令传递给银行,银行完成转账后再将信息传递给支付平台,支付平台将此信息通知卖方并与卖方进行结算。在支付网关模式下,第三方支付平台扮演着"通道"的角色,并没有实际涉及银行的支付和清算,只是传递了支付指令,相当于银行的门卫,控制谁可以进出银行,图6.14所示就是支付网关模式。

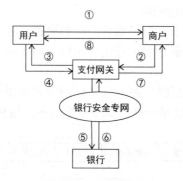

图 6.14　支付网关

支付业务处理支流程如下:

①用户在商城选购商品并发起支付请求;②商城将支付订单通过 B2C 网关收款接口传送至支付网关;③第三方支付验证卖方身份,提供支付页面;④用户选择网银支付及银行进行支付;⑤发送买方的卡号信息至支付银行;⑥授权支付,并把信息反馈给支付网关;⑦返回支付成功消息;⑧支付成功,发送货物。

(2) 引导路由。每一种支付应用,都可能对应着一种或多种支付方式,具体某个支付场景下供用户选择、排序等都是由引导路由负责管理实现的。以"饿了么"点餐时的支付为例,"饿了么"收银台的支付应用是根据引导路由,展示给用户选择支付方式的界面。图6.15所示是"饿了么"的引导路由。

(3) 支付产品。通常所说的支付方式,其本质是银行和第三方支付机构封装好的支付产品。例如常说的银行卡快捷支付、微信支付(App 支付、扫码支付等)、网银支付、账户余额支付等。

(4) 支付渠道。支付渠道模块负责对接各家支付机构的支付接口,对接的机构包含银行、银联、第三方支付公司以及其他支

图 6.15　引导路由

付服务商。

2. 支付服务系统

支付服务系统模块负责提供与支付业务相关的其他服务，例如用户管理、订单管理、记账、对账、清算等。

(1) 用户中心。客户使用不同的产品，签署不同的协议，就有了用户。此模块负责用户相关信息管理，包含个人用户注册、商户签约入网、客户归并等。

(2) 账户账务。账务核心的功能为，根据前端业务系统的要求设计相匹配的账户类型、管理各类账户、记录账户资金变动等。同时，按照公司内部的财会规范，提供反映各账户间交易资金变化情况的会计数据；并且负责将自身记录账务流水与支付渠道结算资金和结算流水进行核对，对对账结果中出现的差错交易进行差错处理。

(3) 订单中心。一般订单系统可以独立于业务系统来实现，这里的订单，主要指支付订单。订单中心负责所有业务订单与支付订单的创建与管理，当前端产品确认好金额，商品等信息后，订单中心创建相关业务订单。当用户决定使用某种支付产品进行支付时，创建支付订单。

(4) 会计中心。会计中心提供会计科目、内部账务、试算平衡、日切、流水登记、核算和归档的功能。如，支付订单成功时，账务系统进行流水账记账(单边账)，同时异步通知会计系统进行复式记账。当天会计日期切换时(例如 23:00)，会计中心进行日切处理，汇总相关会计科目。

(5) 清算系统。支付完成后，根据支付指令，完成资金清算，最后根据与特约商户约定的结算周期，进行资金结算。对于有分润需求的业务，还需要提供清分清算、对账处理和计费分润功能。

(6) 风控系统。风控是支付。系统必备的基础功能，所有的支付行为必须做风险评估并采取对应的措施。风控负责审核商户资质。风险交易，防控洗钱、盗卡等情况发生。风控系统一般进行交易放行，交易拦截，交易验证增强三种校验。比如一般交易仅需要验证支付密码就能支付，高风险交易需要额外验证手机验证、指纹或人脸识别等才能支付。

> 反洗钱系统一般放在"客户信息"模块进行管理。根据监管部门要求，对系统内所有交易进行反洗钱规则过滤，监控可疑交易，并向有关部门报送触发反洗钱规则的交易信息、用户信息。除了对交易的反洗钱监控外，还需对用户身份进行持续识别。

(7) 营销中心。营销中心负责支付业务中优惠活动、优惠券的创建与管理。如管理红包、优惠券的发放、回收、使用、对账等。

(8) 资金管理。资金系统指围绕财务会计而产生的后台资金核实、调度和管理的系统，管理公司在各个支付渠道的头寸，在余额不足时进行打款。

(三)运营支撑层

支撑系统是一个公司提供给支付系统运行的基础设施，用来支持核心系统的服务，是面向公司运营部门、客服人员、风控、清结算等相关部门打造的运营平台，满足各部门的日常需求，标准化客户服务流程、风险交易处理流程、清结算差错处理流程等，提升公司内工作效率。

支撑系统主要包括提供短信平台、消息通信机制、认证服务、日志服务、安全控件以及一些与外部对接的第三方服务，例如实名认证、人脸识别、OCR 等。主要包括以下子系统。

1. 运维监控

支付系统在运行过程中不可避免地会受到各种内部和外部的干扰，光纤被挖断、黑客攻击、数据库被误删、上线系统中有 bug 等。运维人员必须在第一时间内对这些意外事件作出响应，但又不能一天 24 小时盯着。这就需要一个运维监控系统来协助完成。

2. 日志分析

日志是支付系统统计分析、运维监控的重要依据，公司需要提供基础设施来支持日志统一收集和分析。

3. 短信平台

短信在支付系统中有重要作用，身份验证、安全登录、找回密码，以及报警监控，都需要短信的支持。

4. 安全机制

安全是支付的生命线。SSL、证书系统、防刷接口等，都是支付的必要设施。

5. 统计报表

统计报表是支付数据的可视化展示，是公司进行决策的基础。

视野拓展

某用户购买了一部 Apple 手机，需要支付 9998 元，系统调用支付机构的服务后进入收银台，用户选择快捷支付，那么意味着客户首先经过了产品层的收银台，然后产品层收银台的背后核心层也会参与本次交易，涉及相关的子系统。比如，会员系统对该用户会进行校验；风控系统会对这笔交易进行判断是否放行；签约系统选择用户的银行卡是否进行了签约；收费系统计算该笔交易手续费多少；订单和交易系统生成交易订单，方便以后查询核对。如果交易完成，清算对账系统对该笔交易与渠道就进行对账，商户进行对账，内部进行对账等，然后还会结算相应款项给商户。最后，还会经过网关层，网关会为这笔交易选择合适的渠道进行资金转移，然后调用合适渠道的能力进行业务处理；同时支付机构可通过运营支撑，对该交易进行监测管理。

四、金融科技在第三方支付中的应用

金融科技应用于第三方支付业务技术创新，表现为市场参与者在交易中使用区块链技术可以享用平等的数据来源，交易流程更加方便安全。区块链技术支持下的交易模式有三大优势。

1. 减少交易成本

对我国而言，边远贫困地区的金融服务供给不足，移动支付的应用在可负担的成本内可以较好地为当地群体提供必要的金融服务，落实普惠金融。通过移动支付手段，有效提升了当地金融服务覆盖率，实现了移动支付使用率、账户渗透率的双高。

电信运营商推出的移动货币业务，金融科技支持下的交易流程更公开、简洁、透明、快速、有效，减少重复功能的信息技术系统，提高市场运转效率。

2. 交易风险降低

区块链支付机构利用区块链技术实现了支付信息的可追溯和验证，进一步保障了支付安全。生物识别支付机构通过指纹识别技术，增加了支付账户被盗用的难度保障和支付安全性。比如，亚马逊 2017 年推出的 Amazon Go 就是把个人生物特征识别与云计算等技术结合，无须中间环节的个人身份、账户和信用水平等识别，消灭支付载体，直接完成支付。

3. 跨境支付更便捷

当前的跨境支付结算的方式日趋复杂，存在时间长、费用高、中间环节多等问题，同时，各国的清算程序不同，一笔汇款通常需要 2～3 天才能到账，效率极低，且在途资金占用量极大。

基于区块链应用于跨境支付带来的优势。一是降成本，通过减少价值转移过程中中介机构的参与，可以有效降低直接和间接的成本。二是提效率，基于区块链点到点的支付模式，或可实现全天候支付、实时到账，有效提升支付效率。

以银行为例，区块链将摒弃中转银行的角色，实现点到点快速低廉跨境支付；区块链安全、透明、低风险的特性提高了跨境汇款的安全性，加快结算与清算速度，提高了资金利用率。同时，银行与银行之间不再通过第三方，应用区块链技术实现点对点支付，无须第三方中间环节，全天候支付，实时到账，提现简便。

第三节　中国现代支付体系

引导案例

中国古代支付系统的形成

明清时期，世道不平，土匪为患，商人要是带着大把银子出门，被劫是常事。虽说当时已经有了快递行业，也就是镖局，但是安全还是无法保障。就算能安全送达，快递费也需要不少。

道光(1823)年间，山西平遥商人创立了"日升昌"等专门办理汇款业务的票号。当时的票号支持异地汇款业务：客户来日升昌汇款，交了银子之后，票号就开出汇票给客户。

跟银行一样，票号也有总号和分号，客户可以携带汇票或者把票寄给亲人，只要凭票就可以到日升昌全国各地的分号兑出银子，分号给客户兑换之后先记内部账，日后再和总号清算债务。从此以后，商人在城市之间贸易可以不用携带大量的银子。

而汇票在不同城市的各个分号之间流转也形成了很多债务，需要大量的银子周转，镖局就专为票号运送银子以及为商人运送票据。

在这个时期，通过汇票+账本(手工记账)解决了信息流传递的问题(成交)，镖局替票号运送资金解决了资金流清算(交割)的问题。

一、支付和清算

支付是货币的转移，自从人类有了货币，就产生了支付，支付是货币的基本功能之一。清算是对因跨行交易而产生的银行间债务债权进行定期净轧差，以结清因跨行交易产生的债务债权。

通俗地讲，银行与商户(卖方)、客户(买方)之间是结算关系，而银行之间构成清算关系，两个层次交易都彻底完成后，支付环节才算了结，如图6.16所示。

现代社会所有商业行为，最终都会产生交易。而所有的交易，除了物物交换，最终都体现在银行账户间的资金划拨上，因此一个国家的支付清算系统是最基础的工程。这个系统涉及两个问题：①信息流如何传递；②资金流如何清算。

(一)客户和商户在同一个银行开户的交易

当客户和商户之间进行交易时，如果在同一银行开户，那么银行转账时，银行只需把两个账户的金额进行改变，一增一减。

小王和小李都在工行开户，小王给小李转账 100 元，工行只需把小李的账户增加 100 元，小王的账户减少 100 元，如图6.16所示。

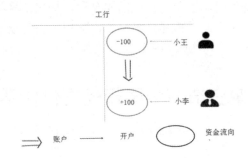

图 6.16　小王和小李转账示意图

(二)客户和商户在不同银行开户的交易

1. 实现通存通兑

银行需要在所有银行都开户，才能实现通存通兑。

假设小王在工行开户，小李在建行开户，小王给小李转账 100 元，在资金的"搬运"时，工行怕建行的客户在工行取了钱之后，建行不认账，为了保险起见，银行之间会要求对方银行先来开个户并且存一部分钱进来作为保证金，或者叫存款准备金。这个备付金账户是专门用于清算的同业头寸账户，如图6.17所示。

2. 央行的备付金系统

随着银行业的不断发展，银行每天处理各类跨行业务的数量增多，各家银行之间的债权债务关系变得非常复杂，由各家银行自行轧差进行清算变得非常困难。这就要求成立一个清算中心，所有银行都在清算机构开户以便于清算。

1984 年中国人民银行行使中央银行职能之后，确立了法定存款准备金制度，央行的备付金系统正式确立，央行承担起全国清算中心的角色，清算过程是以各银行在央行开设的备付金账户为基础(提供流动性)，而结算过程则是以消费者、商户在银行开设的结算账户为基础，如图 6.18 所示。

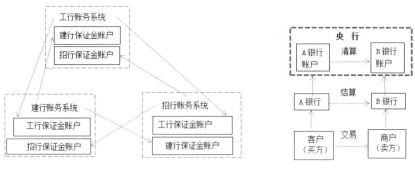

图 6.17　备付金账户图　　　　图 6.18　清算和结算

因此，不在同一个银行开户的小王和小李通过清算机构，使得转账得以顺利完成，小王与小李之间称"结算"或"支付"，工行与建行之间称"清算"。清算和结算体系本质是监控资金在全社会的流动，避免系统性风险，提高支付的效率，树立公众对支付体系的信心，同时，能够有效地实施货币政策等，如图 6.19 所示。

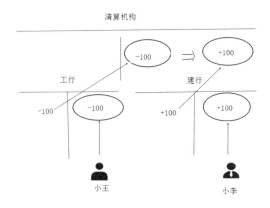

图 6.19　资金清算图

📖 **视野拓展**

1. 结算与代付

1) 结算

①小王拿着一张工商银行卡，卡内资金充足；②小王找到建设银行的 ATM；③小王在建设银行的 ATM 上，插入工商银行卡；④小王输入金额，取了 100 元。

从插卡到建行 ATM 吐出钞票，这个过程叫支付，建行和工行之间完成了信息流的传递。

2) 代付

①建行系统将小王取款的动作通知工行系统；②工行确认小王工商银行账户有足够的资金；③小王在建行 ATM 取款成功；④小王拿到了现金，同时小王的工行账户也减少了 100 元。

对小王而言，整个交易就已经结束了。但是建行先替工行给了小王 100 元，这里形成了一个银行间的债权债务关系：工行欠建行一笔 100 元的债务。

2. 清算

只有等工行欠建行一笔 100 元的债务还清了，银行才会把这笔交易当作真的完结了，这个过程叫清算。

可见，支付反映的是交易的信息流，一般都是实时的，只涉及台账资金的变化。当小王在建行 ATM 取款时，工商银行层面只是在它内部账户做了一次记账而已，工商银行的真实资金并未减少。

在支付的背后，建行和工行之间一定会发生实际的资金划转以清偿债权债务，所以清算反映的是交易的资金流。银行之间可以每天清算一次，也可以隔一段时间再清算，大多数情况下的清算都不是实时的。

(三)中国银联银行卡跨行支付系统

中国银联是指中国银行卡联合组织，通过银联跨行交易清算系统，实现商业银行系统间的互联互通和资源共享。

1. 银联之前的状况

银联之前各银行各自为政。中国银行于 1985 年发行了中国第一张银行卡——珠江卡，1986 年发行了第一张信用卡，开启了中国银行卡发展的序幕。当时，日常生活中的银行卡支付是由银行独立完成的，持卡人只能在自己开户行柜面或部署的 ATM 或者 POS 机上使用，即各银行受理各银行的卡，不能实现银行卡的跨行交易。

随着国家的发展，人员流动性加大，如果每个行都发行自己的银行卡，那么可能就需要几千种银行卡(截止到 2019 年 12 月底，我国各类银行业金融机构共 4607 家)，何况去不同的银行都要办理一银行卡既不方便也不可能。

2. 银联的作用

中国银行卡联合组织也叫中国银联或卡组织。表 6.1 列举了银联的作用。

表 6.1　银联的作用

作	用
发卡行和收单行是同一家银行	从消费者的账户划拨至商户的账户
发卡行和收单行不是同一家银行	由卡组织进行跨行清算，走央行的准备金账户
直接或间接地使交易达成转接	
提供交易产品及服务的个人或组织	
负责银行之间的清算	

(1) 银联成立后打通了各个银行的接口。1993 年，国务院启动了以发展我国电子货币为目的的金卡工程，在金卡工程的推动下，各地先后成立了银行卡信息交换中心，初步实现地区性的 ATM 取现、POS 跨行刷卡的互联互通。但这距离实现全国性的银行卡业务的互通还有不小的距离。

2002 年 3 月 26 日中国银联股份有限公司(China UnionPay，简称中国银联)成立。中国银联成立后，所有银行都基本和银联有合作。只要有银联的标志的卡，就可以在有银联标志的设备上使用，如 POS 机上刷卡、ATM 机上取钱。同一张银行卡可以跨银行、跨地区甚至跨境使用。

(2) 规范化一些共享共用资源。中国银联身负跨行清算、卡组织、行业监管的职能。例如，当你拿工行的银行卡在农行的 ATM 上取款，ATM 中的钱是农行的，但是扣款是这张工行账户中的钱。银联在此交易起到的作用是：①把这个通道打通，确保工行和农行都收到这笔交易；②通过清结算的方式确保工行和农行账户中经过清算后账务无误。

 教学互动

问：举例说明银联的作用。

答：有一张建设银行的存折和一张工商银行的存折。没有银联的话，就不能使用"转账"将钱从建行里转到工行里。

没有银联，银行只能发行 Visa、万事达等卡，所有中国人的转账汇款将被这些外国发卡组织抽成，汇款手续费高(银联 5‰、运通 3‰)；消费时，你带建行卡去提车，而这个 4S 店有工商、招商和农行的 POS 机，正巧没有建行的，POS 机不支持非本行卡片。所以你只能去柜台取现金来提车。另外，没有银联提供的快捷支付通道，支付宝连绑卡都不可以，更不用说转账和消费了。

3. 银联的运转过程

银联参与支付—清算—结算的运转过程，如图 6.20 所示。

银联可以掌握此笔交易的信息，银行和央行也可以掌握此笔交易的信息。商户和在与消费者进行交易之后，通过银联将这一信息传达给发卡行和收单行，在卡组织完成清算之后，央行将这笔交易的款项从发卡行的准备金账户划拨至收单行的准备金账户，这笔交易才算正式完成。

央行在最顶端，对各个银行进行着监管，各个银行又联结着众多商户和消费者，从而形成一种金字塔结构。同样地，网联在线上的作用同银联一样，也是实现线上银行和支付机构的渠道对接，实现转接清算的功能(见图 6.20)。

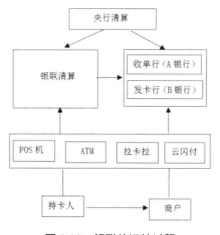

图 6.20　银联的运转过程

中国银联银行卡跨行支付系统(CUPS)只是中国现代化支付系统(CNAPS)的一个子系统。

二、中国现代支付体系形成

支付需要银行,银行又离不开央行,央行的核心是清结算系统。

(一)中国支付清算系统的前身

1. 清算中心建成

1990 年,中国人民银行清算中心建成,专门为金融机构提供支付清算服务。这个清算中心包括 NPC 和 CCPC:

① NPC(national process center,国家金融清算总中心)。
② CCPC(city clearing processing center,城市处理中心)。

2. 全国电子联行系统 EIS 投产

1991 年 4 月 1 日,基于金融卫星通信网的应用系统全国电子联行系统(EIS)开始试运行。
EIS 是人民银行专门用于处理异地(包括跨行和行内)资金清算和资金划拨的系统。
它连接了商业银行、央行、NPC 和 CCPC,如图 6.21 所示。

金融卫星通信网和国家金融网络系统解决了银行信息流问题;NPC 和 CCPC 解决了资金流问题。

从此之后,各个银行之间的跨行汇款就可以直接通过这样的电子化操作来完成了,客户的资金在途时间缩短到了一两天,这是中国金融系统的一大里程碑。

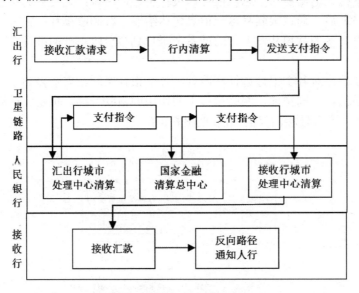

图 6.21　全国联行跨系统支付流程

假设客户在深圳建行汇款给北京工行,通过 EIS 处理一次跨行汇款的流程,如图 6.22 所示。

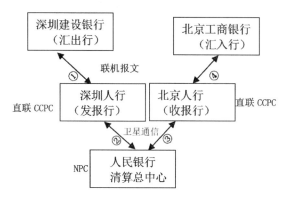

图 6.22　EIS 的业务流程

①　深圳建设银行(汇出行)接收其客户的汇款请求后，向人民银行当地分行即深圳人行(发报行)提交支付指令(转汇清单)；支付指令可以是纸质凭证，或磁介质信息，或联机电子报文。

②　深圳人行发报行借记汇出行账户后，按收报行将支付信息分类、打包，通过 CCPC 经卫星地面小站即时发往清算总中心。

③　清算总中心收到转汇电文，经记账并按人民银行收报支行将支付指令清分后，通过卫星链路即时发送到相应的收报行。

④　收报行对汇入行账户贷记后，以生成的纸凭证或电子报文方式通知汇入行。

汇入行作账务处理后，以来账的反方向，向汇出行发送确认的答复信息，完成一笔汇兑过程。

(二)中国现代化支付系统构架

到了 21 世纪，随着信息技术的飞速发展，中国开始着手建设中国现代化支付系统(China National Automatic Payment System，CNAPS)从此，全国电子联行(EIS)系统逐步向 CNAPS 过渡。

现代化支付系统以清算账户管理系统(SAPS)为核心，以大额支付系统(HVPS)、小额支付系统(HEPS)、支票影像交换系统、网上支付跨行清算系统(超级网银)为业务应用子系统，以公共管理控制系统和支付管理信息系统为支持系统。运行的清算系统均由央行主管。

出于各种商业目的，不同渠道的业务采用不同的清算系统来实现跨行交易。大体如下。

(1)　银行柜台。银行柜台直接用大小额系统。

(2)　手机网银。手机网银主要用于大小额系统+超级网银。

(3)　ATM。ATM 信息流由银联处理，即银联 CUPS(实现全国范围内所有跨行银行卡业务的信息转接和资金清算、数据的收集、清分和下发等工作的系统)为银行间交易提供指令的转接和清分；资金流由银联通过大额系统完成银行间的资金划拨。

(4)　POS。POS 跟 ATM 类似，由银联处理信息流。不过资金流分两部分，发卡行和收单行之间的资金划拨由银联通过大额系统完成；收单行与商户账户的资金划拨由银联通过小额系统完成，如图 6.23 所示。

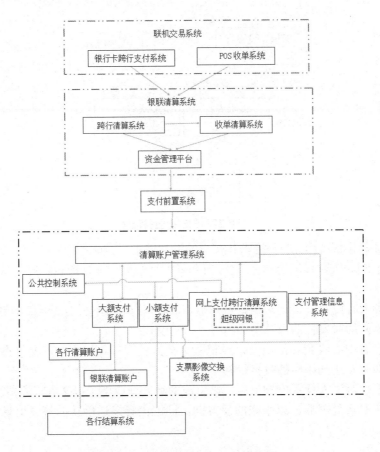

图 6.23 中国现代化支付系统构架

🔲 视野拓展

大额实支付系统和小额支付系统的异同

各银行的跨行转账可以使用央行的大小额系统来完成。

1. 大小额的开放时间不同

大额支付系统工作日为周一到周五的 8:30—17:00;小额支付系统全年无休,24 小时工作。

2. 业务处理上不同

大额支付系统是每笔交易都实时发送实时清算实时到账,跨行资金零在途;小额支付系统是在收集若干笔交易后打包统一处理定时清算。所以,用小额系统转账经常要几分钟甚至半个小时才能到账,银行间头寸交割也是非实时的。

3. 金额不同

大额支付系统没有金额限制;小额支付系统支持的单笔金额上限是 5 万元。

4. 用途不同

大额支付系统用在处理同城和异地的商业银行跨行之间(也包括行内一定金额以上的)大额贷记业务,主要用于资本市场、货币市场交易和大额贸易资金结算,侧重于资金转移的时效性。小额支付系统对数据吞吐量要求较高,主要用于处理同城和异地小额贸易支付和个人消费服务业务。

三、第三方支付的网联模式

网上银行是指通过银行互联网向客户提供开户、查询、对账、行内转账、跨行转账、信贷、网上证券、投资理财等传统服务项目，使客户可以足不出户就能够安全便捷地管理活期和定期存款、支票、信用卡及个人投资等。可以说，网上银行是在互联网上的虚拟银行柜台。

(一)直连和间连模式

1. 直连

直连就是第三方支付直接对接银行接口，如认证、支付清算、对账和资金划转都是和银行直接进行。直连交互不用经过多个系统，速度快，支付成功率高、出错率低；由于单独开发，在对接时间、专线费用享受银行为第三方支付平台定制的专用接口。

2. 间连

间连指第三方支付间接对接银行接口，中间存在一个中介方(例如银联)。间连模式省去了接口单独开发，对于一些交易量很小的银行还省去了专线对接的各种成本。

2018年6月30日起，央行要求第三方支付机构必须断开与银行直连，接入合法清算组织——网联或银联。也就是说，所有网络支付(如微信、支付宝)都必须"断直联"，全部经过网联。过去，支付机构普遍绕开清算组织直接与银行接入，既节约通道费用，也将资金流和信息量掌握在自己手中，但由此衍生"金融"服务。"断直连"将改变了支付清算流程，监管部门可以掌握支付机构资金流和信息流，费率也没有了谈判空间。

(二)直连的弊端

1. 大量的交易形成了金融监管上的盲区

由于第三方支付机构可以在多家银行开立账户，通过第三方支付机构跨行转账的过程中，支付机构只需在内部轧差之后，调整不同银行账户的金额，就完成所有支付交易的流程。因为没有通过央行的清算账户，监管机构只能够看到支付机构在各家银行账户上的资金变动，看不到第三方支付的完整的资金转移链条，这样就使银行、央行、银联都无法掌握具体交易信息，无法掌握准确的资金流向。这就给金融监管、货币政策调节、金融数据分析等央行的各项金融工作带来很大困难。更危险的是，它也有可能被不法分子所利用，成为洗钱、行贿、偷税、漏税行为盗取资金的渠道。

视野拓展

小王在工行开户，小李在建行开户，小王的第三方支付(以支付宝为例)绑定了工行账户。小王要给小李转账100元，由于支付宝在工行和建行都开有账户，于是整个过程如下。

小王在工行账户上的100元，转至支付宝在工行的账户上，支付宝在建行账户上的100元，转至小李在建行的账户上。

从小王转账给小李的这个过程可以看到，通过第三方支付机构跨行转账的过程，是没有通过央行的清算账户的。从而，央行和银行都不知道小王向小李转款 100 元这件事情，这就为洗钱等犯罪行为创造了空间，还可能产生其他风险(这里小王和小李也可以是一个人)，如图 6.24 所示。

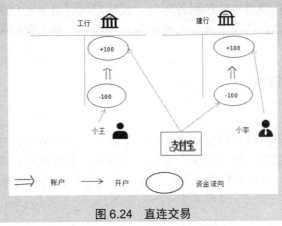

图 6.24 直连交易

2. 传统在线上收单业务出现的"二清"风险

"大商户+二清"模式就是所有客户资金都统一先划转至某一个人或某一家公司服务(平台)，再由这家公司或个人结算给该平台二级商户。"二清"的危害不言而喻，平台方随时有携款潜逃的可能，会导致一些子平台血本无归。

用户在支付公司开立的虚拟账户的客户备付金，是用于方便互联网小额支付(如支付宝余额、微信零钱)，不属于支付机构的自有财产，其所有权属于客户，但与银行存款的性质不同，这些预收客户的待付货币资金不受《存款保险条例》的保护，也不以客户本人名义存放在银行，而是以支付机构名义存放在银行，并且由支付机构向银行发起资金调拨指令。

没有支付牌照的平台公司和电商类平台在实际从事业务的过程中使用的是"大商户+二清"模式。理论上，支付公司不能提供和银行活期存款一样的信用背书，因此，具有跑路风险。线下实体商场跑路一般是区域性的风险事件，影响较为有限，并且跑路的时候通常会留下固定资产，跑路的成本比较高，而电商平台则多数是轻资本运营，成本无非是服务器、办公用品，并且互联网没有边界，极有可能酿成全国性风险事件。

(三)网联的作用

网联清算有限公司(nets union clearing corporation，NUCC)是经中国人民银行批准 2017 年成立的非银行支付机构网络支付清算平台的运营机构。

网联主要处理由非银行金融机构发起的涉及银行账户的网络支付业务。简单地说，网联就像"线上版的银联"，只做清算业务不处理银行业金融机构发起的跨行支付业务。这个平台在功能上与银联十分相似，因而也被业界形象地称之为"网联"。网联的建立解决了交易信息不透明、违规从事跨行清算、多头连接导致社会资源浪费的问题，以及客户备付金的安全等问题。

1. 央行通过网联获得了更多的金融大数据

在没有网联之前，支付机构直接与各家银行对接，进行线上支付业务；央行设立了网联后，要求支付机构必须与网联对接，才能在线上接入各家银行。网联等于在第三方支付机构和用户间放了一个数据引流器，切断了第三方支付机构直连银行的清算模式，所有的支付清算数据，最终都通过网联汇总到央行，使资金流向一目了然，如图6.25所示。

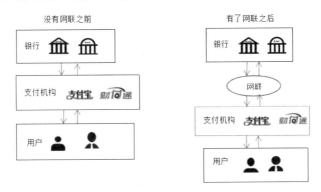

图6.25 网联前后对比

2. 央行通过网联获得了更多的金融大数据

网联的建立解决了困扰已久的备付金集中管理难题。央行规定，第三方支付机构接受备付金的，应当在商业银行开立备付金专用存款账户存放备付金，支付机构只能选择一家商业银行作为备付金存管银行，且在该商业银行的一个分支机构只能开立一个备付金专用存款账户。个人在第三方支付虚拟账号里的余额统筹在央行的备付金集中存管安全可靠。网联加了一个"清算"环节，在一定程度上能够纠正第三方支付机构违规从事跨行清算业务，有利于监管。

3. 网联带来新的变化

网联时代，所有的第三方支付机构和所有的银行都接入网联，使第三方支付机构的"一对一"模式变成了"多对一"模式。

网联对第三方支付企业而言，可以大大节约其银行渠道拓展与维护成本投入。例如，现在市场上总共有第三方支付牌照的机构(有效)236家，如果按每家机构对接100家银行计算，对接规模23600对关系。但是，通过网联中心化连接，对接规模变成236加上1，也就是236对关系，只需要维持相当于原来1%的关系。

第三方支付公司和银行所有的接口都通向网联，网联接口统一费率，让更多小规模的第三方支付公司有更公平的竞争环境，第三方支付企业比的不再是谁的银行渠道多、谁的清算成本低，而是谁能为客户提供更多更优的支付场景和体验。

对于一些中小型银行，网联可以让参与支付的各方，权责逐渐变得更加明确、清晰和独立。

4. 网联在现代支付体系中的地位及支付流程

网联在现代支付体系中的地位及支付流程，如图6.26所示。

有了网联之后，用户在淘宝上买一双300元的鞋，通过支付宝，使用绑定的工行卡付款。流程变成了这样：①用户向支付宝发送支付请求；②支付宝收到用户支付请求，自动向网联发送信息；③网联将交易信息保存数据库，再将请求转发给工行；④工行在用户的账户扣掉 300 元，告知网联已扣款成功；⑤网联再告知支付宝并传输，支付已成功；⑥交易完成。

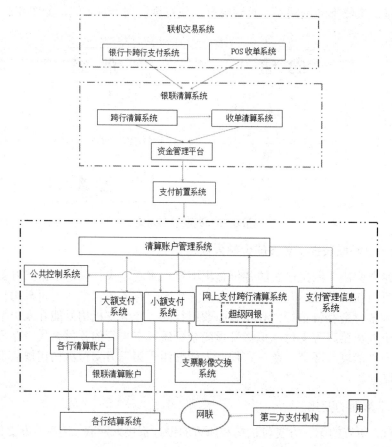

图 6.26　网联在现代支付体系中的地位

📖 **教学互动**

问：网联和银联都是由央行设立的，二者有什么不同？

答：网联和银联都由央行设立，负责的是完全不同的两个领域。网联全称为"非银行支付机构网络支付清算平台"，其实就相当于"第三方支付版的银联"，专门负责支付宝、财付通、微信支付等网络支付的清算。网联成立的目的是：①直接监管(第三方机构变相行使央行才有的跨行清算职能，而网联使这种情况得以避免)；②掌握具体交易和资金流动，制定金融监管和金融数据分析等；③防止不法分子洗钱、套现等。

📚 **案例透析**

支付宝的产生

在淘宝网创办之初，没有交易，这当中有一个重要的问题，即买卖双方之间缺乏信任。在网上交易中，卖家担心货发出去了而没收到钱，买家担心钱付出去了而没收到货。用户对于全程线上交易这种模式很谨慎，而当时也确实出现了一些骗子收了钱不发货并逃之夭天的现象。

受此影响，淘宝网早期的很多交易是在同城进行的。比如，杭州的买家在网上拍下了同城卖家的货，之后双方约定线下见面成交，这时沿用的依然是"一手交钱，一手交货"的传统交易模式。为了降低用户上当受骗的风险，淘宝网当时也鼓励这种"线上下单，线下成交"的方式，但这种交易方式的局限性很大。比如，一个广州的买家和一个杭州的卖家之间很难实现交易。

因此，淘宝网若想进一步发展，就必须先在买家和卖家之间建立互相信任的关系。

一次，淘宝网的负责人孙彤宇在逛淘宝网论坛时发现，不仅淘宝网团队为此头疼，淘宝社区中的买家和卖家也在讨论这个问题，他就主动发帖和这些用户讨论。一来二去，他的思路越来越清晰。孙彤宇想，既然用户最关心的是钱，那么只要保证资金安全，用户就敢用淘宝网了。因此，如果能在淘宝网推出一种基于担保交易的支付工具，问题就解决了。

所谓"担保交易"，是指买家在下订单之后，将钱先打入一个由银行托管的第三方账户(淘宝网在银行的对公账户)，淘宝网收到买家的付款信息后，通知卖家发货，在买家收到货物并确认货物与描述相符时，淘宝网才会将钱打给卖家。

其实，这种担保交易的模式曾在阿里巴巴B2B的交易中尝试过，但企业和企业之间的交易远比个人之间的交易复杂得多，付款方式和物流方式均有明显的不同，所以这种模式在B2B的交易中并没有得到推广。但是淘宝网的创业团队觉得这种交易模式在C2C的交易上可能会有用武之地。

淘宝网的这些年轻人无意间地探索，触碰到了金融的本质。金融的基础是交易，交易的本质就是信任机制，担保交易正好提供了这样一种信任机制。有了信任，陌生人之间才可以做买卖，商业的行为才会突破地域的限制，其作用不容小觑。

启发思考：

分析支付宝从作为专职服务于淘宝网，到如今业务的扩展，给我们的生活带来了哪些变化？支付宝还应该有哪些创新？(此题答案不唯一)

课 程 思 政

第三方支付平台产生是时代进步的表现，以互联网作为核心的第三方支付模式简化了传统金融模式，大大降低了居民获取金融服务的门槛，同时也加快了金融行业运行结算的工作效率，是未来金融行业发展的必然方向，第三方支付平台庞大的资金沉淀和用户积累也很好地体现了这一点。数据显示，作为国内最大的第三方移动支付平台，支付宝应用连接了超过8000万的商家和超过2000个金融机构合作伙伴、中国超过10亿的用户，渗透全方位的生活场景。

从互联网支付的基本要素到支付工具，再到支付系统、清算体系和监管体系，以及支付安全和区块链技术在支付方面的应用等，呈现出完整的中国特色社会主义互联网金融支付体系。

综合练习题

一、概念识记

网络支付　预付卡　银联　支付　清算　网联　直连

二、单选题

1. 下列网上支付工具不适合进行小额支付的是(　　)。
    A. 电子现金　　　　　　　　　　B. 电子支票
    C. 银行卡支付系统　　　　　　　D. 信用卡支付系统

2. 第三方支付，它通过在买家、卖家之间引入第三方的模式，为买卖双方提供了支付信用(　　)。
    A. 转移　　　　　B. 担保　　　　　C. 免责　　　　　D. 追溯

3. (　　)是指清偿商品交换和劳务活动以及金融资产交易所引起的债权债务关系，由银行提供的金融服务业务。
    A. 清算　　　　　B. 支付　　　　　C. 结算　　　　　D. 网上支付

4. 余额宝在工作日(T)15:00 后转入的资金将会顺延至工作日(　　)确认。
    A. T+0　　　　　B. T+1　　　　　C. T+2　　　　　D. T+3

5. 信用卡涉及的角色不包括(　　)。
    A. 银行　　　　　　　　　　　　B. 客户
    C. 受理信用卡的商户　　　　　　D. 中介平台

6. 中国第三方移动支付市场由于巨头的(　　)和 App 的活跃，使得人们的习惯逐步适应移动端，移动支付在 2013—2014 年得到高速发展。
    A. 收购　　　　　B. 补贴　　　　　C. 退出　　　　　D. 合并

7. 首信易支付平台创建于(　　)。
    A. 1997 年 3 月　　B. 1998 年 3 月　　C. 1999 年 3 月　　D. 2000 年 3 月

8. 下列哪种电子货币不是目前网上常用的(　　)。
    A. 储值卡型电子货币　　　　　　B. 银行卡型电子货币
    C. 电子支票　　　　　　　　　　D. 电子现金

9. 支付宝的迅速发展也为其母公司(　　)在互联网金融其他业务上的布局铺路。同时，这也反映出当前我国第三方支付强劲发展的态势。
    A. 天猫商城　　　B. 阿里巴巴　　　C. 蚂蚁金服　　　D. 淘宝网

10. 余额宝通过支付宝这个平台，发掘出一个(　　)尚未重视的新兴客户群体投资需求。
    A. 政府　　　　　B. 银行　　　　　C. 证券公司　　　D. 期货公司

11. 2013 年(　　)月，由支付宝推出的余额宝正式上线。
    A. 1　　　　　　B. 4　　　　　　C. 6　　　　　　D. 3

12. 在大额支付系统中 NPC 是指(　　)。
    A. 城市处理中心　　　　　　　　B. 国家处理中心

C. 省联社清算中心　　　　　　　　D. 银联处理中心

13. 拥有支付牌照，意味着券商在央行大额支付系统有直接划拨资金的席位，可以实时清算到账，不用借助(　　)。

A. 商业银行　　B. 证金公司　　C. 证券公司　　D. 中国银联

14. 下列选项中不属于银行卡支付中涉及的角色的是(　　)。

A. 消费者　　　　　　　　　　　B. 商户

C. 第三方平台　　　　　　　　　D. 银行

15. 如果我们将买和卖进行分离，就可以降低交换对于时间的要求，可以在某个合适的时间卖，也可以在另一个合适的时间买。而帮助我们达到这样效果的中介正是(　　)。

A. 信用　　　　B. 货币　　　　C. 网络　　　　D. 资金

16. 支付总结起来，其本质就是两个步骤，一是传递支付账号，二是鉴定(　　)。

A. 利率　　　　B. 资金　　　　C. 指纹　　　　D. 权限

17. 以下哪一项不属于中国现代化支付系统二代的核心部分(　　)。

A. 大额支付系统　　　　　　　　B. 小额支付系统

C. 网上支付跨行清算系统(超级网银) D. 银行卡跨行交易系统

18. (　　)28 日，中国人民银行公告〔2015〕第 43 号正式颁布了《非银行支付机构网络支付业务管理办法》，困扰互联网金融行业多年的支付业务相关问题算是尘埃落定。

A. 2015 年 7 月　　　　　　　　B. 2015 年 12 月

C. 2016 年 7 月　　　　　　　　D. 2016 年 9 月

19. 在银行卡型电子货币中，具备"先存款，后支用"特征的是(　　)。

A. 贷记卡　　　B. 准贷记卡　　C. 借记卡　　　D. 准借记卡

20. 在银行卡型电子货币中，具备"先消费，后还款"特征的是(　　)。

A. 贷记卡　　　B. 准贷记卡　　C. 借记卡　　　D. 准借记卡

三、多选题

1. 超级网银主要用来处理用户通过在线方式发起的小额跨行支付(金额在 5 万元以下)和账户信息查询业务，主要包括(　　)等功能。

A. 跨行转账　　　　　　　　　　B. 跨行账户查询

C. 资金归集　　　　　　　　　　D. 第三方支付

2. 中国现代化支付系统 CNAPS 二代的核心部分由(　　)构成。

A. 大额支付系统　　　　　　　　B. 小额支付系统

C. 网上支付跨行清算系统(超级网银) D. 银行卡跨行交易系统

3. 大额支付系统按法定工作日运行。对每一工作日，系统有(　　)这些运行状态。

A. 日间业务状态　　　B. 清算窗口　　　C. 日终处理

D. 营业准备　　　　　E. 结算窗口

4. 下列属于储值卡型电子货币的有(　　)。

A. 电话充值卡　　　　　　　　　B. 商场购物卡

C. 加油卡　　　　　　　　　　　D. 公交乘车卡

5. 电子支票中包含的信息主要有(　　)。

A. 与原有纸质支票完全一致的支付信息

    B. 数字证书

    C. 数字摘要

    D. 数字签名

6. 在互联网大数据时代,支付公司的价值更凝聚在其( )。

    A. 沉淀的支付数据   B. 经营模式多元

    C. 业务模式众多   D. 用户资源

7. 以下哪些是央行颁布的规范和监管支付领域的文件和规章( )。

    A. 《非金融机构支付服务管理办法》

    B. 《电子支付指引(第二号)》

    C. 《电子支付指引(第三号)》

    D. 《非银行支付机构网络支付业务管理办法》

    E. 《电子支付指引(第一号)》

8. 通常电子商务包含有( ),其中很关键的一个不可或缺的环节就是资金流,它是建立在支付的基础之上的。

    A. 物流   B. 商流   C. 信息流   D. 资金流

9. 从市场交易结构上来分析,中国电子商务市场一般来说可以划分为( )。

    A. B2B   B. B2C   C. C2C   D. OTA

    E. O2O

10. 按支付方式可将电子货币分为( )。

    A. 储值卡型电子货币   B. 银行卡型电子货币

    C. 电子支票   D. 电子现金

11. 中国人民银行制定了《非金融机构支付服务管理办法》,其中非金融机构支付服务主要包括( )。

    A. 网络支付   B. 预付卡的发行与受理

    C. 银行卡收单   D. 人行确定的其他业务

12. 以下哪些属于 P2P 平台( )。

    A. 陆金所   B. 红岭创投   C. 人人贷   D. 温州贷

13. 以下( )是第三方支付平台开户需要提供的资料。

    A. 提供企业二证资料(营业执照、法人身份证正反面、开户许可证扫描件)

    B. 网站、App、公众号等证明

    C. 提供域名并网站 ICP 备案,备案信息必须跟提供来的资料信息一致

    D. 法人或个人划款银行账户一个

    E. 企业其他资质证明

14. 现金支付具有( )特点。

    A. 现金是最终的支付手段

    B. 现金支付具有"分散处理"的性质

    C. 现金支付具有"脱线处理"的性质

    D. 现金的稀缺性与信誉性

15. 电子现金的支付过程包括( )。

A. 购买并储存电子现金　　　　　　　B. 用电子现金购买商品或服务

C. 资金清算　　　　　　　　　　　　D. 确认订单

16. 在支付全过程中涉及的系统有(　　　)。

A. 支付结算系统　　　　　　　　　　B. 支付服务系统

C. 支付资金清算系统　　　　　　　　D. 结算资金清算系统

17. 网上支付活动的主要参与者包括(　　　)。

A. 卖家　　　　　B. 买家　　　　　C. 银行　　　　　D. 第三方支付商

18. 第三方支付充当的角色有(　　　)。

A. 结算机构　　　B. 网关代理　　　C. 信用中介　　　D. 资金媒介

19. 按照业务类型不同，第三方支付企业可以划分为(　　　)。

A. 依托互联网的投资理财型支付

B. 依托大型 B2C、C2C 等网站的网关支付

C. 通过销售点(POS)终端的线下支付

D. 通过储值卡等预付卡服务

20. 淘宝网支付宝工具的使用步骤包括(　　　)。

A. 买家付款给淘宝　　　　　　　　　B. 卖家发货给买家

C. 买家收到货物后确认支付　　　　　D. 淘宝网付款给卖家

四、判断题

1. 支付宝的运作实质是以支付宝为信用中介，在买家和买家之间作担保，在买家确认收到商品前，由支付宝替买卖双方暂时保管货款的一种服务。　　　　　　　(　　)

2. 第三方支付平台主要有款项收付操作便利性、功能的可扩展性、信用中介的可靠信誉保证的优势。　　　　　　　　　　　　　　　　　　　　　　　　　　　　(　　)

3. 储值卡是指某一行业或公司发行的可代替现金用的 IC 卡或磁卡。　　　　　(　　)

4. 电子现金具有匿名性、不可跟踪性、节省传输费用、节省交易费用的特点。(　　)

5. 在互联网上支付时，对支付的安全保证需求较高，其核心问题是消费者、商户和银行之间的支付信息的安全传输。　　　　　　　　　　　　　　　　　　　　　(　　)

6. 网络银行与传统的商业银行相比，有许多竞争方面的优势，突出体现在两个方面，即对成本的替代效应和对服务品种的互补效应上。　　　　　　　　　　　　　　(　　)

7. 目前，网络银行的运行机制主要是传统银行在互联网上建立网站提供服务。(　　)

8. 支付机构不得为金融机构，以及从事信贷、融资、理财、担保、信托、货币兑换等金融业务的其他机构开立支付账户。　　　　　　　　　　　　　　　　　　　(　　)

9. 在排除客户过错情况下，如果快捷支付发生了风险损失，银行要承担先行赔付的责任。　　　　　　　　　　　　　　　　　　　　　　　　　　　　　　　　　(　　)

10. 可以说，网络银行是在互联网上的虚拟银行柜台。　　　　　　　　　　(　　)

11. 以支付宝为代表的第三方支付模式完全独立于电商平台，不具有担保功能。(　　)

12. 银联主要从事以互联网等新兴渠道为基础的网上支付、企业 B2B 账户支付、电话支付等银行卡网上支付及增值业务。　　　　　　　　　　　　　　　　　　　(　　)

13. 商品交易经历了现金支付、电子支付、第三方支付三个阶段。　　　　　(　　)

14. 网上支付方式都能算作第三方支付。　　　　　　　　　　　　（　　）

15. 一次完整的支付过程，将包括支付和结算两个过程。　　　　　（　　）

16. 中国支付系统的间接参与者是商业银行的广大客户。　　　　　（　　）

17. 中国支付系统的直接参与者包括国有商业银行和中国人民银行。（　　）

18. 第三方支付要加强风控能力，实现 7×24 小时安全监控，自建反欺诈系统，防止木马病毒盗取资金和用户信息。　　　　　　　　　　　　　　　　　　（　　）

19. 用户要提高风险意识，重视个人信息保密，要在安全平台上进行交易。　（　　）

20. 诈骗者一般会冒用第三方支付平台工作人员身份要求付款人通过微信。（　　）

五、简答题

1. 第三方支付的功能有哪些？

2. 第三方支付的业务流程是什么？

六、实战演练

张大妈一大早就去早市买菜，可是在买白菜时候，商贩没有零钱可找，张大妈只能从西边走到东边的羊肉摊位去换零钱。下午，张大妈去煤气公司交煤气费，路上不小心摔了一跤，脚肿了，煤气费也没有交成。

分析微信和支付宝的应用场景有哪些？思考如何帮助张大妈在智能手机上使用微信和支付宝？

第七章

众筹

学习目标

知识目标

　　了解众筹的含义；了解众筹的操作流程；掌握众筹的特点；掌握众筹的参与主体；掌握众筹的模式。

能力目标

　　掌握股权众筹的操作流程。

第一节 众筹的产生及发展

 引导案例

自由女神众筹项目

为庆祝美国的百年诞辰，1885 年，法国赠送给美国一座象征自由的罗马女神像，但是这座女神像没有基座，无法被放置到纽约港口。

纽约市市长决定用大众集资的方法来筹集建立底座的资金。为此，《纽约世界报》的出版商约瑟夫·普利策发起了一个筹集资金的项目，他把这个项目发布在了报纸上，号召纽约市民维护纽约市的荣耀，共同为自由女神像的底座捐款，并承诺对出资者做出奖励：只要捐助 1 美元，就会得到 1 个六英寸的自由女神雕像；捐助 5 美元就可以得到 1 个 12 英寸的雕像。

通过汇聚大家的力量，项目最后得到了社会各界超过 12 万人次的支持，捐款人从小孩子到老人，从商界大佬到普通百姓，甚至是生活在社会底层的贫民，都为这个计划献出了自己微薄的力量。最终筹募得到的款项是 100091 美元。这个举世闻名的自由女神像底座最终通过大众集资而建立。

众筹(crowd funding)融资是具有强大爆发力和广阔前景的互联网金融融资方式，是一种吸收社会资金投资的商业模式。

一、众筹的产生

众筹，通俗讲就是群众集资、群众募资。自人类社会诞生以来，众筹就以各种形式存在于世。进入 21 世纪，众筹依托互联网得以商业化。

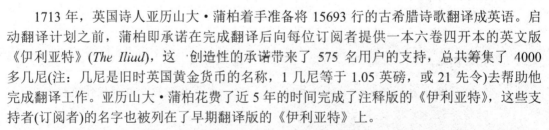

1. 众筹的雏形

1713 年，英国诗人亚历山大·蒲柏着手准备将 15693 行的古希腊诗歌翻译成英语。启动翻译计划之前，蒲柏即承诺在完成翻译后向每位订阅者提供一本六卷四开本的英文版《伊利亚特》(*The Iliad*)，这一创造性的承诺带来了 575 名用户的支持，总共筹集了 4000 多几尼(注：几尼是旧时英国黄金货币的名称，1 几尼等于 1.05 英磅，或 21 先令)去帮助他完成翻译工作。亚历山大·蒲柏花费了近 5 年的时间完成了注释版的《伊利亚特》，这些支持者(订阅者)的名字也被列在了早期翻译版的《伊利亚特》上。

今天，随着金融市场多元化发展的步伐不断加快，特别是互联网金融在全球范围内的爆发，一种新的筹融资工具——众筹走入大众视野，并在全球范围内得到了快速发展。它凭借其前卫的融资理念和新型的融资平台成为更多企业家和创业者的选择。经过了近几年的发展，众筹融资模式开始走向成熟，在不断的发展中取得了较好的成绩。

2. 世界上第一家众筹网站 ArtistShare

卡梅利奥(Camelio)创建的第一家网站 ArtistShare 被称为"众筹金融的先锋"。

2003 年，在传统音乐行业受到数字音乐冲击的背景下，实体音乐的销售极其艰难，因为一首歌可以在网络上随时下载，因此，全球的唱片公司每年要花费十亿多美元去吸引公众购买 CD。此时，卡梅利奥认为，音乐行业需要改变。于是，ArtistShare 网站在美国成立，自此拉开了众筹行业的序幕。

音乐家通过 ArtistShare 网站采用粉丝筹资的方式资助自己的项目，粉丝们把钱直接投给艺术家后可以观看唱片的录制过程，获得仅在互联网上销售的专辑。

3. 众筹的兴起

互联网遇到金融并磨合之后，逐渐造就了众筹的传奇。世界最大的众筹网站 Kickstarter 于 2009 年 4 月在美国纽约成立，创始人是华裔陈佩里(Perry Chen)。该网站通过搭建网络平台面对公众筹资，有创造力的人可能通过网站获得他们所需要的资金，以便实现梦想。这种模式的兴起，打破了传统的融资模式，每一位普通人都可以通过该种众筹模式获得从事某项创作或活动的资金，使得融资来源于大众，不再局限于风投等机构。2010 年，时代周刊评价该网站为"最佳发明之一"。

视野拓展

陈佩里的正式职业是期货交易员，但又是一名爵士乐的爱好者，他每年都会攒一个局，搞一个爵士乐音乐节。一般情况下办演唱会、音乐节主要资金是靠赞助，陈佩里已经依靠赞助举办了几届音乐节。

2008 年全球金融危机，以往提供赞助的大企业都削减了预算开支，或缩减或停止了赞助。2009 年，因为资金问题，陈佩里被迫取消了一场筹划中的音乐会，原计划在新奥尔良爵士音乐节上举办的音乐会被取消，这让陈佩里非常失落。于是，他咨询以前参加过音乐节的一些老观众，是否愿意凑份子来举办这个活动。陈佩里设计了支持和回报方案：音乐节门票拟定价 100 元，如果观众现在支持 10 元，将来就能得到一张 100 元的票；如果观众愿意现在支持 100 元，到时候可以获得一份音乐节纪念品，比如音乐 CD 和海报、T 恤；如果支持 500 元甚至可以去后台和乐队合影。

这就形成了一种关系：奖励行为，即奖励众筹，表达感谢。

陈佩里采用这种奖励性的回报方式，获得了音乐节粉丝群的广泛响应。但是如何把大家的这些零散资金汇集起来却很麻烦。于是，陈佩里想到需要搭建一个网站，接通第三方支付。2009 年 4 月陈佩里酝酿建立的募集资金的网站 Kickstarter 上线。该平台的用户一方是有创新意愿、渴望进行创作和创造的人；另一方则是愿意为他们出资金的人，来出资见证新发明、新创作、新产品的出现。网站收取很低的佣金。

二、众筹的内涵

(一)众筹的概念

众筹，顾名思义为众人筹措。众筹模式增加了需求者的融资渠道，有利于聚集闲散资金，给缺乏资金但有项目的个人或机构提供资金支持。

现代的众筹，是指借助网络平台，通过项目发起人向平台展示创意方案，由平台进行审核，获得资金支持和帮助的一种融资方式。现代的众筹与早期的众筹活动在本质上是相同的，即都是通过大众参与完成筹集资金的目的。

由于很多创意项目的需求太过小众，很难引起风险投资者的兴趣，于是有的网站为这些创意项目搭建了一个实现创新的平台，只要在平台找到足够多欣赏这个创意并愿意为其买单的人，那么这个项目就能够启动，梦想就可能实现。当然，梦想的实现取决于全社会对创意的认可，而不是某一个或几个金融家的决定。

众筹以其独特的魅力受到了大众的追捧。

1. 众筹融资为小微企业和个人提供了资金来源

项目发起人通过互联网和社交网络传播的特性，发动公众的力量，集中公众的资金、能力、资源、途径，为小企业或个人创办企业或完成某个项目提供所需的资金。

2. 众筹模式增加了需求者的融资渠道

现代众筹已演变成初创企业和个人为项目争取资金的一个渠道。与传统融资方式相比，众筹融资更为开放，为很多小本经营或创作人实现梦想提供了无限的可能。

对政府而言，众筹模式可被用来解决中小企业融资问题和促进民间金融的阳光化、规范化，以及被用来提高金融包容性水平，促进经济发展。

从促进技术创新的角度看，众筹是再次激发创新者理想的典型模式。众筹模式比风险投资的参与面更广、更微观、更基层。这种大众式、市场自发的创新金融支持机制也正是国家创新所需要的。

对业界而言，众筹模式会催生巨大的商业机会，以及促进竞争格局的大变革。

(二)众筹的核心要素

构成众筹的核心要素是融资、筹智和参与感。

1. 融资

如果把广义上的筹资行为统称为融资的话，那么融资的手段就会有很多，如股权融资、债券融资、银行借款、P2P融资(P2P接近于众筹的本质)等，众筹只是其中之一。

2. 筹智

无论是国外的 Kickstarter，还是国内的众筹平台"点名时间"，早期都是以小商品或者小项目为主。直到后来大平台介入之后，才有了上千万甚至过亿的项目诞生。这些小的项目基本上都有一个共同的特征，那就是项目或者服务大部分是单次性的、商品型的、有好的创意和设计感，同时这些创意和想法有待市场检验。项目方把这些创意和想法抛出来，不但能够筹到项目启动资金，更重要的是可以收到广泛的市场反馈意见。

3. 参与感

众筹为微创业者提供了获得成本更低的、更快捷的资金的可能。众筹模式的出现改变了投资人的投资方式，让更多的投资人参与到创业项目中来。

> 在线下进行筹资的行为，是集资，非法集资会引起法律制裁。如果参与集资的所有出资人都是熟人，那就是"凑份子"，这些都不是众筹。

众筹在解决了中小企业融资难的同时，还为投资人降低了投资的风险。

在一些需要用户广泛参与的项目里面，众筹的股东本身就相当于核心种子用户，因为每个投资人也可以参与项目的策划、咨询、管理与运营。这种依托众筹平台的微创业活动在实现"众人集资、集思广益、风险共担"的众筹理念的同时，也为投资人积累了经验和人脉。

三、众筹的特点

(一)低门槛

由于互联网的开放性特征，投资人不受地区、身份、职业、年龄等限制，只要具有一定的资金能力、管理经验和专业技能，都可以发起项目。众筹的发起者来自不同的行业，有不同的创造能力，参与者可以选择自己熟悉或者喜欢的行业去投资，从而增加投资回报的获得。

众筹模式操作简单。众筹提供了一种流程简单的融资模式，众筹平台对项目发起人的资质要求低，申请过程透明。

以相对小范围的方式在合规框架内筹集资金容易实现，比如股东不超过 200 人，每人投资 100 元/份，每人限购两份。这样可将风险控制在一定范围，从而为投资人降低了风险。

(二)多样性

与投资理财基金总类少，保险、股票专业性较强相比，众筹是一个新的选择。国内众筹网站上的项目类别包括设计、科技、音乐、影视、食品、漫画、出版、游戏、摄影等。

(三)依靠大众的力量

1. 每个投资人也可以参与项目的策划、咨询、管理与运营

这种依托众筹平台的微创业活动在实现了"众人集资、集思广益、风险共担"的众筹理念的同时，也为投资人积累了经验和人脉。支持者通常是普通民众，而非公司、企业或是风险投资人。

2. 众筹平台相当于免费的市场推广

众筹平台本质上也是一个社交平台，因为它不仅有融资功能，更有免费的市场推广功能。

对于并不缺资金的项目发起人而言，如果想了解市场对自己研发的新产品的需求，众筹平台就是一个很好的选择，只要发起项目就可以起到调研市场需求的作用。

(四)注重创新性

众筹模式不仅是一种投融资活动，还是一种创新模式。互联网的技术特征和商业民主化进程决定了众筹模式便于把好的创意快速转变为产品。

众筹的参与者发起的众筹项目大多非常有活力而且有很强的创新性。众筹的本质就在于项目获得大家的认可，得到大家的支持，而要获得更多人的支持，项目就必须有创新性、有活力、有可执行性，这样才能从支持者那里筹集到所需资金。每个人都可以发挥自身的创新与研发能力(设计图、成品、策划等)，并借助社会资源把自己的创意变为现实的产品。有个众筹项目，是让大山里的孩子走进校园。项目说明上写道，"无论是小学生、初中生，还是高中生，我们都有着一个梦想，大学到底是什么样子的呢？我们对自己的大学充满向

往，努力学习，希望通过大学，改变自己的一生。这个项目能够激励学生成长、成才，鼓励他们为创造美好未来努力学习"。

长安责任保险携手众筹网推出一款爱情保险，这款产品的"对赌规则"设置比较明确简单，强调人们在时间的考验下对婚姻和爱情的坚持。该产品是一款意外险的附加险种，每份 520 元，5 年后投保人凭与投保时指定对象的结婚证，可以领取每份 999 元的婚姻津贴，并且 5 年内都有一定的意外险保障。凡 18～36 周岁的未婚、已婚爱侣均可购买，每人限购 5 份，最终筹集资金超过 600 万元。

四、我国众筹发展的历程

(一)国内首家众筹平台成立

1. "点名时间"是全国最大、最早的独立众筹网站

2011 年 7 月国内第一家众筹网站"点名时间"上线，标志着中国众筹行业的开始。

"点名时间"一路从文化创意领域过渡到科技领域再到智能硬件领域。在上线初期，"点名时间"主要支持的众筹项目类别较广，囊括设计、音乐、影视、动漫、社区、公益、科技等方面。网站的收入依靠的是向每个成功的项目抽成 10%，这也是众筹网站最常见的收入来源。

2012 年年初，网站积累了半年的运营数据后发现，网站整体项目的支持率、转化率超过很多电商平台，项目筹集资金突破 50 万元，于是"点名时间"开始引起业界的关注，众筹模式开始在中国萌芽。"点名时间"与美国众筹平台 Kickstarter 的模式相似。

动画电影《大鱼海棠》就是从"点名时间"的平台上孵化出来的。2013 年《大鱼海棠》《十万个冷笑话》在点名时间上获得了相当不错的众筹成绩。

2014 年 8 月，由于长期处于亏损状态，"点名时间"不得不宣布退出众筹市场，转型为预售式电子商务网站。团队停掉文化、音乐类众筹项目，专注智能硬件开发的项目，先后陆续推出了小 K 智能插座、定位糖(定位器)等项目。

2. "点名时间"被"91 金融"收购

2016 年 8 月 10 日，"91 金融"对外宣布，已经完成对国内首家众筹平台点名时间的收购工作。点名时间被收购后，仍保留现有名称，成为"91 金融"旗下独立运营的板块。

(二)众筹平台纷纷上线

1. 众筹网成立

2013 年众筹网成立，成为当年我国互联网众筹行业最为重要的一个事件。背靠网信金融集团的全金融业务线支撑，众筹网在 2013 年做了很多的常识普及作业。2014 年 5 月 23 日于北京召开的首届全球众筹峰会，把"众筹"概念推到了风口。

2. 众筹获得市场热烈追捧

众筹网刮起的劲风，引来巨头纷纷重视和进场。2014 年下半年，阿里巴巴发布了淘宝众筹；腾讯系发布了京东众筹；百度内测了百度众筹，并率先推出了消费板块；平安发布

了平安前海众筹；苏宁、国美则在 2015 年年初陆续推出了自己的众筹平台。

众筹网则于 2015 年 1 月宣告与房地产行业冯仑协作，发布了"众筹筑屋"房地产互联网金融渠道，完美实现了"慈善公益众筹、产品奖励众筹、股权众筹、房产众筹"为一体的模式。

众筹尽管只经历了几年的短暂发展，但在国内已经一片火热，众筹募资规模迅速增长。特别是随着"大众创业、万众创新"时代的到来，众筹仍会不断升温，行业也将逐步走向规范化。

视野拓展

2014 年 3 月，阿里巴巴的"娱乐宝"横空出世。娱乐宝是由阿里巴巴数娱联合金融机构为用户打造的，购买保险理财产品就有机会享有娱乐权益的一项增值服务众筹平台。

打开手机客户端，"娱乐宝"预约页面被置顶，"娱乐宝"首期投资项目包括 4 个电影项目和 1 个游戏项目。其中，影视剧项目投资额为 100 元/份，游戏项目的投资额为 50 元/份，每个项目每人限购两份，所以每人投资最高不超过 900 元。首款在"娱乐宝"上进行销售的产品为国华人寿推出的投资联结型保险产品，预期年化收益 7%，不保本不保底。网民通过"娱乐宝"购买国华人寿的保险理财产品后，资金将投向文化产业(电影)，获取投资收益。

娱乐宝体现了众筹的特点，对接资金和融资需求，注重投资者的参与感，通过向群众募资的方式，满足了电影创作者拍摄电影所需要的资金需求和关注。

五、众筹的操作流程

众筹运作模式大同小异，需要资金的个人或团队将项目策划交给众筹平台，经过相关审核后，便可以在平台的网站上建立属于自己的筹资页面，如图 7.1 所示。

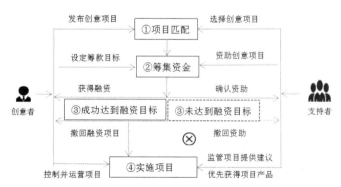

图 7.1　众筹的操作流程

对图 7.1 中的流程说明如下。

① 项目发起人在众筹平台上发布创意项目，将创意或计划以文字、图片、视频等形式展示，投资人在平台上选择感兴趣的创意项目，达到项目匹配的目的。

② 发起人在众筹平台上设定筹资目标和筹资日期，众筹平台对融资人提交的资料进行审核并给出审核结果和建议。审核通过的项目就可以正式在众筹平台公开宣传和推广，大众投资人根据自身的审判标准决定是否支持该项目。

③ 如果在规定天数内筹资金额达到或超过目标金额，那么该众筹项目成功，融资人获得部分启动资金；如果筹资总额未达到目标金额，那么该众筹项目失败，退还全部已筹资金。

④ 项目发起人获得众筹资金后，使用资金运营和实施该项目，而投资人可以监管项目资金的使用情况，提供建议，并优先获得该项目产品。

教学互动

问：众筹为什么要通过互联网运行项目？

答：众筹是互联网金融的应用模式，通过互联网把融资项目公开，使得诈骗的可能性变小；众筹是互联网金融的效率要素体现，如果众筹项目确实经得起大众的审查，投资人也觉得项目很好，那么通过互联网就可以很快完成投资流程。

视野拓展

众筹要遵循以下规则。

(1) 每个项目必须设定筹资目标和筹资天数。

(2) 在设定天数内，达到目标金额即成功，发起人即可获得资金；项目筹资失败则已获资金全部退还支持者。

(3) 众筹不是捐款，对所有支持者一定要给予相应的回报。众筹平台会从募资成功的项目中抽取一定比例的服务费用。

视野拓展

项目包装的重要性

从项目的前期准备到后期的营销推广，期间最重要的环节就是项目包装。在了解了需要上线的众筹平台的相关规则，设置了合理的筹资金额和合适的回报方案后，就需要包装项目。

一件商品的价格不完全是由其物理属性所决定的，更多的是由人们的心理感受来决定的。这就不难理解同一款产品，淘宝上卖得很便宜，搬到淘宝众筹上，即使卖得很贵也会有许多人来买这种现象了。所以说项目包装真的很重要。

人们支持众筹项目的原因如下。

(1) 想得到物质回报。(比如，我就是喜欢你做的这个智能手环，我觉得它功能很不错，想买它。)

(2) 欣赏你，想帮你。(比如，你希望筹钱去珠穆朗玛峰攀登，我看到你通过文章和视频表达自己的想法，我很欣赏你，愿意帮你实现梦想。)

(3) 跟你的价值观在一定程度上相同，觉得你做这事有意义。(比如，你想做一部带有中国文化色彩的动漫，让大家知道不是只有日本动漫才是最好的，让世界都看到中国的动漫产业在成长。我也很认同，所以支持你这种行为，希望帮你完成想法。)

在无法触摸实品的实地考察的情况下，项目的文案介绍和视频介绍就成了衡量这个项目的标准。所以，在项目文案和视频上应该多下一点功夫，有意思和有情感是传播的基础。痛点被满足，故事加情怀，社会化传播，让你的产品变得有温度、有感情、有感染力，而不是一个冷冰冰的物品。所以，在项目发起之前，应该深思熟虑，选择好平台，设计好文案。

第二节　众筹模式

 引导案例

集众人之智，筹众人之力，圆众人之梦，助创新之潮

众筹成为近年备受追捧的创业与融资方式，特别是众筹新农村建设项目渐成新趋势。很多新农人和新电商利用互联网众筹金融，让农民从农产品当中获得了更高的收益和最大的附加值。"众"字有三个人，这三个人是一个支撑的概念，代表人和人之间要相互感知、相互触动、相互唤醒，通过人和人之间的磁场，人抬人高。

众筹一端连接的是资产端，另一端连接的是资金端。对于乡村众筹来说，资产端是本地化生活的项目，即发现好的乡居生活。即生活方式+仪式+场景；资金端是用户。

众筹就是来吸人的，因此，众筹必须具备社交基因，所有的众筹项目发起人一定是通过众筹寻找跟自己气质相同的人。众筹是效率最高的筛选人的方式，也是筛选高质量用户的方式。顶级的众筹如同竞选，"首先说明我是谁？我要干什么？我为什么要干这件事？我为什么需要投资人？投资人支持我能够得到什么样的回报？"这是做一个众筹最需要想清楚并讲清楚的。

项目发起人可能是刚刚创业的小白，但是只要项目是前人没有做过的，或者创意是前人没有想过的，想法非常具有标签属性，就有资格设立门槛筛选三观相同的人员，聚拢一群有参与感的支持者，产生社交的黏性。湖南娄底县文联主席、中国作家协会会员杨建是一个名人，2015年2月14日情人节他发了一个微信朋友圈，说"我有一个梦，众筹一个桃花岛"。他承诺在江口村筹建桃花岛，项目为40元认捐一棵树。得知这个消息后，许多素不相识的人给他发来微信红包，一些热心人牵头组团来捐款，书画家们给他捐赠了很多作品，当地村民也主动出钱出力，苗木公司甚至帮助提供苗木。当地政府知道后，组织了专家紧急前往实地调研勘察，林业部门在两天时间内做出了苗木的种植规划，交通部门着手翻新了江口码头，因为很多人来参观考察，当地村委多次召开会议，研究部署后期树木的管理。这次众筹还引发了"江口模式"的探讨，很多游客慕名前来。社会名人发起众筹、公益启动、社会联动，形成了一个整体效应。

黄岩区富山乡半山村众筹模式也非常引人瞩目。浙江台州黄岩位于大山深处，在黄岩西部山区的富山乡半山村交通不便，劳动力外迁，房屋基本快倒塌，成了一个空心村。但这个村却在全国创造了具有轰动效应的乡建众筹。

富山乡担任乡干部的80后青年人，利用众筹在网上筹资、筹智保护半山村，唤醒了这个沉寂的古村。在外打工的半山人，纷纷回家，推动了传统闲置民宅再利用，做旅游接待，带动了农家乐、民宿、特色商铺、酒家、茶楼等商业。

众筹模式就是融资方式。众筹模式增加了需求者的融资渠道，有利于闲散资金的聚集，给缺乏资金但有项目的个人或机构提供资金支持。

一、众筹的参与主体

众筹的参与主体主要是由筹资人、投资人、众筹平台和资金托管人四个部分组成，如图 7.2 所示。

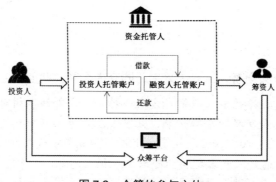

图 7.2　众筹的参与主体

(一)筹资人

筹资人也是项目发起人，即有融资需求的人或者企业，通常都是处于创业初期的小微企业或者创业者。他们可能对市场做好了调研，并且通过自己的能力有了新的产品或服务创意，但是没有足够的资金实现。对于这样的小微企业创业者来说，又难以得到大资本的帮助，因为大型的金融机构通常更青睐于成熟企业的大型融资要求。因此，这些小创业者就会通过众筹的模式来融资。小企业的优势是经营灵活，对资源的利用效率更高，转向的速度更快，更容易适应市场。

1. 发起人可以是个人

任何个人都可以基于一个筹款理由在众筹网站上发起众筹项目，面向大众传播自己想传达的信息，提出自己希望得到的金额，向大家寻求资金上的支持。

2. 一个组织也可以成为众筹的发起人

(1) 非营利组织。例如公益事业团体募集资金帮助贫困山区的孩子建造学校。

(2) 营利性组织。发起人通常是需要解决资金问题的创意或小微企业的创业者。个别企业为了加强用户的交流和体验，在实现筹资目标的同时，强化众筹模式的市场调研、产品预售和宣传推广等延伸功能，以发起人的身份号召公众(潜在用户)介入产品的研发、试制和推广，以期获得更好的市场响应。

3. 项目发起满足的条件

不同的平台、不同的项目对发起人的要求不同，一般来说项目发起人应同时满足以下条件。

(1) 发起人必须具备一定的条件(例如国籍、年龄、银行账户、资质和学历等)，拥有对项目 100% 的自主权，不受控制，完全自主；

(2) 发起人要与众筹平台签订合约，明确双方的权利和义务；

(3) 项目具有明确目标。例如制作专辑、出版图书或生产某种电子产品。

　　在美国有一位企业家想做一款智能手机，但项目启动需要 300 万美元。于是，企业家在美国最大的众筹网站上发布了自己的产品使用说明，计划一个月内筹集 300 万美元作为项目启动资金，预售价格为 450 美元/款，可以定制颜色。

　　如果一个月没有募捐到 300 万美元，已筹集到的资金就会返回原有的账户，产品也不会被生产出来。可见，众筹可以解决市场问题、资金问题、销售问题，还可以获取一批忠实客户。

视野拓展

淘宝众筹对项目发起人资格要求

一、项目发起人应同时满足以下条件

1. 若发起人为自然人，应年满 18 周岁，且为中国公民，或能提供长期在中国居住证明的非中国公民。若发起人为法人，应是在中国境内合法成立、注册可独立承担法律责任的法律实体。

2. 注册完成淘宝账号，且已通过支付宝实名认证。

3. 若发起人申请发起的项目为音乐类项目，发起人除须同时满足上述条件外，还需已通过虾米网的音乐人认证。

4. 若发起人申请发起的项目为带有公益性质的项目，发起人应是合法成立的公益组织或与合法成立的公益组织共同发起项目。

二、发起人申请发起的项目应符合以下要求，否则不予通过

1. 项目须与音乐、影视、漫画、设计、科技、摄影、书籍、公益相关。

2. 项目应为具有创新性质且具有可执行性的项目，且项目目标须是明确、具体、可衡量的，如制作一首单曲、拍一部微电影或完成一件艺术品等。

3. 项目的内容必须包含"我想要做什么事情""项目风险""项目回报""为什么需要支持"。

4. 项目内容须符合法律法规及淘宝规则的规定。

5. 项目内容及发起人上传的相关项目信息(包含但不限于文字、图片、视频等)须是发起人的原创。若非发起人原创，发起人应已获得权利人的相应授权，且权利人允许发起人转授权给淘宝及淘宝的关联公司，在淘宝网及淘宝关联公司的其他官方网站、线下媒体出于宣传淘宝众筹平台的目的而进行永久的免费宣传、推广、使用。

6. 不在项目中为已经完成生产的商品进行销售，公益相关项目除外。

7. 不在无实质项目内容的情况下纯粹为公益组织发起募捐或以发起类似"资助奖学金""资助我去旅游"等为满足发起人个人需求之目的的筹款。

8. 以下项目内容或相关项目信息不允许在本平台发布。

(1) 违反国家法律规定的违禁品，如毒品、枪支弹药及管制刀具等；

(2) 色情、赌博、暴力、恐怖、反动、政治与宗教等；

(3) 饮食、医疗、保健、烟酒、化妆品等；

(4) 保险、投资、金融、房地产等;

(5) 彩票、抽奖、竞赛等;

(6) 开办公司、网站、店铺等;

(7) 其他国家法律规定和淘宝网规定的禁限售等违禁品信息。

淘宝众筹平台对项目的审核仅针对项目的合理性、内容与回报的匹配度等进行审核,发起人应保证发起的项目内容合法,且不侵犯他人合法权益。

(二)投资人

投资人就是对创业项目的支持者。他们通常不是拥有巨额资金的金融机构,而是一个个的普通人,出于被项目的描述所吸引,或者因为需要他们的产品和服务,就会拿出资金来支持这个项目。虽然每一个出资人的力量是薄弱的,能够提供的资金也很少,但是,众人拾柴火焰高。如果很多人都来支持一个项目,那么筹集到的资金是非常可观的。而且他们也是未来的消费者,他们对一个项目的肯定,就是对这个项目最好的大样本的市场调查,直接可以看出这一个创业项目的市场前景。

公众所投资的项目成功实现后,对于出资人来说,投资的回报可能是资金回报(如获得一定比例的股权,成为企业股东之一),也可能是一个产品的试验品或者叫作“小样”的样品。

(三)众筹平台

众筹平台是指正式注册的经营互联网业务的公司,通过搭建众筹网站,或其他类似电子媒介,连接发起人和支持者的互联网终端,并负有一定监管职能,属中介服务机构。国内著名的众筹平台如表 7.1 所示。

表 7.1 国内产品众筹平台

平 台	产品特点
京东众筹	涵盖产品、公益、股权、债权众筹。主打产品众筹,主要是出资人对众筹项目进行投资,获得产品或服务
苏宁众筹	主要涵盖科技、设计、公益、农业、文化、娱乐等。线上平台和线下实体店同步开展众筹业务,线下获取第一手用户信息有利于产品进行固件优化升级等改良
淘宝众筹	主要涵盖科技、生活、设计、乐活等,通过众筹的方式面向全网消费者筹资,完成项目方案的最终落地,并以商品回报的方式回馈筹资者
摩点众筹	专注于文化创意的众筹社区,2018 年吸收合并了微博众筹,成为微博官方独家众筹平台

1. 众筹平台的作用

(1) 众筹平台是投资人展示自己项目的平台和出资人发现新项目的场所。众筹平台为投融资双方提供信息搜集、信息公布、资信评估、信息交互、投融资撮合等服务。筹资者通过平台向投资者展示自己的作品,平台帮助企业家了解如何准备及呈现自己的项目,从而吸引更多的投资人。众筹平台有成千上万的投资者使用它,投资者形成了一个群体,而众筹平台往往也能让他们相互交流,并提供投资帮助。借助集体的智慧,投资者也往往能做出更理性的决策。因为众筹平台的准入门槛很低,任何人都可以成为大众投资者。

(2) 众筹平台是一个专业的大众集资网站。众筹平台通过先进的网络技术支持，将项目发起人的创意和融资需求等信息在虚拟空间里进行发布，从而确保项目内容完整真实，确保操作的可执行性和有用性，确保相关操作不存在任何违反项目准则和要求的内容。

(3) 平台有责任对筹资人的资质与真实性进行必要的审核。平台在项目上线之前进行细致的实名审核，并且确保这种操作符合相关法律、法规的规定。在项目筹资成功后，作为众筹平台的中介机构还要对项目进行监督、辅导，确保项目能够顺利展开和项目投资的安全。

(4) 平台对于投资者资金的监管存在不同的措施。对于线上提交众筹意向，线下转账的，给予投资者犹豫期，避免投资者不清楚资金的去向，不知道资金确实投资到项目中，或是已经被挪作他用，以及不理性的投资行为。对于线上直接打款的，可以避免投资缺乏理性或项目方增加、虚构投资项目以及携款潜逃的风险。

2. 众筹平台的主要营利模式

众筹网站的收入源于自身所提供的服务，绝大部分的众筹平台实行单向收费，只对筹资人收费，不对投资人收费。盈利来源可以分为佣金、增值服务费、流量导入与营销费、会员费、托管费。

> 众筹项目一定要选择实力不错的大平台，以最大限度降低自己的投资风险，否则可能出现平台拿你的项目做诱饵吸引投资，然后跑路。另外，众筹平台在众筹成功的情况下，是要收取服务费(或渠道费)的，费用一般在众筹金额的1%~5%。京东众筹、淘宝众筹、腾讯乐捐以及希财网众筹都是具有非常不错的影响力的平台。

(1) 佣金。佣金，即众筹服务费。目前主流众筹平台的主要盈利来源在于收取交易撮合费用，一般按照所筹集到的资金的3%~5%来收取。

如今，众筹平台与投融双方基本上都达成了这样的共识：只有众筹成功的项目才会交费，而没有完成预期融资，即众筹失败，众筹平台就会将项目已筹资金返还给投资者。

(2) 增值服务费。增值服务主要指合同、文书、法律、财务等方面的指导工作。创业者可以把融资的所有事项都外包给众筹平台处理，而众筹平台会因此收取相应的费用。交易佣金和增值服务费是中介机构的传统盈利点。

(3) 流量导入与营销费。众筹平台可以利用自己的平台影响力尝试进行外部流量导入，包括开展合作营销，收取广告分成等。

(4) 会员费。一些众筹平台采取会员制方式，对会员收取会员费，比如会员需要按月支付一定费用(几十到几百元)，会员在固定时间里发起项目，不再另收费，这种方式比较适合发布书籍、音乐等连续型众筹项目。

从长远看，这种会员费模式对项目方是有利的，但是也给平台会员的导入设置了门槛，对众筹平台人气的聚集与活跃造成了很大的不利影响。

例如2013年8月9日，自媒体视频脱口秀《罗辑思维》主讲人罗振宇设立了5000个200元/人的两年有效期会员账号，6小时内一售而空。罗振宇成为互联网知识型社群试水成功者。

(5) 托管费。这是众筹平台的一项配套服务。对于投资人直接投资并列为显名股东的，或设立有限合伙基金但没有管理能力的，可以接受委托，代理管理人角色，并签订托管协议，按管理责任约定收费或效益分成。

众筹项目的资产托管业务发生在众筹结束以后，属于另外一种法律关系。企业在众筹时应注意两者的区别，自主做出选择。

视野拓展

中关村众筹联盟和融360大数据研究院2019年1月12日联合发布《2018中国互联网众筹行业发展趋势报告》。数据显示，截至2018年年底，全国正常运营的众筹平台达303家，分布在21个省份。其中，北京有63家平台，其中38家为股权类众筹平台。

教学互动

问：众筹项目的融资人、平台、投资人之间的关系有哪些？

答：融资人是众筹项目的发起者，多为中小初创企业或创业者个人。投资人往往是数量庞大的互联网用户，他们利用在线支付等方式对初创企业或项目进行小额投资，是实际出资人。众筹平台相当于筹资人和投资人之间的桥梁，为投融资双方提供信息搜集、信息公布、资信评估、信息交互、投融撮合等服务，并负有一定监管职能，属中介服务机构。

众筹有利于建立良好的投融资和创业秩序，切实帮助小微企业成长，同时也可让投资者取得丰厚的投资收益，三者是平等的关系。

(四)托管人

托管人即第三方托管平台，众筹平台一般都会指定专门银行等金融机构担任托管人，履行资金托管职责。这样更权威，投资者也更放心。

> 众筹平台，作为互联网金融的重要组成部分，对接了个人投资者或非金融机构。与它同样属性的还有P2P借贷平台。其实，P2P借贷平台是广义众筹平台的一种。

第三方托管能保证投资者的资金安全，以及投资者的资金能被切实地用于项目，尤其在筹资不成功情况下，资金的返还及时，对账户的现金流向具有较好的监控作用。

二、众筹的分类

众筹主要有四种模式：公益众筹、奖励众筹、债权众筹、股权众筹，如图7.3所示。简单地说，公益众筹和奖励众筹都叫购买模式，即支持者投资后，需要获得一种产品或者服务，这种回报不能是钱。债权众筹和股权众筹则属于投资模式，支持者花钱投入之后，需要回报的是钱。

图7.3 众筹的分类

(一)公益众筹

公益众筹也叫捐赠众筹，是指发起者通过平台发起筹集资金或实物的公益项目。投资者对项目进行无偿捐赠，如图 7.4 所示。

图 7.4　公益众筹

1. 公益众筹的特点

(1) 公益众筹以小额募捐为主。公益众筹因为是个体行为，没有权威组织的背书，所以如果募集资金目标过大，很难完成。

(2) 参与公益众筹更多体现在精神上。公益众筹筹资人和出资人分别相当于受赠人和捐赠人。

投资者在参与过程当中享受到帮助他人的快乐，有的会有物质上的回报，但这并不是支持的主要目的。比如，支持自闭症儿童，让更多的人了解自闭症群体，为他们创造更多社会融合的机会，让筹资人感受到帮助他人的快乐。

(3) 公益众筹还可以从非营利组织得到帮助。公益众筹发挥了众筹的优势，让公益捐款变得更加有效、更加便捷，也让捐款人更有信心把自己的捐款落到实处。比如新浪微博旗下的微公益，项目主要由第三方非政府组织发起、证实、认领。

2. 公益众筹的方式

公益众筹主要有三种方式。

(1) 由用户个人发起公众募捐。根据《中华人民共和国公益事业捐赠法》个人向公众募捐不合法，但也不违法。不合法和违法中间往往有灰色地带。比如腾讯公益有一个项目，就是利用朋友圈的个人关系，为需要帮助的人募集捐款。

(2) 由众筹平台发起募捐。根据《基金会管理条例》规定，设公募基金会，代替有资金需求的一方可以向公众发起募捐。但公募基金会申请门槛较高，难以获批。

> 目前中国法律框架仍未完善，个人和企业向公众募捐的法律、法规各地都不尽相同。

(3) 由有公募资格的非政府组织募捐。非政府组织发起证实并认领，捐赠众筹平台仅充当平台作用，如腾讯公益下的"乐捐"。

(4) 其他的募捐。除了公益众筹，还有其他的募捐。例如一次奢华的旅行，一场美好幸福的婚礼等，都可以通过该平台实现。

视野拓展

红十字会这类非政府组织的在线捐款平台可以算是捐赠众筹的雏形：由需要的人或他人提出申请，红十字会做尽职调查、证实情况，在网上发起项目，向公众募捐。

教学互动

问：举例说明非营利的众筹服务模式。

答：通过捐助的形式为有需要的人提供一定的援助，号召众人参与，只是给了一种参与公益的感觉，一种一起来升华捐助者心灵的机会，它没有具体直接的回报。例如帮助一些孤寡老人、山区孩子等。

(二)奖励众筹

奖励众筹也叫回报众筹,指投资者对项目进行投资,获得产品或者服务。奖励众筹不属于互联网金融,是一种预售类的众筹项目,即奖励众筹是处于研发设计、生产阶段的产品或服务的预售。

用户在商家制作出或开发出商品之前缴纳一部分或全部的购买费用,在商品制作完成后商家兑现自己的商品或服务(虚拟商品、事件、活动)。

一般在奖励众筹中,商家会设置一个总额下限,如果到一定周期(如 30 天)没有筹集够预订的资金,那么商家就会放弃众筹。

这种模式的优点是商家能够精准地进行生产和开发,提前知道准确的市场反应,避免盲目生产。奖励众筹面临着产品或服务不能如期交货的风险。

奖励众筹有以下几种。

1. 凭证式众筹

凭证式众筹是指出一定的钱(几百元到几万元),获得一定的凭证,可能是电影上映后的电影票,也可能是一个话剧票。

2. 产品式众筹

产品式众筹指产品还没有完全出来的时候只是创意和想法,投资者采用预购的方式,筹资者承诺产品出来后回报相应的产品。

3. 置换式众筹

置换式众筹就是筹资者承诺给投资者一系列的回报的方式。

在国内,早前的点名时间、京东众筹等都是奖励众筹。

出 500 元参与黑马运动会的众筹,获得的回报是参加运动会的门票,同时还可获得几顿餐饭、参加几个论坛。出 3000 元除了享有 500 元的权益以外,在黑马运动会结束后还可以成为黑马会的会员。

华为李一男,创业做小牛电动车,就采用了奖励众筹方式。小牛电动踏板车为期 15 天的众筹结束后,获得了 114159 名支持者的支持,创下了迄今国内最好的众筹成绩,筹资额超过 7200 万元。

教学互动

问:团购与奖励众筹有什么不同?

答:团购包括在奖励众筹之内。但团购并不是奖励众筹的全部,且奖励众筹也并不是众筹平台网站的全部。奖励众筹与团购不同,奖励众筹指的是仍处于研发设计或生产阶段的产品或服务的预售,团购更多指的是已经进入销售阶段的产品或服务的销售;奖励众筹面临着产品或服务不能如期交货的风险。

奖励众筹主要为了募集运营资金、测试需求,而团购主要是为了提高销售业绩。

(三)债权众筹

债权众筹是指投资者对项目或公司进行投资，从而获得一定比例的债权，在未来获取利息并收取本金。

债权众筹多为网络借贷，通常投资者通过质押资产而获得资金，成为债权人。债权众筹的收益采取支付借贷利息等方式。因为债权众筹以小额借贷为主，风险溢价一般较低，收益也较低。例如，拍拍贷、人人贷等，通俗地说就是我给你钱，然后你再给我本金和利息。债权众筹目前已经明确规定为银监会监管，目前主要的监管解释为："明确平台本身不得提供担保，不得归集资金搞资金池，不得非法吸收公众存款，更不能实施集资诈骗。建立平台资金第三方托管机制。平台不直接经手归集客户资金，也无权擅自动用在第三方托管的资金，让债权众筹回归撮合的中介本质。"这意味着债权众筹应当尽到一定程度的审核义务，并向借贷双方当事人进行充分的信息披露和风险提示。对于出借人而言，其不应过分追求高利率的借贷回报，应当综合考虑利息收入和资金风险，作出理性的投资选择。

实践中很多借款人利用高息诱饵吸收大量资金后，明知利率太高难以偿还，直接卷款潜逃"玩失踪"。还有一些借款人募集资金的初衷是为了经营业务，并寄希望于业务盈利后归还借款，但是畸高的利息成本迫使他们投资高风险、高回报行业，一旦投资失败资金链断链，就会导致出借人血本无归。

> 债权众筹投资人数没有限制，所以风险拆散之后可以获得比较大的融资金额。债权众筹的成本很高，年化融资成本基本都在18%左右。这么贵的钱，是不能作为长期融资渠道的。所以超过1500万元的融资一般去找传统金融渠道，比如银行，或者民间融资机构。
>
> 广义的债权众筹也包括P2P借贷平台，多位投资者对网站上的项目进行投资，按投资比例获得债权，未来获取利息收益并收回本金。

(四)股权众筹

奖励式众筹是筹资人有一个初期的想法，然后需要找一笔钱验证这个想法是否有人喜欢。奖励式众筹最后融到的只是几万元、十几万元，最高不超过50万元。但是在这些众筹成功的初始项目里，会有30%的项目最终渐渐地长大，其中甚至会有5%左右的项目迅速成长为新的市场明星企业。对于这些有长大机会的项目，仅50万元以内的奖励众筹是无法满足发展需求的，它需要有更多的资金，以及更多的成长资源。于是，看到这个机会的创业者，创办了专门进行股权融资的众筹网站。

1. 股权众筹含义

股权众筹指投资者对项目或公司进行投资，从而获得其一定比例的股权。股权众筹的本身，就是股权融资。

(1) 股权众筹是通过互联网公开进行的小额股权融资。创业企业发展迅速，但是往往缺少运营资金，股权众筹相当于是筹资人面向普通投资者，通过出让一定比例的项目公司股份，与出资人共同出资成立一个项目公司，或者共同成立合伙企业。

支持者获得的是创业公司的股权，回报是公司成长所带来的收益。

(2) 股权众筹需要有完整的商业计划书。股权众筹融资方应是小微企业，应通过股权众筹融资中介机构向投资人如实披露企业的商业模式、经营管理、财务、资金使用等关键信息，不得误导或欺诈投资者。投资者应当充分了解股权众筹融资活动风险，具备相应的风险承受能力。股权众筹融资业务由证监会负责监管。

(3) 股权众筹融资必须通过股权众筹融资中介机构(平台)进行。在股权众筹中，项目通过平台(网站或其他类似的电子媒介)向一部分经过审核的投资人公开自己的融资信息，并出让自己的股权。以天使汇(Angel Crunch)为例，投资人只有在平台上认证才能够看到企业的融资信息。天使汇会挑选优秀项目进入快速合投，促成项目在 30 天内迅速完成融资。

2. 股权众筹的特点

股权众筹的特点如下。

(1) 股权众筹的风险非常高。股权投资本来就是高风险与高收益并存的投资方式。根据哈佛商学院研究数据，近十年来全球获得风险投资的创业企业失败率高达 75%。在美国风险投资的失败率高达 60%～80%。

股权众筹投资周期较长，一般为 3～5 年，甚至更长；股权众筹退出渠道有限。

即使投资的企业发展很顺利，也只有等企业在下一次重新估值后才有机会退出。比较理想的退出渠道是 IPO 上市，其次是并购、回购以及下一轮融资，而这些新融资渠道的进入跟企业的经营状况和发展潜力息息相关。

(2) 对人才的要求比较高。股权众筹是一种具有投资属性的众筹行为，因此风险也高于购买性众筹(公益众筹、奖励众筹)，支持这样的项目，需要有一定的投资经验和风险承受能力。①要有深谙风险投资相关法律的法务团队，协助投资者成立合伙企业及投后管理。②平台需要有广阔的人脉，可以把天使投资人、风险投资家聚集到其平台上。③股权众筹网站还需要有自己的分析师团队，对项目做初步的尽职调查。例如合理的投资组合配置，充分了解项目，做好长期投资规划。尽量选择知名的大平台，选择历史成功率较高的领投人等。

和股票一样，股权众筹收益较高，但不确定性也较高，风险较大。而债权众筹的债权人在项目清算时，有权先获得清偿；由于债权众筹一般存在抵押物，事先约定收益率，风险不确定性相对较低，因此风险较低。不过，债权众筹收益也较股权众筹更低。

众筹相当于水果，它是一个统称名词。债权众筹就是我给你钱你之后还我本金和利息。股权众筹就是我给你钱你给我公司股份。回报众筹就是我给你钱你给我产品或服务。公益众筹就是我给你钱你什么都不用给我(以精神回报为主)。

众筹按照风险依次升高(对投资者来说)可排列为：捐赠<回报<债权<股权。

📖 视野拓展

众筹项目的融资规模，从经验上分析，一般是公益众筹设置为 5000 元以下；奖励众筹设置为 5000 元～50 万元；股权众筹设置为 50 万元～500 万元；债权众筹设置为 500 万元～1500 万元。

三、股权众筹的风险及规避

1. 股权架构风险及架构设计

众筹的魅力在于，集众人之力，众人之财，共同完成某件事情。不可避免的是，股东人数会比较多。但我国法律法规对股东人数有明文规定，有限合伙公司股东人数不可超过 50 人，非上市的有限责任公司和股份有限公司股东人数不得超过 200 人。如何在不触犯法律法规的前提下，处理投资者股权问题成为风险之一。

因此，进行股权众筹融资时，需要进行细致的股权架构设计，既要保证投资人的投资行为合法化，又要保证未来企业上市时股东数量适当。

2. 投资人非理性风险及指导

股权众筹本身就是为了吸收社会闲散资金，降低融资成本，所以股权众筹降低投资门槛，允许普通百姓参与众筹。但不少普通投资者没有投资的判断力，更多的是凭借着众筹发起人的商业计划书和自己的直观感觉进行投资。这样的人群没有领略资本市场的残酷，往往选择那些高风险高收益的风险投资项目，投资行为欠缺理性。一旦项目失败，对于普通投资人来说很有可能就是倾家荡产。

因此，在进行股权众筹时，我们需要培养普通投资人的股权投资和股权众筹意识，教育他们如何理性投资，合理理财。最好选择一些收益可预期、持续且稳定的投资项目，不要追求高风险、高回报。投资者也一定要找个值得信任的众筹发起人，或者保障机制完善的股权众筹平台。

3. 道德风险及教育

目前各类众筹平台发展过于迅猛，但没有可借鉴的成熟经验，道德风险一个个接踵而至。有项目经理联合项目方虚增企业估值，隐瞒企业弊端，欺诈投资人；也有项目方中饱私囊，借助项目公司发生关联交易，进行现金流体外循环，损害投资人利益。

因此，要让项目经理和项目方意识到欺诈行为付出的代价高于所获得的利益，还要加强项目方的监管力度。首先，可以对项目经理和项目方进行信用等级的评定；其次，项目方所看好的项目，项目经理必须跟投，保证投资项目的真实性，以及后续增值服务的连贯性；再者，项目公司中的财务和高管也可以参与众筹投资，进行众筹式股权激励，将高管人员、项目方、投资方绑定在一起，形成有效的监督网络，增加项目方作假的难度。

4. 股权退出风险及评估

当前，股权众筹项目大多处于融资阶段，项目进展快的已经开始分红，但真正实现股权退出的却绝无仅有。分红的项目，是真正按照公司盈利情况进行分红的吗?公司法并未规定公司有税后可分配利润就必须分红。项目公司完全可以以一句："税后利润要用于公司长期发展的再投资"，将众筹股东的投资回报诉求拒于千里之外。

如果法律没有规定强制分红，那么众筹股东只能自己保护自己，最好要在公司章程中约定强制分红条款，即如果有税后可分配利润，每年必须在指定的日期向众筹股东分配。

许多投资者对项目分红并不看重，更看重的是未来企业上市后企业股权的高溢价。那么代持股和有限合伙公司持股又是如何实现退出，享受公司上市带来的股权增值呢?代持股要进一步完善代持协议，保持众筹投资人与代持人的一致性；而有限合伙公司必须在合伙协议中明确内部转让机制，股权转让时利益的分配机制，以及上市后股权转让和退出机制。这样才能避免某个投资人自由出售股权时股权退出时机不合适所导致的股权纠纷。

第三节　股权众筹的操作流程

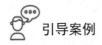

引导案例

股权众筹成就《大圣归来》票房奇迹

2014 年 12 月 17 日，筹备了近八年的《大圣归来》已经进入最后的宣传发行阶段。相比半年前接手时资金上的捉襟见肘，出品人路伟更开始担心这部缺明星、缺颜值、缺话题的动画片如何吸引观众走进电影院。

一时兴起，路伟在朋友圈发了一条消息为《大圣归来》的宣发经费进行众筹。寥寥数语只是说明了这是一部动画片，预计 2015 年春节上映。另外，作为出品人的他保底分红。

一个星期之后，《大圣归来》的众筹项目共筹集了 780 万元，有 89 名投资人参与，投资金额少则一两万元，多则数十万元。

股权众筹的机制让这 89 名投资人深度参与到了这部电影的宣发过程中，每一天大家都在群里出谋划策、贡献资源。他们成为电影的第一批"铁粉"，不仅在电影上映初期包了 200 多场，还充分调动各自的资源为电影推广出力。部分投资人还在北京、上海等一线城市，为该片提供了长时间的免费户外广告。

这批众筹出品人带领《大圣归来》走出了最艰难的第一步，成就了营销口碑的起点。

自 2015 年 7 月 10 日上映截至 8 月 6 日，上映 28 天的《大圣归来》已经收获了超过 8 亿的票房收入。这 89 名众筹出品人至少可以获得本息 3000 万元，投资回报率超过 400%。

不仅如此，根据合同，在此次股权众筹项目中，投资人除了可以获得票房分账预期年化收益，还将分享《大圣归来》未来派生产品的所有预期年化收益，包括游戏授权、新媒体视频授权、海外收入分账等带来的收入。

《大圣归来》的股权众筹项目也因电影的成功而意外成了一个现象级的话题。

众筹在国内目前主要有两种形式：回报式众筹和股权众筹。回报式众筹不属于互联网金融。

一个股权众筹项目的完整运作，离不开四类角色：股权众筹平台、项目发起人、投资人及资金托管机构，如图 7.5 所示。

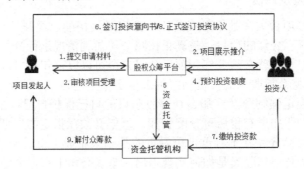

图 7.5　股权众筹项目的运作流程

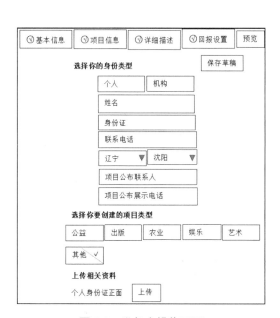

一、筹资人

股权众筹的本身就是股权融资。需要资金的创业公司在众筹平台上发布融资信息，以出让股权的方式获得资金。目前股权众筹很少应用于完全初创的企业，一般会要求至少该公司已经续存超过 6 个月，具备产品或者销售业绩记录。生活服务业、拟上新三板企业是目前国内股权众筹案例最多的领域。

(一)操作流程

1. 项目发起人选择众筹平台后，填写个人或企业信息

①众筹平台注册(一般免费)；②填写个人资料；③按照平台要求上传个人或企业的扫描件，如图 7.6 所示。

2. 填写众筹项目信息

一个项目想要获得大众资金的支持，光有发起人还不够，还需要有完整的商业计划书，对项目做一番详细的说明。这么做的目的是让投资人对项目有详细的了解，如果项目介绍太简略，投资人难以相信。

众筹项目信息一般包括：项目标题、筹款目的、项目地点、筹资金额、筹资天数、筹资标签等属性，如图 7.7 所示。

图 7.6　发起人操作页面　　　　图 7.7　众筹项目信息

(1) 项目标题。标题要清晰地表述众筹的核心产品。例如，多功能无人机、特色面食店等。

(2) 筹款目的。一般在 100 字以内，简述项目发起的原因和目的。

(3) 项目地点。不一定为企业地点，例如沈阳某公司众筹的项目在深圳。

(4) 筹资金额。项目预计众筹的额度，一般少于设定值视为众筹失败，存在高于设定值的情况。

(5) 筹资天数。不同平台对天数上限要求不同，一般 7～90 天。

(6) 筹资标签。用于投资人筛选项目所使用。

3. 项目的详细描述

筹资人在众筹平台上详细介绍自己的产品、创意或需求、使用计划、筹资期限、目标筹资额和预期回报，如图 7.8 所示。

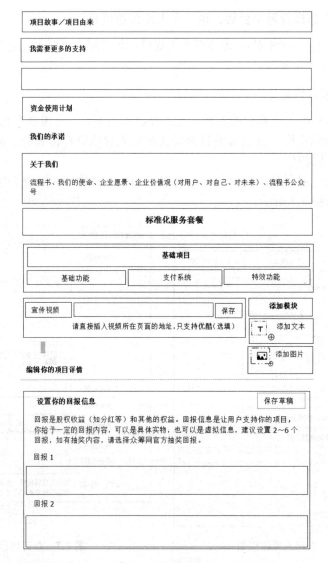

图 7.8　项目页面

4. 设置奖励或产品回报

设置回报时需要明确：回报标题(一般按照等级或价值，由低到高设置)、回报说明、配送资费、预计回报周期等。

(二)对筹资的要求

1. 融资额范围

股权众筹产品除了确定融资额度和出让股份外，还需定义众筹成功的融资额范围。众筹产品因其面向大众，所以很有可能融资少于 100%，也有可能超过 100%。如果融资额少于 100%的情况下，多少比例可以接受，低于多少比例将视为募资失败，这些在股权众筹的产品设计时需要说明。

2. 股权众筹时间和金额

(1)　众筹时一般都要设定众筹期限。筹集资金的时候并不是一个项目发起后，就可以无限制地筹钱，而是要设定一个时间，而且还要设定金额的限制。当时间截止或者是当金额已经达到了某一个设定的值以后，项目的资金筹集就宣告正式完毕。资金筹集完毕以后，就会开始项目的运作。

(2)　如果时间到期而募资额未完成，还需要说明是否支持延长众筹时间，延长的期限为多久等。

3. 领头人要求

领头人也可以说是众筹的发起人或发起单位。股权众筹需要在项目众筹说明书中对于领头人要提出具体要求，比如必须是某专业类的权威专家或者是某类型企业的董事长之类。

4. 跟投人要求

除领投人之外的众筹投资人都称为跟投人，《中华人民共和国合伙企业法》规定，有限合伙企业由两个以上 50 个以下合伙人设立，因此跟投人不能超过 49 人。但在实际操作中，项目方会根据自身情况来设定投资者人数范围，以及每位投资者可以认筹的额度范围。

5. 诚信管理

如果是平台型股权众筹，那么平台企业会设定退出机制、保证金机制和评分机制。如果没有通过平台型企业发起的众筹，那么就需要第三方背书，例如律师事务所或者权威人士和专业人士背书。

6. 认筹人的权益

投资人投资股权众筹项目，除了实现财务投资的目的以外，有时投资人也是融资项目的忠实粉丝，他们往往有浓厚的兴趣参与到项目中来，成为前期种子客户以及 VIP 会员客户，或者提供特别的资源对接与帮助。这是股权众筹除了筹资金之外，极为重要的一方面。因此，如何有效地运用首批资源，给予众筹投资人特定权益，也是设计众筹产品时最引人注目的部分。

二、平台运营方

平台是把发起者和支持者相互连接起来的一个纽带。平台可以是网页，也可以是手机 App 等。

平台运营方负责审核、展示筹资人创建

在我国，只有在持有《中国证券业协会会员证》的互联网平台上发布的股权众筹融资项目，才是合法的众筹。

的项目，提供各种支持服务。股权众筹平台运作流程可划分为以下四个阶段。

(一)项目获取及筛选阶段

股权众筹平台需要广泛搜集标的项目，并依次通过项目初选、约谈创业团队、尽职调查、估值议价以及投资框架商讨等步骤对标的项目进行系统性、科学性筛选，选出安全性高、投资回报稳定的优质项目。

1. 项目审核受理

通过网络平台注册(或渠道介绍)获得发起人基本信息，提交众筹发起人(企业法人或自然人)相关证件，审核确认发起人主体资格、募投项目概况、众筹目标等基本条件，符合条件的确定受理。

2. 发起人约谈/项目启动

(1) 线下约谈的目的是进一步核实发起人的相关信息，进一步了解企业管理组织、股权结构、财务状况等信息，全面了解募投项目法定程序、产业背景、技术层次、商业模式、市场容量和发展前景等信息；通过面谈，观察评估创始人和团队成员的综合素质、专业资历、经营管理和市场开拓能力、成功或失败案例、"三观"(世界观、价值观、人生观)倾向、诚信理念。

(2) 确定发起人与平台的合作关系是众筹项目的启动环节，因此是很重要的一项任务。经过双方沟通确认符合众筹条件，并就发起人融资计划、合作要件达成一致，双方签订委托协议后，众筹项目正式启动。接下来是双方具体拟定众筹方案，指导或协助制作项目包装、商业计划书等募集文件。

(二)项目推介及投资阶段

从线上启动股权众筹，进行宣传推广，确定领投人和跟投人，协助项目完成融资，并根据项目投资总人数成立一个或多个有限合伙企业，让有限合伙企业成为融资企业的股东。

1. 确定领投人

领投人的专业能力和号召力是募集成功的关键。领投人通常是职业投资人，俗称天使投资人，在某个专业领域有丰富经验和预见判断能力。众筹平台受邀作为领投人，一方面能够充当平台专业顾问，协助完善项目商业计划书、估值定价，以及对众筹方案、投资条款进行把关，协助项目路演；另一方面能带动一批"粉丝"跟投人，有助于众筹成功。因此，大多数众筹平台采取"领投+跟投"的募集模式。

2. 邀约跟投人

跟投人即在众筹项目中应邀参与、跟进领投人投资的人，同样扮演着重要的角色。跟投人主要由平台邀约。关注人数主要看平台自身资源、公众形象和推介力度。跟投人响应程度，即实际投资情况，要看项目本身质量、市场信息同步、领投人影响力和点评、线上线下路演造势等主动因素作用的效果。通常情况下，跟投人并非理性投资者，一般不具有专业判别能力。他们持有被投企业股份和获得回报收益，均需通过有限合伙企业其他代持机构行使。

3. 签订投资意向书

投资意向书(框架协议书)是投资与发起人就未来的投资合作交易所达成的原则性约定，以及股权交易的前提条件等。在正式签订投资协议前，双方就重大事项达成意向性协议，主要约定交易条款和控制条款两方面内容。交易条款包括公司估值定价、出让股份比例等，控制条款主要是公司治理、董监事席位安排等。此外，还有保密条款、排他性条款。主要意义是对众筹造势效果进行摸底，固定投资人数。其中交易条款对签署方并不构成法律约束力。所以有些平台大大简化了投资意向书的格式，看上去一目了然。有的还采取投资人对平台单方签署的方式。

4. 设立有限合伙企业

按照《中华人民共和国公司法》对股东人数的限制，同时考虑资金管理能力，众筹募集资金对企业投资入股通常采取三种方式。

(1) 将众筹资金设立为有限合伙基金，自任管理人，安排领投人担任普通合伙人，跟投人为有限合伙人，然后以基金名义投资入股。

(2) 由领投人与跟投人签订代持协议。领投人作为被投企业显名股东，并出任董事，参与管理。

(3) 设立有限合伙基金或共同基金后，委托平台或专业资产管理机构托管。

5. 签订正式投资协议

在众筹平台见证下，发起人与投资人正式签订投资协议。投资协议书是投融资交易的核心文件，包含投资前提条件条款、交易结构条款、投资人权益保障条款、信息披露条款等，具体规定了股权交易双方的责任、权利和义务。

6. 签署股权法律文件

这项工作原则上应与签订投资协议同步进行，或作为投资协议的成套文件，是落实股权交换投资的具体步骤。

(1) 众筹目的是筹措公司资本金的，应由创业者和投资人签订公司章程，然后办理工商注册登记。

(2) 众筹目的是增资扩股的，应根据投资协议书，由企业新老股东通过股东会决议，并进行工商注册变更登记。

　　某创业企业需要融资100万元，出让20%股份，在网站上发布相关信息后，A做领投人，出资5万元，B、C、D、E、F做跟投人，分别出资20、10、3、50、12万元。凑满融资额度后，所有出资人就按照各自出资比例占有创业公司20%股份，然后再转入线下办理有限合伙企业成立、投资协议签订、工商变更等手续，该项目融资计划就算胜利完成。

(三)项目投后管理阶段

股权众筹，并不是以资金募集完成为终点，它还有漫长的投后管理流程，其中包括：资金转入项目方的监管、合伙企业注册及变更、项目财报及分红、重大事故披露、安全退出等。显然投后管理是一件专业的事务，如果离开了专业机构的指导，项目则很难独立来完成，这也是投资人最为忽视的一个重要环节。

(四)汇集和解付投资款

完成上述步骤后，投资人按协议约定时间和方式，向众筹平台指定的托管账户(或专用账户)支付投资款。在预定众筹期限内完成筹资目标的，平台于截止日期后，经由有限合伙基金或直接对发起人解付众筹资金，众筹结束。

(五)项目退出阶段

预定众筹期满或延期届满，仍不能达到筹资目标下限的，宣告众筹失败，退回投资人的投资款。

投资人可以通过股权转让、融资企业回购、被投企业 IPO 或被兼并收购等方式进行退出。

> 悟空温控器，是在京东上众筹成功的一个产品，京东在平台发布的项目进程，如图 7.9 所示。

图 7.9　项目进程

三、投资者

(一)选择平台

在投资过程中，要选择一个投资渠道首先要考虑的是平台的风控做得怎么样，其次才是回报。

在平台的选择上，通常可从以下几个方面对平台进行评估：通过成立时间、注册规模、营业网点布局、模式等方面对平台进行初步分析选择；看平台的创始人的履历，并查询 ICP 注册备案，看是否有第三方支付平台的公司审核；要对平台项目的信息进行充分的了解。

(二)投资者选择投资目标

投资者对众筹平台的众多项目进行筛选,选择自己喜欢或适合自己的众筹项目进行投资,投资者在自己能够承受的范围之内进行投资。

股权众筹高风险、投资周期长、退出渠道有限,所以投资人要注意以下几点。

(1) 合理的投资组合配置。

(2) 充分了解项目。

(3) 做好长期投资规划。

(4) 尽量选择知名的大平台,选择历史成功率较高的领投人等。

> 股权众筹对投资人有一定的要求。一般来说,股权众筹适合个人年均收入不低于 30 万元,金融资产不低于 100 万元,且有较强专业知识的投资人。

四、资金托管机构

托管主要是防止管理者将投资者的资金挪作他用。资金托管模式下托管方有监控资金流向的义务,且根据指令进行交易,定时发布托管报告证明资金未被挪用。银行代表资产所有人的利益,从事托管资产保管、办理托管资产名下资金清算。银行作为托管方进行托管资产会计核算与估值,监督管理人投资运作,以确保资产委托利益,并收取托管费。也就是说,银行如果作为托管方,必须监管资金流向的真实用处,例如付款给某账户,就要确定这笔付款的真实用途是什么。

案例透析

泰山众筹,采用众筹的形式来吸引用户,只要用户购买产品即可获得购物币,使用购物币就可以参与众筹活动,在活动出局之后获得对应的出局奖励。

例如:某项目需要众筹,总共众筹 1000000 元,分为 20 期。

泰山众筹第一期,10000 元;成功,溢价上涨 30%

泰山众筹第二期,13000 元;成功,溢价上涨 30%

泰山众筹第三期,16900 元;成功,溢价上涨 30%

泰山众筹第四期,21970 元;成功,溢价上涨 30%,返回第一期收益

用户在商城购物消费成为平台会员后,赠送相等资产购物币,购物币可用于在商城购物进行抵扣,或参与平台泰山众筹活动(购物币是参与泰山众筹活动的门槛,可以自定义提现规则,一般不开放提现),泰山众筹模式如图 7.10 所示。

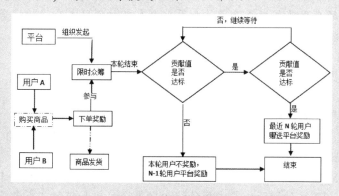

图 7.10 泰山众筹模式

启发思考：

分析泰山众筹与以往的电商模式的区别及优势。

课 程 思 政

任何事物的产生和壮大都有它的缘由，众筹模式在帮助个人和企业实现梦想的道路上起到了巨大的作用，同时推动了我国实体经济的发展。在这个时代需要创新，众筹是成功创业的捷径。众筹作为一个新兴的融资模式，它有效地结合了互联网技术和大众的力量，为个体和小型企业开辟了一条新的融资道路。

综合练习题

一、概念识记

众筹　股权众筹　公益众筹　奖励众筹　债权众筹

二、单选题

1. 相对于传统的融资方式，众筹更为(　　)。
　　A. 专业　　　　　B. 困难　　　　　C. 开放　　　　　D. 容易

2. 项目融资者发起设立的融资企业的股东人数累计不得超过(　　)。
　　A. 100　　　　　B. 200　　　　　C. 500　　　　　D. 1000

3. 中国股权众筹融资业务由(　　)负责监管。
　　A. 银监会　　　B. 保监会　　　C. 证监会　　　　D. 中国人民银行

4. (　　)是一种新兴的融资模式。
　　A. 网络借贷　　B. 众筹　　　　C. 第三方支付　　D. 互联网信托

5. 债权众筹比较容易理解的一个描述是(　　)。
　　A. 你给我钱我给你股权　　　　　B. 我给你钱之后你要还我本金和利息
　　C. 我给你钱你什么都不用还我　　D. 以上都不对

6. 股权众筹顾名思义是投资者通过众筹平台完成对项目或公司的投资后，获得其一定比例的(　　)的众筹模式。
　　A. 债权　　　　B. 股权　　　　C. 股票　　　　　D. 现金

7. 《中华人民共和国公司法》要求有限责任公司股东人数不得超过(　　)人。
　　A. 5　　　　　　B. 50　　　　　C. 200　　　　　D. 1000

8. 股权众筹投资周期较长，一般为(　　)年，甚至更长。
　　A. 1～2　　　　B. 1～3　　　　C. 3～5　　　　　D. 5～10

9. 债权众筹设置为(　　)。
　　A. 10～500万元　B. 50～500万元　C. 500～500万元　D. 500～1500万元

10. 超过(　　)万元的融资一般去找传统金融渠道，比如银行，或者民间融资机构。

A. 1000　　　　　B. 1500　　　　　C. 2000　　　　　D. 3000

11. 按照风险依次升高(对投资者来说)的排列是(　　)。
    A. 捐赠<回报<债权<股权　　　　　B. 回报<捐赠<债权<股权
    C. 股权<回报<债权<捐赠　　　　　D. 债权<回报<股权<捐赠

12. 股权众筹的不同平台对天数上限要求不同,一般在(　　)天。
    A. 7～30　　　　B. 7～60　　　　C. 7～90　　　　D. 7～120

13. 众筹项目的融资规模,从经验上分析,一般是公益众筹设置为(　　)元以下。
    A. 100　　　　　B. 10000　　　　C. 3000　　　　D. 5000

14. 奖励众筹设置为(　　)。
    A. 1000 元～10 万元　　　　　B. 5000 元～10 万元
    C. 5000 元～50 万元　　　　　D. 5000 元～100 万元

15. 股权众筹设置为(　　)。
    A. 10～100 万元　　　　　B. 50～500 万元
    C. 50～500 万元　　　　　D. 50～1000 万元

16. 以下风险最高的是(　　)。
    A. 公益众筹　　　　　B. 奖励众筹
    C. 债权众筹　　　　　D. 股权众筹

17. 以下说法错误的是(　　)。
    A. 众筹平台注册　　　　　B. 填写个人资料
    C. 上传个人或企业的扫描件　　　　　D. 上传个人或企业的复印件

18. 以下说法错误的是(　　)。
    A. 回报众筹不属于互联网金融　　　　　B. 回报众筹属于互联网金融
    C. 股权式众筹不属于互联网金融　　　　　D. 股权式众筹属于互联网金融

19. 以下说法错误的是(　　)。
    A. 凭证式众筹　　　　　B. 产品式众筹
    C. 置换式众筹　　　　　D. 记账式众筹

20. 以下说法正确的是(　　)。
    A. 股权众筹收益较低　　　　　B. 股权众筹投资行为没有固定回报
    C. 股权众筹风险较小　　　　　D. 债权众筹收益也较股权众筹更高

三、多选题

1. 公益众筹以(　　)为特点,充分地发挥了普通人的公益热情,满足人们助人的愿望。
   A. 小额　　　　　B. 便利　　　　　C. 大额
   D. 效率　　　　　E. 专业

2. 一般而言,我们把众筹分为两大类的时候,是包括(　　)两类。
   A. 股权众筹　　　　　B. 购买类　　　　　C. 投资类
   D. 债权众筹　　　　　E. 公益众筹

3. 在我们把众筹分为四大类的时候,是指(　　)。
   A. 股权众筹　　　　　B. 债权众筹　　　　　C. 公益众筹
   D. 奖励众筹　　　　　E. 项目众筹

4. 从众筹本身的逻辑来说，股权众筹改变了股权投资过去由专业投资人垄断的现象，给普通投资人创造出(   )等价值。

    A. 无风险收益   B. 上市公司股权   C. 更多投资选择

    D. 更高投资收益   E. 更多的人际关系

5. 股权众筹模式的特征有(   )。

    A. 回报周期短   B. 流动性好

    C. 融资公司具有高成长特性   D. 高风险网络

6. 众筹的参与主体有(   )。

    A. 筹资人   B. 投资者   C. 众筹平台   D. 第三方托管平台

7. 众筹模式与风险投资相比较，众筹模式(   )。

    A. 参与面更广   B. 更宏观   C. 更基层   D. 更微观

8. 众筹具有(   )的特点。

    A. 低门槛   B. 多样性

    C. 依靠大众的力量   D. 注重创新性

9. 众筹的发起人没有(   )等限制。

    A. 身份   B. 资产   C. 背景

    D. 职业   E. 年龄

10. 众筹平台的主要营利模式有(   )。

    A. 佣金   B. 增值服务费

    C. 流量导入与营销费用   D. 会员费

    E. 托管收费

11. 众筹平台为投融资双方提供(   )服务。

    A. 信息搜集   B. 信息公布   C. 资信评估

    D. 信息交互   E. 投融撮合

12. 股权众筹是一种具有投资属性的众筹行为，因此风险也高于(   )。

    A. 公益众筹   B. 奖励众筹   C. 债权众筹   D. 项目众筹

13. (   )叫购买模式。

    A. 公益众筹   B. 奖励众筹   C. 债权众筹   D. 股权众筹

14. 众筹项目信息一般包括(   )。

    A. 项目标题   B. 筹款目的   C. 项目地点

    D. 筹资金额   E. 筹资天数

15. 股权众筹筹资人选择众筹平台后填写(   )信息。

    A. 众筹平台注册   B. 填写个人资料

    C. 上传个人或企业的扫描件   D. 上传个人或企业的复印件

16. 在平台的选择上，通常从以(   )对平台评估。

    A. 成立时间   B. 注册规模

    C. 营业网点布局   D. 模式

    E. 平台的创始人的履历

17. 发起人必须具备一定的条件包括(   )。

    A. 国籍   B. 年龄   C. 银行账户

D. 资质   E. 学历

18. 众筹可以解决(　　)。

    A. 市场问题   B. 资金问题

    C. 销售问题   D. 获取一批忠实客户

19. 股权众筹高风险、投资周期长、退出渠道有限，所以投资人要注意(　　)。

    A. 合理的投资组合配置   B. 充分了解项目

    C. 做好长期投资规划   D. 尽量选择知名的大平台

    E. 选择历史成功率较高的领投人

20. 项目的内容必须包含(　　)内容。

    A. 我想要做什么事情   B. 项目风险

    C. 项目回报   D. 为什么需要支持

四、判断题

1. 现有公司法规定，有限责任公司的股东不超过50人。　　(　　)

2. 非上市的股份有限公司股东不超过200人。　　(　　)

3. 现代众筹特指通过互联网方式发布和募集资金。　　(　　)

4. 众筹模式增加了需求者的融资渠道。　　(　　)

5. 众筹就是现实社会中进行的线下集资。　　(　　)

6. 若筹资总额未达到目标金额，那么该众筹项目失败，退还全部已筹资金。　　(　　)

7. 项目成功完成后融资人兑现对投资人的承诺。　　(　　)

8. 通过众筹进行融资为小微企业提供了资金来源。　　(　　)

9. 简单来说，众筹模式是一个对投资者、平台、被投资者都有利的事情。　　(　　)

10. 众筹就是集众人之力、众人之财。　　(　　)

11. 捐赠众筹，又称公益众筹，是投资者对项目、公司或个人进行的无偿捐赠。(　　)

12. 创业者可以通过视频、图片、文字等形式把创业计划或经营想法，或者是某款创新型产品及服务发布到网站上，并预估所需的目标资金、筹款天数及对支持者的回报。

                                                    (　　)

13. 众筹不可能为中产阶级及高净值人群提供更多的投资选择和创富机会。　　(　　)

14. 众筹融资为小微企业提供了资金来源。　　(　　)

15. 只要项目让网友喜欢，就可以通过众筹方式获得项目启动的资金。　　(　　)

16. 众筹为微创业者提供了获得成本更低的、更快捷的资金的可能。　　(　　)

17. ArtistShare是最早的众筹平台，被誉为众筹金融的先锋。　　(　　)

18. 股权流动性差，退出较为困难。　　(　　)

19. 众筹平台相当于筹资人和投资者之间的桥梁，具有中介作用。　　(　　)

20. 众筹发起人是有创造能力但缺乏资金的人。　　(　　)

五、简答题

1. 加州马金卡拉汉希望创作一部关于半人半妖的新漫画，第一期的创作和宣传费用预计需要1500美元，因此，她给网站写了一封介绍信，希望有人能够提供小额捐款。捐款者可以得到的回报是，捐5美元可以得到一册带有作者签名的漫画书，捐100美元可以得到一个带有以漫画故事中主人公为饰物的包。当然，只有收到的捐款超过1500美元，她的许诺才会兑现。结果是，她在很短的时间里就拥有了这笔捐款。

请问这种众筹模式的意义有哪些？

2. 通过图 7.11 分析团购与回报众筹有什么不同？

图 7.11　团购与回报众筹示意

六、实战演练

云海遥是一家做云南产业的餐厅，他用众筹的方式来发展。它的结构是这样设计的：云海遥餐饮的控股母公司用股权投资的方式，筹集到投资和创始人的资金。它的分公司，比如欧美汇店控股拿出 10%的股份，让附近的有消费意愿的客户参与众筹，成为这个店的股东，同时以股权式回报和相应的餐饮消费权利作为回报。因此，欧美汇店初始的资金很快地就可以众筹出来。比如说每家店开业 200 万，他自己出 100 万，另外 100 万众筹。

重要的是这里面有个非常重要的价值，欧美汇店把餐饮的消费者客户变成了股东。如果有两百人参与了众筹，在他一开业的时候，客流率基本有了保障，第一这些人自己会来消费，第二有了股东的参与感，甚至还会带人来他参与投资的餐厅消费。

分析云海遥的餐厅结构设计，体现了众筹的哪些核心内容？

附录 A
区块链+供应链金融

附录 A　区块链+供应链金融

学习目标

知识目标

了解供应链金融产生的背景、与传统供应链金融的区别；了解公有链、私有链、联盟链的含义和联盟链的特点；掌握供应链金融含义及特点。

能力目标

掌握供应链金融业务模式；掌握区块链供应链金融的业务架构；能够针对供应链金融的痛点提出解决方案；能够区分供应链金融和商业保理之间的区别。

附录 B

互联网金融营销

附录 B　互联网金融营销

学习目标

知识目标

　　了解传统的营销思维和互联网思维的不同；了解传统的营销和互联网营销的不同；掌握互联网营销的特点，掌握客户流量、客户留存、客户转化、RFM 模型的内涵。

能力目标

　　掌握支付端产品、理财端产品和信贷产品的运营；能够对客户转化进行分析。

附录 C
互联网金融监管

附录 C　互联网金融监管

学习目标

知识目标

了解互联网金融风险的种类；掌握互联网金融监管含义；掌握互联网金融业务的监管内容；掌握互联网金融专门监管法规；掌握互联网金融的监管层次。

能力目标

掌握互联网金融监管的框架和主体的监管重点；会分析互联网金融风险。

主要参考文献

图书类

[1] 陈涤. 互联网金融[M]. 上海：上海交通大学出版社，2019.

[2] 周雷. 互联网金融理论与应用[M]. 北京：人民邮电出版社，2016.

[3] 张劲松. 网络金融[M]. 北京：机械工业出版社，2014.

[4] 郭福春，吴金旺. 区块链金融[M]，4版. 北京：高等教育出版社. 2021.

[5] 帅青红. 互联网金融[M]. 大连：东北财经大学出版社，2016.

[6] 芮晓武. 中国互联网金融发展报告[M]. 北京：社会科学文献出版社，2014.

[7] 彭辉. 网络金融理论与实务[M]. 西安：西安交通大学出版社，2014.

[8] 由曦. 蚂蚁金服[M]. 北京：中信出版集团出版社，2017.

[9] 多明戈斯. 终极算法：机器学习和人工智能如何重塑世界[M]. 黄芳萍，译. 北京：中信出版集团出版社，2017.

[10] 张晓朴. 未来智能银行[M]. 北京：中信出版集团出版社，2018.

[11] 徐远. 数字金融底层逻辑[M]. 北京：中国人民大学出版社，2019.

[12] 谢平. 解码金融与科技的结合[M]. 北京：中国金融出版社，2017.

[13] 白冬蕊. 电子商务概论[M]. 北京：人民邮电出版社，2020.

[14] 翟才喜. 电子商务[M]. 大连：东北财经大学出版社，2000.

网络类

[1] 姚前. 数字货币初探[EB/OL]. (2018-06-25)[2024-01-05]. https://www.8btc.com/article/225790.

[2] 金融科技. 云计算在金融领域的应用前景分析[EB/OL]. (2019-06-21)[2024-01-05]. https://t.cj.sina.com.cn/articles/ view/5681117392/ 1529ef8d000100onor.